John Lydford's book, page 93, entries nos. 149–150.

HISTORICAL MANUSCRIPTS COMMISSION

JP 22

JOHN LYDFORD'S BOOK

edited, with an Introduction

by

DOROTHY M. OWEN

LONDON

HER MAJESTY'S STATIONERY OFFICE

1974

ISBN 0 11 440046 6*

This volume, which has been prepared for the Devon and Cornwall Record Society, forms No. 19 in the publications of that Society and No. 22 in the *Joint Publications* series of the Historical Manuscripts Commission.

CONTENTS

INTRODUCTION

The manuscript of which an edition is presented here was found during 1960 by Miss Joan Sinar among the Exeter diocesan muniments which had been deposited in her charge in the Devon Record Office. It was marked with a recent red-ink number, 723, and inside the front cover was the inscription 'RB 24 December 1829' (Ralph Barnes, bishop's secretary and chapter clerk). A few sheets of paper, containing notes apparently made about 1920, were found at the back of the volume. There is no sign in the report of the Historical Manuscripts Commission on the Exeter muniments[1] that the inspector, Reginald Lane-Poole, had noted it, or seen it, and so far as can be ascertained, there is no evidence that any modern scholar had seen or used it before Miss Sinar examined it. It was once, as will be seen, in the hands of a fifteenth-century clerk of the Exeter chapter, who was also active in the episcopal administration, and who used it as a formulary and a memorandum book for some of his current business; it is likely that since his time the book has been almost continually among the diocesan muniments. A few marginal annotations, and a brief incomplete index, suggest that it was occasionally consulted by registry clerks in the sixteenth and early seventeenth centuries,[2] but there is no evidence of much later use.

Having noted that the manuscript contained material of interest for the courts of the province of Canterbury, Miss Sinar, after consultation with Mrs. Erskine, brought it to my notice while I was engaged as deputy archivist at Lambeth Palace Library, and at her suggestion I examined and briefly listed the contents. As a result of the report I made to her, Mrs. Erskine then recommended to the council of the Devon and Cornwall Record Society that I should be invited to prepare an edition of it; the present volume is the result. Its appearance has been delayed by the exigencies of a professional life, and by the travel which the editorial work has entailed; nevertheless my path has been much smoothed by a generous grant from the British Academy, by the kindness of the former registrar of the diocese of Exeter, Sir Godwin Michelmore, K.B.E., C.B., LL.B., who permitted me to have the manuscript deposited in the Cambridge University Library for several years, and most of all by the encouragement and hospitality of Miss Sinar and Mrs. Erskine, which made enjoyable my visits to Exeter.

DESCRIPTION OF THE MANUSCRIPT

The volume measures 310 mm × 221 mm. It has a limp leather cover, of fifteenth-century date, which is loose at the front, and which allows the

---

[1] *HMCR Var. Coll.*, iv, pp.13–22.

[2] The fly-leaf has a seventeenth-century note, '*Vide libellum recusatorium infra in fo.lv*'.

inside cover to be seen there. This lower cover, presumably the original binding of the manuscript, is of vellum-covered oak boards, with a leather fastening strap, and doubled parchment binding laces. On the front of the outer cover there is no mark except the note RB 24 December 1829. At the back there are a large brass stud and a parchment label, under a horn cover fastened with sixteen small brass studs, and bearing the inscription *Formularium diversorum mandatorum*, and a notarial mark: a shield with an eight-pointed rose and the device *Resumavi egomet salutis eterne cantica*. The initial capitals in this device and in the inscription are in red. A similar device, uncoloured, appears on p.14 of the manuscript, at a point where a page left blank by the original compiler of the manuscript had been filled by a later user, who is almost certainly the fifteenth-century owner, James Carslegh.

There are two blank parchment leaves at the front of the volume, with traces of a third, now lost, which may have formed fly-leaves. There is no sign of a fly-leaf at the back. The body of the volume is written on paper in fifteen irregular quires, from which at various times a number of leaves have been removed. The collation, for help with which I am indebted to my husband, and to Mr. H. L. Pink, is: 1+4+10+12+14+8+15+13+11+10+9+15+12+10+13. The watermarks of the paper are numerous and varied but the most widely used appears to be the crossbow, which appeared in Italy about 1320, but is said to have been localised in the Grenoble area of France by the mid-fourteenth century. It is perhaps not unreasonable to suppose that the paper for the volume was bought in Avignon since, as we shall see, its compiler spent some time there between 1370 and 1376. The only contemporary foliation begins at xiii (p.1) and runs to cxxiij (p.232). In the part of the volume covered by Roman numerals there are also quire numbers, running from ii to ix. The first quire, of twelve leaves, has obviously been lost, but the rubbed and defaced state of the present first leaf suggests that the loss took place very early, and certainly before the quires were bound together. This section of the volume is written in several very similar hands of the late fourteenth century, but has headings in a single bold hand, which gives uniformity to the whole. The same hand also annotates some of the entries. The latter part of the volume has occasional entries in one of the earlier hands, e.g. no.306 on p.263, and is written on the same sort of paper, but most of the entries are in a single, bolder and later hand, and relate entirely to the domestic matters of the diocese of Exeter.

The section marked by Roman numerals contains some 288 entries varying considerably in length, drawn from many parts of England, and dating for the most part from the last sixty years or so of the fourteenth century. The purpose, and plan of arrangement, of the volume are difficult to decide with certainty. The headings and some of the marginal notes suggest that it may have been intended as a formulary, or 'praxis' for a canon lawyer engaged in diocesan administration, to provide him with, or remind him of, good versions of the documents he needed. Document 13, for example, has a note, *Vide hoc in premissis processum bonum de officio tabellionatus*, and 57 is headed: *Nota bene quedam informacio qualibet est procedendum contra certam personam in visitacione*; lo (loquela?) indicates an eloquent passage; ø appears to indicate Oxford. Yet not all the documents are purely models; there are some entries of *informaciones* (counsel's opinions), like 149 and 186-8, which remain in note form but are presumably intended to provide the reader with a useful guide to legal theory and which were customarily filed in court with other papers in a case. The arrangement of the volume is not very systematic, and although some types of document are grouped by form or subject, there is no consistent practice, and the writer of headings has often made cross-references. Numbers 88 and 89 relate to mandates for excommunication; 136-139 are *excepciones*; 186-188 are *informaciones* drawn up by John Shillingford; 206-209 are concerned with the benefices of Baldwin Shillingford; some, but not all, of the documents concerned with the chancellor's court at Oxford appears in nos.29-39. On occasion it can be seen that successive entries, as in nos.112-113 relating to the case about the chapel of Hook, are part of all the papers in a file. The documents are drawn from a variety of sources. Oxford (the archdeacon's court and that of the chancellor), and the episcopal consistories of Hereford, Winchester and Exeter, provide the bulk of the material, but there is some Arches practice, and a good deal of information about the papal court, besides a few samples from Bath and Wells, Lichfield, Norwich, Salisbury and York. For the most part all of these documents can be dated within the last forty years of the fourteenth century; earlier examples seem to be drawn chiefly from Exeter and Winchester and to have been copied in connection with contemporary needs of the compiler of the volume. It is scarcely possible to say that there is any chronological arrangement of the documents and certainly nothing to suggest that the entries were made as any form of register of practice, although it is certain that the latest entries of the first section coincide with the last years of the man who it seems must have been its compiler.

The earliest and most cursory examination of the volume had suggested that many of the documents concerned Bishop William Wykeham's official John Lydford: his name figures in a number of *marginalia* (175,176,235, for example), some of the commissions and proxies were addressed to him (108,171) and a number of headings included the phrase *pro me Lideford* (177,285-288). A close examination of the individual entries has established Lydford's connection with even more of the transactions, and his responsibility for the compilation is beyond doubt. The documents were presumably copied by several different clerks after the headings had been written by Lydford himself; there is more than one case where there is no entry under the heading (77,264). The likeliest explanation of the volume is that it is Lydford's memorandum book, compiled from loose sheets or separate notes, perhaps during his retirement, and incomplete at his death. At this point the quires, still loose and unbound, probably passed to a clerk, James

Carslegh, to whom in his will Lydford left £10 to help him in his studies,[1] and who went on to hold various legal appointments in the diocesan and capitular administration at Exeter.[2] Carslegh was plainly responsible for the later entries in the volume, in which he himself is frequently named, and since at his death he was official of the episcopal consistory, it was presumably he who left the volume in the diocesan registry.

Other volumes of related interest, and compiled at much the same date, are now in the British Museum. Ms. Royal 9 E viii appears to be a canonist's compilation of lectures and readings, many of them written by men known to, and quoted by, Lydford. Walkyngton *de vita et honestate* appears on f.122 and again on f.128v., Ralph Tregrisiou *de iuramento calumnii* is entered on f.131 and (John) Schepeye *de ordine cognitionum* at f.156. Harleian Ms. 862, 'Ecclesiastical causes etc.', was originally described as 'Liber formularium' and seems to have belonged to a clerk in the Exeter diocesan service before it was acquired in 1664 from a book-seller in Little Britain. It consists of a very miscellaneous group of gatherings and single sheets, principally of Exeter origin, and apparently put together after 1424 by Robert Stephyn, n.p., of the diocese of Exeter. They include the original returns of a parochial visitation of 1342 which were published by Dr. Coulton in the *English Historical Review*.[3] The latter half of the volume, ff.151–317, appears to derive from the records of the Exeter consistory between the years 1370 and 1412; it contains an *informacio* and an appeal drawn up by John Shillingford (ff.233 and 239), and much of it, especially ff.221–250, quires g and h, is written in hands very similar to those found in the notebook. Harleian Ms. 3300 is another Exeter compilation of the same period which seems to have been put together at the time of Courteney's metropolitical visitation, by a clerk concerned with religious houses.

THE WATERMARKS OF THE PAPER

The following watermarks were noted as occurring in V. A. Mosin and S. M. Traljic, *Filigranes des xiii⁰ et xiv⁰ siècles*, Academie Yougoslave des Sciences et Beaux Arts, Zagreb, 1957: the numbers given are quoted from this work.

p.2, mountain: 6289
pp.5,67,89 and thirty-two other pages, crossbow in various forms: 4832–54
This mark is known from about 1320; is said to have been created in Italy but by the mid-fourteenth century was localised in the Grenoble region.
p.25, standing man with right hand upraised and bearing axe: 4814–4821
p.277,285,287, stag with horns, rampant: 2320
pp.299,303,307,309,313,315,321,329, a bell: 2910
pp.97,121,159,205, leopard: 5075–5082
p.105, a flower: 4089–4097

[1] *Reg. Staff.*, pp.389–90. [2] Emden *Oxford*, i,363. [3] *EHR* 26,1911,108–24.

A large number of other watermarks which have not been identified also occur in the paper; description is difficult and has not therefore been attempted.

THE CAREER OF MR. JOHN LYDFORD

Dr. Emden's biography[1] makes it quite clear that Lydford was an important and successful member of the ecclesiastical establishment of the day, a canon lawyer who practised as an advocate in the court of Canterbury, became William Wykeham's official at Winchester, and acted as assessor in the Blackfriars council of May 1382, when Wyclif and his followers were condemned. His preferments ranged from the rectory of Lockinge, Berkshire, to which he was presented by Edward iii in 1361,[2] to the archdeaconry of Totnes, which he held from 1385 until his death in 1407.[3] From the memorandum book, and from various other sources, more details of the career can be filled in, and the stages by which he climbed the ladder of preferment can be traced. He seems to have been born in the diocese of Exeter, presumably at Lydford in Devon, about 1337, for he was nearing seventy in 1406.[4] He was perhaps educated at Stapledon Hall, Oxford (the future Exeter College), for although the college accounts for the relevant years have not survived, one of his brothers was for a time a fellow there, and some of Lydford's own books were given to the college by his executors after his death.[5] He may at this time have had some connection with Robert Hereward, the ageing archdeacon of Taunton, who seems to have come from Exeter, some of whose more important papers he was able to copy into the memorandum book (e.g. 96),[6] and who is mentioned among his parents and friends in his will. A further link with the archdeacon of Taunton is suggested by Lydford's undoubted familiarity with the Wells canonist Richard Drayton who figures in several of the cases he notes, and who was with him at Avignon. It seems likely, however, that another Robert Hereward, who was a notary public still alive in 1372, and who was a prebendary of Exeter with at least one benefice in Cornwall, may have been his patron and mentor in the Exeter consistory.[7] Certainly Lydford's later career suggests few links with Bath and Wells, whereas his connections with his native diocese remained very close, and there is every reason to suppose that his earliest initiation into the affairs of an ecclesiastical court was at Exeter. When Lydford was himself a residentiary at Exeter in 1393, he sought and obtained the permission of the chapter to make his tomb at the

---

[1] Ibid., ii,1184.
[2] Cal. Pat. Rolls, 1361–4,p.44.
[3] Le Neve Exeter, p.18.
[4] Cal. Pap. Reg. vi,112.
[5] Exeter College, rectorial accounts, 1409 and 1410.
[6] Emden Oxford, ii,915–6.
[7] Robert Hereward n.p. of the dioc. of Exeter, witnesses an act of court concerning St. Cross in 1373, New Coll. ms., f.7v. For his benefice see 271 infra.

foot of that of Mr. Robert Hyreward, once canon of the church.[1] This does
not suggest that his patron was the archdeacon of Taunton, who would
presumably have been buried at Wells.

The other parents and friends named in the will include John Stapeldon,
'late prior of Abingdon', who was presumably of a Devon family, and who
figures in the Abingdon obedientiaries' accounts in the year 1356–57.[2] It may
have been by Stapeldon's influence that in 1361 Lydford received his earliest
known preferment, the benefice of Lockinge, to which the Crown presented
him during the vacancy of the abbey of Abingdon, and in which his brother
Robert was eventually to succeed him.[3] It has not proved possible to discover
the place and date of his ordination: he is included in no Lincoln list, and
there are no surviving ordination records of the appropriate date for Exeter,
Bath and Wells and Salisbury.[4] He was perhaps employed for a time about
the ecclesiastical courts in Salisbury during a few years after he acquired this
benefice, for the memorandum book includes a few cases of prosecutions
following an episcopal visitation made in that diocese in 1363 (83,84).

Quite soon, however, Lydford had gravitated to London, where he had
received the chaplaincy of Tothill, Middlesex, at the presentation of the
abbot and convent of Westminster, before 1366. He seems to have had some
connection with the administration of Bishop Sudbury of London and has
preserved one of Sudbury's acts which is not in the published register (13).
In 1366, however, he took the step by which his career was even more firmly
directed than before to the profession of canon law, when he exchanged
Tothill for the prebend of Westbrook in the free chapel of Bosham in
Sussex. He may for a time have resided in Bosham; at least this is suggested
by no.10, in which he is one of a series of canons receiving a mandate for
execution from the patron of the chapel. He probably attracted the notice of
the Arundel family during this time in Sussex; he was later to act for one of
them in Avignon, and had intimate knowledge of their family affairs at a
much later period (153,160,161). Moreover this may have been the period
when he first came to Wykeham's notice, since the newly elected bishop of
Winchester had only just ceased to hold a prebend at Bosham himself. But
the move to Bosham had additional significance, for it shows that he was
already being directly noticed by the bishop of Exeter, John Grandisson,
who was patron of the chapel, and it brought him into the society of a group
of west country canonists, John Shillingford, Ralph Tregrisiou and Robert
and Nicholas Braybroke, with whom he was frequently to act later, and all
of whom were attached to the most outstanding young churchman of the
west country, William Courteney, the future archbishop of Canterbury.[5]

---

[1] D & C Exeter 3550 (chapter act book). f.lxxxix.
[2] R. E. G. Kirk, *Accounts of the obedientiars of Abingdon Abbey*, Camden Soc., new ser., 51,1892, p.15.
[3] Emden *Oxford*, ii,1185.
[4] I am grateful to Miss Judith Cripps and Miss Pamela Stewart for information about Lincoln and
   Salisbury.
[5] For the canons of Bosham see *Reg. Grand. passim* and *V.C.H. Sussex*, ii,109.

Before very long Lydford had himself joined Courteney's entourage, and was to follow him to important national employment.

Courteney was a Devon man, the fourth son of Hugh Courteney, earl of Devon; he was born in 1342 and was almost certainly in Oxford, at Stapledon Hall, at the same time as Lydford.[1] In 1368 he returned to Oxford as chancellor of the university, and Lydford was there too. This is the period when he copied extracts from the records of the chancellor's court (29–39), and engaged in some practice of his own. He was perhaps already qualified as a notary public, if he can be identified with the Mr. J. de L. who had subscribed one of Sudbury's acts (13), and now drew up an important act for Rewley abbey, which is recorded in his book (24). This is also the time when he witnessed an exchange of benefices effected in Oxford by John Shillingford (106) and noted the peculiarities of the archidiaconal privileges at Oxford (107–8). He must have been acquiring some practice in the court of Arches during these years, too, for in October 1370, when he was already at Avignon, he was admitted an advocate of the court.[2]

The Courteney circle was not long at Oxford, for on 17 August 1369 their master was provided to the see of Hereford, and was enthroned in his cathedral in September of the following year. By this time Lydford was attached to him in an official capacity: he is called 'clericus noster' in Courteney's letter of this month (no.177) recommending him to the notice of Cardinal Simon Langham, the former archbishop of Canterbury, who was now resident in Avignon, and whose advice and help were frequently sought by English suitors at the papal court in this period.[3] Lydford was presumably sent out to act as Courteney's proctor, but he was also intending to forward his own career. There are serious gaps in the Avignon registers of this period and much remains obscure about Lydford's Avignon experiences.[4] It is not even certain that he was there continually, but certainly he can be found there between September 1370 and March 1371, in August 1371 and in September 1372, and again during the years 1375 and 1376.[5] In this time he paid Courteney's common services on at least one occasion, he acted as one of the four proctors of Archbishop Whittlesey in August 1371, *ad impetrandum et contradicendum*[6] (Richard Drayton was another of the four), he was nominated one of the three proctors of Wykeham in January 1372, and by 1375 was the bishop's principal proctor, paying his visit *ad limina*.[7] It may have been during his time in Avignon that Lydford made, or renewed, his

---

[1] Courteney's career is discussed at length by J. Dahmus, *William Courtenay*, Urbana, Ill., 1966. See also the same author's *Metropolitan Visitations of William Courteney*, Urbana, 1950.

[2] Lambeth reg. Whittlesey, f.47.

[3] Emden *Oxford*, ii,1095.

[4] For example, the registers of the sixth year of Gregory xi, 1375–6, are almost all wanting, as can be seen in *Cal. Pap. Reg.*

[5] Vatican reg. Avinion. 174,f,76v.; Camera apostolica oblig. et solut. 39,f.352v.; *Reg. Wykeham*, ii,259–63.

[6] Lambeth reg. Whittlesey, f.47.

[7] *Reg. Wykeham*, ii,150,243.

acquaintance with another distinguished English resident there, Adam Easton, who was acting as Langham's secretary. Only a fairly close acquaintance could have given him access to the small group of documents relating to Easton's early life which are copied into the memorandum book.[1]

Lydford was no William Swan, residing permanently at the papal court, and acting for a series of distinguished clients, but he made the most of his time. As Dr. Jacob has said:

> The business of a proctor was manifold. In its most usual aspect it consisted in securing for a client or clients the bull he or they desired in the form that would give what was wanted; in paying, or in settling the payment of all incidental fees and expenses; and in advising or warning his client of any difficulties or problems that arose throughout the case. He was a mixture of solicitor and advocate. When there was litigation, he had to represent his client in any judicial proceedings, and if necessary he might retain counsel for a special opinion; he had to supply *informationes* or statements approved by his client which were lodged with the court for the elucidation of difficult points; and, as the party he represented was not always present, he had to use his initiative and his legal knowledge to the best of his ability and be prepared to be hauled over the coals if matters went wrong. It was difficult and responsible work, and nobody without special qualifications in canon law or 'both laws' could take it on.[2]

Lydford certainly seems to have been associated with a great variety of business while at Avignon, or at least to have had access to the records of such business. There is, for example, the negotiation by which Richard earl of Arundel acquired a bull permitting him to annex to his new college at Arundel the small alien priory at Lyminster (no.153). This bull seems to have been granted after the royal licence by which Richard obtained, in 1375, the right to annex to the new foundation a rent charge from the manors of Angmering, Wepham and Warningcamp, which had been priory property.[3] No more is known of this affair; the priory of Lyminster did not pass to Arundel, but to Eton, and there is no other reference to papal intervention.[4] As with other papal bulls of this type, opposition from the Crown may have been too strong, or the inquiry held locally may have resulted in an unfavourable report.

The association with Arundel is rather tenuous, but there seems no doubt that the interesting case brought by William Birmingham, dean of Hereford and a canon of Exeter, against Roger Syde, an incumbent of a city church, in a dispute about burial fees (78,79,81), had close interest for Lydford. He was able to copy the dean's articles against Syde, the commission of

---

[1] Emden *Oxford*, i,620–1; *infra* nos.201–2.
[2] E. F. Jacob, *Essays in later medieval history*, Manchester, 1968, p.59. Swan's career is discussed *ibid.*, pp.58–78.
[3] *Cal. Pat. Rolls 1374–7*, p.129.
[4] Knowles and Hadcock, p.214.

Courteney for his deprivation for non-residence, and the substance of Syde's appeal against the deprivation. Lydford was equally closely concerned with several suits prosecuted at this time by the abbey of Keynsham; in one of them he was actually one of the abbey's proctors, along with Richard Drayton (205), and he also copied a series of documents relating to a long case about the church of Chew Magna (72-3), in which the abbot of Keynsham was a judge delegate.

Of more general importance than this sort of business was, however, the commission which he seems to have executed for Courteney in 1376, at the time of Wykeham's first disgrace, when two letters were sent to Avignon by the bishop of London, urging the Pope and Cardinal Langham to intervene with the King on behalf of Wykeham, whose temporalities had been seized (178-9). He may also have had some hand in the negotiations which preceded the grant to Wykeham of the papal bull which authorised the foundation of New College, Oxford, while he was at the papal court, although the grant seems not to have been made until 1379 (no.5).

The memorandum book contains no reference to the lengthy dispute by which Lydford was able to establish his claim to the Hampshire benefice of Wonston for which, with the aid of his proctor Richard Drayton, he procured a bull of provision in 1376.[1] Equally there is no mention of the expectancy of a prebend at Chichester, where he was already a canon, which he acquired in 1374.[2] All told, the stay at Avignon must have advanced Lydford's fortunes materially, not only in the shape of the benefices he acquired, but in the valuable contacts he made. Very soon these contacts bore fruit, in 1377, in his appointment as Wykeham's official, but there is also an increasing amount of important external business, which is reflected in the entries in this book.

By this time he was likely to be present, perhaps still in Courteney's train, at meetings of convocation, and one such meeting, in 1376, has left its impress here, for he copied the 'appeal' to it of Bishop John Buckingham of Lincoln against the Dominicans of Boston, who had seriously threatened the episcopal dignity during the funeral of a local peer in their church (58). At much the same time Lydford was evidently consulted about the affairs of the Queen's College in Oxford. This college, after beginning in the early forties of the century with a strong north-country bias, had been somewhat altered for a time by the appointment as provost of an Exeter man, Henry Whitfield. Whitfield began to import a number of west-country fellows, including Lydford's brother Robert, who was originally a fellow of Stapledon Hall, and thereby caused such dissension in the college that the visitor, Alexander Neville, archbishop of York, and the King, both intervened in the dispute. After a prolonged case in chancery Whitfield and the men he introduced were expelled.[3] Lydford must have known something of all this

---

[1] *Reg. Wykeham*, ii,259-63. [2] Vatican reg. Avinion. 174,f.76v.
[3] *V.C.H. Oxford*, iii,132-43.

and in all probability helped to 'get up' the case of the west-countrymen: he copied out two papal bulls concerning the foundation, a declaration by a fellow about visitation, directed perhaps against the bishop of Lincoln, and an appeal by the provost (presumably Whitfield) to the Pope against unnamed invaders of his rights (68–9,87,120).

This was obviously a family or local affair, which would not materially advance Lydford's career, but the continuing association with Courteney, who had now succeeded Sudbury as bishop of London, and was to be translated to Canterbury after Sudbury's murder in 1381, was far more fruitful. It doubtless helped, since the two men were closely associated, to recommend Lydford to Wykeham, and it led to a good deal of special employment for him. Unfortunately there is no surviving register for Courteney's London episcopate, and much will have been lost there, but the memorandum book records several cases in which Lydford acted as sub-delegate in cases remitted to Courteney from the papal court. The appearance of an appeal addressed to the archbishop in 1389 (278) suggests that Courteney continued to consult Lydford in such matters even after he had retired to Exeter.

More important than this, however, was Lydford's employment, along-side his Exeter and Bosham associates John Shillingford and Ralph Tregrisiou, as an assessor at the Blackfriars council (the so-called 'earthquake' council) of 17 to 21 May 1382, when the doctrines of Wyclif were solemnly condemned. The sequel of the condemnation has its place here, too, for when the publication of it reached Oxford the chancellor, Robert Rygges, defied the archiepiscopal mandate. Not only did he fail to silence the preaching of the two leading followers of Wyclif, Nicholas Herford and Philip Repingdon, but he went himself to hear their next sermons. As a result Rygges was severely admonished by the archbishop, and Herford and Repingdon were summoned to appear before him and his assessors, that they might hear for themselves the detailed condemnation of the Wycliffite doctrines, and state the heads of their defence.[1] This defence is known from a version in the compilation known as *Fasciculi Zizaniorum* and from Brantingham's register.[2] It rejected most of the findings of the council, declaring the condemned points not to be heretical. A further hearing was appointed so that the assessors could reply to the defence but the defendants failed to appear, were pronounced contumacious and excommunicated. The next stage seems to have been a mandate by Courteney, dated a fortnight later than these events, dismissing a 'frivolous appeal' made by the two defendants to the papal court; it seems that Herford actually set off for Rome to prosecute it. So far as Lydford is concerned it is interesting to find that he preserved the text of the appeal to Rome (210) which seems to be known from no other source, and which incorporates, in a slightly different order, the refutation

[1] Wilkins *Concilia*, iii,157–71.
[2] W. W. Shirley, *Fasciculi Zizaniorum magistri Johannis Wyclif cum tritico*...Rolls Series, 5,1858.

found in *Fasciculi Zizaniorum*. Presumably Lydford's recent curial experience may have led Courteney to refer the appeal to him, but he may equally have had some reputation as an expert in heresy cases. Certainly he retained his interest in them sufficiently to insert in his book the articles prepared by his associate Baldwin Shillingford in 1395, for another associate, Bishop Braybrooke of London, against William Thorpe (206), who was accused of heretical preaching, and he preserved also the elaborate reply made by Thorpe (209).

The rest of Lydford's career is soon told. He was official of Winchester from January 1377 until June 1394, but after 1385, when he exchanged his benefice of Wonston for the archdeaconry of Totnes, and resigned his Bosham prebend, he was increasingly drawn to Exeter. He seems to have attended his first chapter meeting in June 1387,[1] and from then on was in residence for several months in each year. He had never been employed, unlike his friend John Shillingford, as counsel for the chapter,[2] but his specialised knowledge had occasionally been used even before he was in residence. As early as 1381 he had been present at a chapter discussion of the appropriation of Honiton and Ashwater to the chapter.[3] Entries in the memorandum book suggest that the diocesan authorities also drew on his experience. When, for example, William Cary, the patron of Clovelly, attempted to set up a collegiate church there by dividing the endowments of the benefice into several portions, it was Lydford who drew up the case against a division of this sort, and gave instructions for procedure in dealing with it (220,306). Meanwhile he was also active in his archdeaconry and rode regularly to London for meetings of convocation until 1404, when he felt himself too infirm to continue (288). He announced this decision in a personal letter to Archbishop Arundel, which is copied under the heading 'bona littera'. In March 1406 he made his will; he was last present in chapter on 3 September 1407, and the will was proved in the consistory of Exeter on 13 December 1407.

THE OFFICIALITY OF WINCHESTER

The picture of Lydford presented by his memorandum book, and by other records, is no doubt typical of the middle range of ecclesiastical lawyers who did not rise to the heights of ecclesiastical preferment, but were reasonably successful. He must have been typical of many clerks of his time, and the light his papers throw on the preoccupations of many churchmen of his day is therefore all the more interesting. It is particularly useful for the picture it presents of the work of a diocesan official.

The administration of the diocese of Winchester before and during

---

[1] D & C Exeter 3550, f.xxvi.
[2] Ibid., 3773, f.3, Michaelmas 1385: 20s. paid to Shillingford for counsel.
[3] Ibid., 3550, f.xxxiv.

B

Wykeham's episcopate cannot be clearly described. The evidence of the episcopal registers is at best fragmentary, and it seems, contradictory. John de Pontoise (1282–1304) addressed induction mandates and similar administrative orders to Michael de Hellestone, who is described in one place as 'our commissary-general in the absence of the official' and at another is given a commission to hear all causes raised in the consistory of Winchester. By the time of Henry Woodloke (1305–16) the consistory court had a register, a roll of visitations was kept by the official and a number of episcopal mandates cite offenders to appear in the consistory court before the official or his commissary or the commissary-general. At times it appears that the bishop himself presided in the consistory. There is one commission, perhaps of a commissary-general, to hear all cases in the consistory, and also to inquire and correct all faults, during the absence of the official, Adam Orleton. The succeeding episcopates, those of John Sandal and Rigaud Assier (1316–23), add very little to this evidence. The official received an occasional mandate concerned with the correction and purgation of clerks, or for probate. For the first time a chancellor is also named, in a prosecution of a criminous clerk.[1]

In Wykeham's register the chancellor, William of Losinga, appeared only in connection with two monastic elections, in the early days of the episcopate. In 1368 John of Shepeye became official of the consistory, to hear all cases, both instance and office, already pending or to come, in the consistory. He and other clerks were regularly used as commissaries for various legal and administrative business; the registrar of the consistory and some rural deans were at different times pressed into the same sort of service. At times a sequestrator was appointed for the care of vacant benefices, within limited areas such as a single rural deanery. When Lydford was appointed official in 1377 his commission was much wider than his predecessor's, especially in relation to probate:[2]

> *Willelmus, etc., dilecto clerico nostro m. Johanni de Lydeforde, utriusque juris inceptori. De vestris fidelitate ac circumspecta industria plurimum confidentes, ad audiendum omnes et singulas causas civiles et criminales seu mixtas tam clericorum quam laicorum subditorum nostrorum civitatis ac diocesis et aliorum jurisdiccionem nostram legitime prerogantes, ad forum ecclesiasticum spectantes sive ad partium instanciam, sive ex officio mero vel promoto procedatur, in consistorio nostro Wyntoniensi, et ubilibet in nostra diocesi, motas vel movendas, easque fine debito terminandum, testamentaque insinuandum et approbandum, ac administracionem bonorum huiusmodi testamenta concernencium committendum, compotum eciam seu raciocinium huiusmodi administracionum audiendum et admittendum, necnon ad inquirendum de criminibus et excessis quorumcunque subditorum nostrorum et aliorum in dictis nostris civitate*

---

[1] Based on *Reg. Pontissara* and *Reg. Woodlock*. Since this was written Dr. R. M. Haines has discussed Orleton's Winchester administration in *JEH*, vol.xxiii (1972), 1–30.
[2] *Reg. Wykeham, passim.*

et diocesi delinquencium, ac eos de premissis debite corrigendum et puniendum, cum cuiuslibet cohercionis canonice potestate, vobis committimus vices nostras, vosque nostrum ac dicti consistorii sive curie nostre officialem constituimus et preficimus per presentes usque ad nostrum beneplacitum valiturum.

Ambulet igitur ante vos pura justicia, et sic ponant in via recta singulos gressus vestros, ut solum Deum habentes pre oculis, equo libramine ministretis cuilibet quod est justum.—Merton, 7 Jan., 1376–7.

It is clear from the register that during his period of office Lydford also performed a series of other duties, on commissions sent to him by the bishop. A number of cases brought into the bishop's audience court were remitted to him for hearing, either alone, or with others. He was concerned, for example, with a dispute about tithe of *silva cedua* in Mickleham parish, and conducted a number of hearings in the dispute between Titchfield Priory and the men of Hook, about a parochial chapel; a divorce case, a dispute about 'improper' exhumation, several allegations of clerical misconduct, and breaches of sanctuary were referred to him. He was also used, as were other commissaries, for the routine administrative investigations required before institutions, consecrations, augmentations and unions of benefices, and even for the collection of arrears of a pension. Such employment was presumably possible only when he was in attendance on the bishop, or within easy reach during a visitation.

Matters relating to elections of heads of religious houses, for which a legal investigation was also required, came regularly to Lydford, especially in the early days of his officiality. In later years, as, for example, 1387 and 1389, his name was omitted from lists of commissaries appointed for this purpose, possibly because he was now spending much time in his archdeaconry. Mandates to him to continue and complete visitations of religious houses begun by the bishop are found until 1392, and clearly this sort of work took up much of the time Lydford spent in the diocese of Winchester.

Further light on the pre-occupations of the official, especially in monastic matters, is thrown by the contents of a manuscript now in the library of New College, Oxford, which was undoubtedly compiled during his term of office, by hands which made some of the entries in his memorandum book. The first sixty-nine folios of this manuscript are taken up by various documents relating to the dilapidation case brought by Wykeham against the hospital of St. Cross. This section is followed by a series of injunctions given to various religious houses during the episcopal visitations of 1386–7, with which, as we have seen, Lydford was undoubtedly concerned. The houses visited were the cathedral priory at Winchester, Hyde Abbey and Chertsey, for which identical sets of injunctions were prepared, Merton, Romsey and Wherwell, St. Mary Winchester and St. Thomas the Martyr, Southwark. Interpolated notes, written in a hand which is also found in the memorandum book, e.g. *ceteris vero dicti ordinis monasteriis scripte fuerunt iniuncciones modo et forma supradictis* suggest that Lydford and his master took the business of visitation very seriously, and prepared for it systematically, and this conclusion is borne out by the evidence of the memorandum book.

The episcopal register only illuminates Lydford's activities so far as the bishop was directly concerned in them and had not delegated all responsibility for them. It is to be supposed that like his predecessors Lydford kept, or caused to be kept by his registrar, Mr. John de Laverans, a register of the consistory and a visitation roll, but nothing has survived to show whether these were solely concerned with the exercise of jurisdiction, or whether, like a contemporary register at Ely, they also recorded administrative business transacted by the official.[1] What is certain is that many entries in the memorandum book help to fill out the picture of his activities. There is little information about the day-to-day running of the consistory, apart from the appointment by Lydford of a surrogate to hear instance causes (1), the information about excommunication and the *capias* (88–9), and the light cast on his relation to the lower courts by his inhibition to the official of the archdeacon of Berkshire to continue the hearing of a marriage case. His preoccupation with religious houses, and especially with their vacancies and elections, is well displayed by three entries (54–56) giving practical notes about procedure in such cases, and by three others displaying suitable forms of resignations for heads of religious houses under differing circumstances (223–5). There are also three *informaciones* by John Shillingford, a set of articles and a sentence directed against an incompetent prior, and three documents copied from Woodloke's register (182–191), together with compositions relating to churches in monastic ownership and a set of injunctions (193–4,192).

The visitation of the laity was viewed in an equally practical light, as the heading of the *informacio* about proceedings against a back-slider demonstrates (57). The same concern for practical detail is shown in the careful enumeration in the official's mandate to a rural dean of the persons who are to be cited to a visitation (130). Prosecutions following visitation can be recognised in the two mandates to parishioners to repair the fabric of their parish churches (240,243).

The documents concerning the deprivation of a prior referred to above (182–91) appear to have been the file of information accumulated by Lydford for his master's guidance in a case which ended in the deprivation of a prior of Newark. A similar group of documents concerning the Hook case, which takes up considerable space in the memorandum book (112–16), represents the file kept by the judge himself, since here Lydford was acting on a commission from Wykeham. It is particularly interesting that the defendant, William Maple, should have attempted to appeal from Lydford, acting on an episcopal commission, to the audience of the bishop, and that Wykeham should have refused, presumably on Lydford's advice, to entertain the appeal.

There are in the memorandum book a large number of episcopal mandates

---

[1] For the Ely register see D. M. Owen, 'The records of the bishop's official' in *The study of medieval records*, ed. D. Bullough and R. L. Storey, Oxford, 1971.

addressed by Wykeham to his official and ordering him to take action in a variety of administrative matters, many of which related to the behaviour and treatment of the clergy. Cases against intruded rectors (226), unlicensed collectors (227), unqualified Irish clerks (338), attackers of an apparitor and a priest (250,253) and a number of non-residents (9,11-12,133) were all entrusted to Lydford. His resultant action is shown in his mandates for the citation or excommunication of breakers of sanctuary (241) and attackers of religious property (242,261). He was also expected to publish mandates ordering quarterly sermons (228), forbidding Sunday markets (247), restricting all but authorised collectors (16,18), instituting special prayers for the Crown (277) and condemning scandal-mongers (307), besides occasionally receiving purgations and delivering clerks from secular prisons (107-110).

The elaborate legal documents required for the foundation and endowment of New College inevitably drew on Lydford's legal expertise. He was a witness of the foundation deed of Winchester College in 1380 but seems to have had little else to do with it; but he was intimately concerned in the process of appropriation of the church of Heckfield to New College (162) and was probably also engaged in the Steeple Morden appropriation (8,221-2) which was entrusted to his old master Courteney. He probably wrote or drafted the letters about the foundation which embody Wykeham's intentions for the college (6). There is no doubt that his knowledge of ecclesiastical law and his experience of the ways of the papal court must often have been drawn on by his master; it is hardly surprising that so late as 1393, in the year before he ceased to act as official, he was staying at Farnham, and dining with his master as part of the *familia*, during the entire period, 13 July to 10 August, before the beginning of Wykeham's visitation of religious houses in that summer.[1] Perhaps the best evidence of the importance of Lydford, not only to the bishop but to the diocese at large, is given by the fact that as early as 1379 he was called on to represent the clergy of the archdeaconry of Surrey in the convocation of that year (23).

CLERKS AND CANON LAWYERS IN THE FOURTEENTH CENTURY

Lydford was a canonist at a time when all ecclesiastical business required a working knowledge of the principles of canon law. Dr. Pantin has put all students of the fourteenth century church deeply in his debt by his admirable picture of the intellectual and spiritual life of the time, but neither he nor other scholars working in the same field, such as Professor Leonard Boyle, have had much to say about the preoccupations of the ecclesiastical administrators and canonists.[2] It is true that many years ago, in a wider context, Professor Barraclough, in discussing papal provisions, remarked on the way

---

[1] Winchester college muniments, Founder's household book. I owe my knowledge of this source to Dr. E. F. Jacob.

[2] W. A. Pantin, *The English church in the fourteenth century*, Cambridge, 1955; L. E. Boyle, 'The *oculus sacerdotis* and some other works of William of Pagula', *TRHS*, 5th ser.5, 1955, pp. 81-110.

in which the principles of the canon law pervaded and influenced every aspect of church life.[1] Dr. Wood-Legh's interesting survey of church life in the reign of Edward iii, has also much general light to throw on administration,[2] but apart from the biographical data assembled by Professor Tout[3] and Dr. Emden, we know very little about these men and their preoccupations. It is in this respect that Lydford's memorandum book should be most useful, for it records, naturally and unconsciously, the chief preoccupations of a long life in the church courts and in church administration. Much of its illumination is incidental, and all the more valuable in consequence. If it gives no complete picture of the church in his own time, its reflection of Lydford and his nearest associates is convincingly real and natural.

Its start in Oxford emphasises the importance, for the life of the time, of the clerical society assembled there. We see him learning something of his work in the intricacies of the chancellor's court, rubbing shoulders with the two Shillingfords, Tregrisiou and other leading canonists, applying himself to the professional puzzles presented by the interpretation of college statutes and noting, in the chancellor's court, the ways in which town and gown clashed in the ownership of halls (97). We also see him listening to and digesting discussions on the wider issues, for the church, of the evils of appropriations, and the divisions of churches to make collegiate foundations (283,306).

On the whole, however, after his Oxford experiences Lydford's life is one of professional activity and not of theoretical discussion. We see him in a variety of professional relationships. No doubt his own career, with its steady rise to medium importance with the help of a series of patrons, was characteristic of many in the framework of the episcopal administration and church courts of the time. It brought him into touch with the problems and tensions of the church life of his time and he dealt with them as any administrator or lawyer would do. His preoccupation with the problems of heresy is entirely a legal one: the entry relating to William Thorpe, for example (206), is viewed as a lawyer's exercise performed by his associate Baldwin Shillingford, *Articuli propositi contra quendam capellanum*, and the Herford-Repingdon document (210) is *Appellacio . . . hereticorum pretensorum contra archiepiscopum Cant' interposita*. In the same way his reaction to the attacks on the persons of clerks and the property of the church, and to the growth of mendicancy, which are typical of the later fourteenth century, are seen as threats to order which must be met with the strongest condemnation which the church can furnish.

The difficulties of the English hierarchy are also, for Lydford, a series of problems in the drafting of documents, the arranging of compositions, the

---

[1] G. Barraclough, *Papal Provisions*, Oxford, 1935, p.81.
[2] K. L. Wood-Legh, *Studies in church life in England under Edward iii*, Cambridge, 1934.
[3] T. F. Tout, *Chapters in the administrative history of medieval England*, 6 vols., Manchester, 1920–33.

invocation of ecclesiastical censures. So far as the archbishop is concerned, Lydford's connections seem to have been entirely with the court of Canterbury, rather than with the general administration, or the intimate circle of the *familia*. It is true that at intervals Courteney employed him as a subdelegate, but there is nothing of a more intimate connection. With episcopal authority and jurisdiction Lydford was so closely identified for so long that, besides the innumerable episcopal mandates he inserted in his book, many of his documents relate to attempts by bishops to fend off attacks on their authority. For example, there are John Buckingham's appeal against the Boston dominicans (58), the case concerning an attempt by a rector of Chew Magna to defy episcopal visitation (72) and the mandate of the bishop of Exeter in which he reiterated his right to visit and collate to the prebends of the free chapel of Bosham (10). The memorandum book's preoccupation with the defeat of archidiaconal claims is equally related to Lydford's identification of himself with the episcopal norm. It is true that he recorded (167) an unusual case by which the archdeacon of Oxford established his right, despite the claims of the bishop of Lincoln, to jurisdiction over matrimonial cases in his archdeaconry, but in general it is the successful attempts of the bishops to restrain archidiaconal claims and remove the abuses of their jurisdiction which he usually noted. Number 46 is headed *Vide hoc bonum mandatum episcopi contra archidiaconum excedentem in officio suo*, and the marginal notes suggest that Lydford himself was responsible for it. It set out in some detail Wykeham's (or Lydford's) idea of how an archidiaconal visitation should be conducted. This important subject is further illuminated by the inclusion (249) of a composition made with a predecessor of Edingdon (the offender in 46), Richard Vaghan, archdeacon of Surrey 1347–51, by which the powers of the archidiaconal household and court were much restricted. Two similar compositions, in Bath and Wells (96) and Norwich (44–5), relate to the abuse of archidiaconal visitations; the insertion of the name of John Freton, who was archdeacon of Norwich in 1375, in the title of 44, suggests that Lydford was about that time getting up a case against him.

Much of the instance business of any ecclesiastical court was inevitably taken up with disputes about benefices, and about the income derived by incumbents from tithe and church rate. This explains the interest Lydford, like his contemporaries, felt in cases concerning parochial boundaries, which closely concerned tithing and rating areas and incomes. He noted (93) a composition formally ratified by the bishop and dean and chapter, after a case heard in Arches, about the right to burials in a chapel yard; the Hook case already mentioned is of a similar nature, with the religious house which owned the mother parish of Titchfield objecting to the diminution of its income from personal tithes and offerings, which was threatened by the establishment of a chapel at Hook. Even more absorbing and difficult was the question of appropriated churches and of demesne tithes (83,91). Different modes of recording appropriations were noted, perhaps from his own experience. It could be done by a petition, as at Maxstoke, for example (60–2), an ordination in the episcopal audience (134–5,148), a letter from the religious house announcing the accomplished fact (156), or by an arbitration, followed by a petition for ordination (169,173–4,262). Appropriation presented an administrative problem, and equally certainly a moral dilemma, of which Lydford was undoubtedly aware. His inclusion (283) of a discussion about it, with an unfavourable conclusion, must reflect the doubts that many responsible churchmen felt at this time of collegiate foundation and increased appropriation.

The law concerning benefices was perhaps the greatest single preoccupation of any canon lawyer at this time, whether in disputes about presentation (67,207–8), in the last of which Lydford drew on the experiences of his own circle, or in the elaborate conventions by which certain sorts of living could be held in plurality (143–4,246), where again he used a friend's experiences. On the whole the memorandum book is less completely absorbed by litigation about benefices than might have been expected; whatever the preoccupations of clerks seeking provisions at the papal court, lawyers at home in England had some different things to think of. Criminal jurisdiction over the laity, and the discipline of the clergy, especially in the disturbed conditions of the second half of the fourteenth century, must have taken up much of any administrator's time and energy. The memorandum book reflects this, with the prosecution and release of a beneficed clerk refusing to exhibit his letters of orders at a visitation (4), a mandate to a parochial chaplain to reside and serve a cure (43), and the process of deprivation, with articles, inquest and appeal, in a case of non-residence (78–81).

Because Lydford had been a lawyer before he was an administrator, it is scarcely surprising that much of his memorandum book is taken up with notes of a legal nature, and this sort of interest must have been universal in the class which he represents. Thus in noting and preserving the niceties of practice in the church courts he was doing what many others must have done or thought of doing, although few of them could back their legal knowledge with so much administrative experience. He took careful note of the documents needed for a case if a suit was not to be upset by the opponent: nos.136–139, for example, are all exceptions making capital from the plaintiff's procedural mistakes. Appeals to the court of Canterbury could be begun by a *querela*, *provocacio* or *suggestio* (118–23); confessions and *sentencie diffinitive* (255,260) must include certain information; there were two ways to prosecute a known criminal who was lying hid (272–3). A dissatisfied plaintiff might refuse to obey a judge on the grounds of his bias (146) and should appeal against him on this account to a higher court (147). A *consultacio* was a useful way to deal with a writ of prohibition (127). In a criminal prosecution, or in a difficult problem raised in the course of visitation it might be desirable to seek specialised advice and this took the form of an *informacio*, or counsel's opinion (149,150).

The provincial courts had their own highly specialised modes of practice, which at this time had been partly codified by Archbishop Stratford's constitutions of 1342.[1] It is known, as we have seen, that Lydford had experience of practice in the court of Canterbury, and he noted the terms of a dean's commission in 1376 (21) rather as if he were then familiar with its working. On the whole, however, the documents he noted suggest that he knew it best from the outside, and that his principal dealings with it were in appeals from the lower jurisdictions which he was himself administering. Stratford's statutes had laid great stress on the importance of including the appropriate information in any appeal to the court, if a rescript (writ) was to be received and a case begun, and this is the consideration which seems to inspire him. He noted with particular care the special form of appeal required by different sorts of benefice cases (48–51) and the way in which an appellant to the Roman court could seek the protection (tuition) of the court of Canterbury by a declaration or *provocacio* announced before the judge against whom he was appealing (196–7). He also included a number of other documents the interest of which seems to be rather matter than form: 64 is an appeal against the archbishop of York; 167 concerns the appeal of the official of Lincoln against the claims of the archdeacon of Oxford to matrimonial jurisdiction; 268 is an appeal against an episcopal commissary because of his conduct during a visitation. Numbers 100 and 102 demonstrate the working of tuitorial appeals; in the first, costs are to be paid despite the appeal; in the second, someone impeding an appeal is cited into the court of Canterbury. On the whole, however, there is very little to suggest that Lydford ever had much practice as an advocate in the court: there are no files of papers in cases brought to the court, and few of the finer points of practice are illustrated by him.

In the same way the information about the practice of the papal court, with a few minor exceptions, is that of a man who transmitted appeals, rather than conducted cases. We have seen Lydford's brief appearances as a proctor but this is unimportant against the bulk of his experience at home in England. His memorandum book includes the fruit of this experience with much remarkable information ; it is clear that towards the end of his long life Lydford was rightly regarded as an expert in the drafting of appeals to Rome. The appeal of Roger Syde against the dean and chapter of Hereford, which came early in Lydford's professional life, is given in full, with the narrative of the earlier proceedings. It is of considerable importance if only because there survives at Hereford a file of citations, and depositions from the earlier stages of the litigation, draft libels, instructions for the proctors, exceptions, *responsa* and so on.[2] The file of documents in another early case, that of Thomas Haselschaue (71–76) includes two bulls protecting the appellant against suits brought before him *post iter arreptum*, and two libels, the

---

[1] Wilkins, *Concilia*, ii,681–95.
[2] Hereford Cathedral muniments, 3017–3041.

second of which asks for sentence to be pronounced. In the Hook case (113) William Maple appealed on the grounds that he had been excommunicated while he was already pursuing an appeal. The dispensation sued for by two people knowingly marrying within the prohibited degrees of consanguinity (160–163) is cast in a legal form; inquest is made by a sub-delegate, as it is in appropriations of benefices by papal authority (8) and the result embodied in a sentence, which is issued with notarial attestation. In cases where the executor of a papal rescript met with difficulties, as might happen often, it would be necessary to strengthen the second version of the mandate(234–6). Even when the case was heard in the papal court by the auditors of the sacred palace, a sub-delegate might be called on to execute an order taxing the costs (265). By far the largest number of these 'Roman' documents, however, is concerned with tuitorial appeals. What is chiefly remarkable about them is the absence of any further notice of the cases either in the papal registers or elsewhere. It is true that there are very large gaps in the registers of this period, and that by no means all cases can have resulted in anything which required registration, yet it seems remarkable that of the fourteen cases of this type noted by Lydford, no single one has left any mark elsewhere. One can only conclude that a tuitorial appeal may often have been an empty gesture, from which no result was expected.

There is no doubt that, especially in his later years at Exeter, Lydford's experience was drawn on for the drafting not only of formal legal documents but also of the less official, but no less formal, documents which he calls letters (171–9), in which bearers are recommended, excuses given, or colleagues accused. The word *littera* is actually written against them, and some of them written to acquaintances such as Thomas Arundel (288) have a certain degree of familiarity. There is nothing approaching the elaborate compositions of Beckington,[1] and Lydford was at no time recording fine forms for posterity, or preparing a textbook such as Mr. Richardson has described.[2] Nevertheless he seems to have taken some pride in these productions, and once at least wrote *bona littera* against a title.

This small personal note, which is rare in the memorandum book, is echoed in Lydford's will, where we learn of the chalice, gilt within and without, with which he was accustomed to celebrate in his own chapel at Exeter, his beautiful large noted breviary, his black maple cup from which he had drunk much good wine, his new long crimson robe furred and his fair new *Legenda Sanctorum et Temporalis*. It is not surprising, when we consider this memorandum book, that he should have written out certain directions for his executors on a separate sheet of parchment, and should have given so many other elaborate instructions in his will.

---

[1] G. Williams, *Memorials of the reign of king Henry vi, being official correspondence of Thomas Bekynton*, Rolls Series 56, 2 vols, 1872.
[2] H. G. Richardson, 'Business training in medieval Oxford', *American Historical Review*, xlvi, 1941, 259–80.

EDITORIAL METHOD

When this edition was first planned it was intended to print a complete transcript of all entries, but the magnitude of such a task, and the fact that many entries already existed in other editions, or could be readily paralleled elsewhere, has caused some adjustment of the original proposals. The text presented below prints in full all entries for which no similar material can be found readily available in print, and provides calendared entries of almost all the rest of Lydford's section of the manuscript. Where the context of his entries can be discovered, information is given in numbered footnotes; his own notes are indicated by an asterisk followed by numbers: $*^2$. Headings are given in full in all cases, quire numbers are quoted and the pagination of the Devon Record Office is quoted, but not Lydford's original Roman foliation. The numbers given to the individual items are my own. The indexes use these numbers, except for entries relating to the introduction. . . . indicates an omission from the text; ' ' indicates quotations from the text.

ACKNOWLEDGEMENTS

The long process of preparation of this edition has been much assisted by the kindness of many friends and colleagues, with whom I have discussed it or from whom I have sought help and information. I have already mentioned the two scholars through whose enthusiasm the edition was first projected; I must also add the names of Professor Cheney, Dr. Jacob, Dr. Highfield, Dr. Wood-Legh, Professor Leonard Boyle, Professor Donald Logan and Father Charles Burns of the Vatican Secret Archives. Many English colleagues have helped me to information or made available the archives in their care and I am most grateful to them, particularly to Miss P. E. Morgan, Hereford Dean and Chapter; Dr. G. V. Bennett, New College, Oxford; Canon E. W. Kemp and the Bursar of Exeter College; Mr. Peter Gwyn, Winchester College; Mrs. E. Cottrill, Hampshire Record Office; Dr. A. E. J. Hollaender, Guildhall Library; Mr. E. G. W. Bill, Lambeth Palace Library. I am also indebted to Mr. Peter Kennedy, County Archivist of Devon, and Mrs. Erskine for the photograph used as a frontispiece to this volume. The British Academy eased my task by a generous grant for travelling expenses. My husband has borne a great deal in the cause of Lydford; the completion of this volume is due very largely to his encouragement and endurance. Much help has been given by the staff of the Historical Manuscripts Commission and H.M. Stationery Office in seeing it through the press.

ABBREVIATIONS

AASR *Reports and papers of the associated architectural and archaeological societies.*

C & Y Publications of the Canterbury and York Society.

Cal. Close Rolls *Calendar of close rolls preserved in the Public Record Office,* HMSO.

Cal.Pap.Reg. *Calendar of entries in the papal registers relating to Great Britain and Ireland: papal letters,* HMSO.

Cal.Pap.Pet. *Calendar . . . Ireland: petitions to the Pope,* HMSO.

Cal.Pat.Rolls *Calendar of the patent rolls preserved in the Public Record Office,* HMSO.

Cant.Admin. I. J. Churchill, *Canterbury Administration,* 2 vols., Church Historical Society, 1933.

Clem. *Clementis papae v constituciones in concilio Viennensi editae,* Corpus iuris canonici.

Counc. and Synods F. M. Powicke and C. R. Cheney, *Councils and synods, with other documents relating to the English Church,* 2 vols., Oxford, 1964.

D & C Exeter muniments of the dean and chapter of Exeter.

Decretals *Gregorii pape ix decretales,* Corpus iuris canonici.

dioc. diocese.

Emden, Cambridge A. B. Emden, *A biographical register of the university of Cambridge to 1500,* Cambridge, 1963.

Emden, Oxford A. B. Emden, *A biographical register of the university of Oxford to 1500,* 3 vols., 1957-9.

Extra. *Extravagantes seu constituciones viginti a Joanne papa xxii editae,* Corpus iuris canonici.

HMCR Var.Coll. *Reports on manuscripts in various collections,* 8 vols., Historical Manuscripts Commission, 1901-14.

Hand.Chron. F. M. Powicke and E. B. Fryde, *Handbook of British Chronology,* 2nd ed., Royal Historical Society, 1961.

Host.Summa *Henrici a Segusio cardinalis Hostiensis Aurea Summa,* Cologne, 1512.

Knowles and Hadcock D. Knowles and R. N. Hadcock, *Medieval Religious Houses, England and Wales,* London, 1953.

Le Neve John Le Neve, *Fasti Ecclesie Anglicane 1300-1541,* 12 vols., 1962-7.

n.p. notary public.

OSA Austin canon.

OSB Benedictine.

Provinciale W. Lyndwood, *Provinciale seu constituciones Anglie . . . cui adjiciuntur constituciones legatine D. Othonis et D. Othoboni . . . cum profundissimis annotationibus Johannis de Athona,* Oxford, 1679.

reg.   unprinted episcopal, archiepiscopal or papal register.

Reg.Brant.   F. C. Hingeston-Randolph, *The register of Thomas de Branting-ham*, 2 vols., London, 1901–6.

Reg.Bronescombe   *The registers of Walter Bronescombe and Peter Quivil*, London and Exeter, 1889.

Reg.Grand.   *The register of John de Grandisson*, 3 vols., 1894–9.

Reg.Staff.   *The register of Edmund Stafford*, London and Exeter, 1886.

Reg.Stapledon   *The register of Walter de Stapledon*, London and Exeter, 1892.

Reg. Ralph de Salopia   T. S. Holmes, *The register of Ralph of Shrewsbury, bishop of Bath and Wells*, 1 vol. in 2, Somerset Record Society vols., ix and x, 1896.

Reg. Pontissara   C. Deedes, *Registrum Johannis de Pontissara*, 2 vols., C & Y, 1915–24.

Reg.Sudbury   R. C. Fowler, *Registrum Simonis de Sudburia*, 2 vols., C & Y, 1927–38.

Reg.Woodlock   A. W. Goodman, *Registrum Henrici Woodlock*, 2 vols., C & Y, 1940–41.

Reg.Langham   A. C. Wood, *Registrum Simonis de Langham*, C & Y, 1956.

Reg.Wykeham   T. F. Kirby, *Wykeham's Register*, 2 vols., Hampshire Record Society, 1896–9.

Salter, Oxford City Prop.   H. E. Salter, *Oxford City Properties*, Oxford Historical Society, 83,1926.

——, Reg. Canc.   *Registrum cancellarii Oxoniensis* 1434–69, 2 vols., *ibid.*, 93–4,1932.

——, Snappe   *Snappe's Formulary and other records*, ibid., 80, 1924.

——, Survey   Survey of Oxford, *ibid.*, n.s.14, 20, 1960–69.

Sext.   *Liber sextus decretalium D. Bonifacii viii*, Corpus iuris canonici.

TRHS   *Transactions of the Royal Historical Society*.

VCH   Victoria History of the Counties of England.

Wilkins Concilia   D. Wilkins, *Concilia Magnae Britanniae et Hibernicae*, 4 vols., 1737.

Quotations from the text of the Canon Law (Decretum, Decretals, Extra., Sext. and Clem.), English councils (Otto, Ottobuono, Simon Mepham) and commentators (Andreas, Aton, Hostiensis, Innocencius, etc.) are indicated by inverted commas.

JOHN LYDFORD'S BOOK

(p.1) Quaternus ii'

Two incomplete and illegible entries

1

Commissio officialis Wynton' quam fecit alteri in eius absencia

Appointment by the official of Mr. R. Lymington[1] rector of Arreton (Arroton) dioc. Winchester 'ad cognoscendum et procedendum in omnibus et singulis causis et negociis in consistorio Wynton' . . . ad partis cuiuscunque instanciam motis et movendis . . .' whenever he shall himself be absent. Sealed with the seal of the officiality. Incomplete, no date.

(p.2) Blank.

(pp.3 and 4) Torn fragments only.

(p.5) Incomplete fragment of entry from previous page.

2

Tenor dispencacionis magistri R.Wykiltonde[2]

Papal dispensation for non-residence, c.1370.

3

Littera episcopi auctorizandi permutacionem possessionum duarum ecclesiarum

Bishop Wykeham to A. de B. master of the hospital of St. Thomas the Martyr, Southwark, repeating royal letters concerning an exchange, and authorising it. *Reg.Wykeham,*i,114-5,1381.

---

[1] Mr. Richard of Lemyngtone was instituted to Arroton 17 Jan.1361/2, *Reg.Wykeham*, ii,591.
[2] Richard Wykeslonde LL.B, commissioned by Brantingham to hear a cause, *Reg.Brant.*i,159,161, April 1383-4, vicar of Colyton 1384-5,*ibid.*,161,157; B.C.L., probably of Oxford, Emden, *Oxford,*iii,2112.

4

Bona littera et formalis pro dimissione rectoris in visitacione episcopi

Sentence of the bishop of Exeter excusing William Kaygnes from personal appearance at his visitation after the production by his proctor of all necessary licences and other exhibits.

Universis etc. episcopus Exon' salutem etc. Ad universitatis vestre noticiam volumus pervenire quod cum nos nuper iure diocesano nostram diocesim visitantes dominum Willelmum Kaygnes rectorem ecclesie de C. nostrorum patronatus et diocesis ad comparendum certo die coram nobis nostrove in hac parte commissario in ecclesia tali cum continuacione et prorogacione dierum sequencium ostensurum exhibiturum et propositurum litteras ordinum suorum litteras dispencacionis de studendo ac litteras testimoniales, et quicquam iuris habuit seu habere pretendit super assecucioni et retencioni ecclesie sue predicte peremptorie fecerimus evocari predictus R. die et loco citatoriis expresse per procuratorem sufficientem coram nostro commissario comparens tam litteras dispencacionis studiendi quam litteras studii testimoniales litteras ordinum suorum ac litteras collocacionis institucionis et induccionis exhibuit ac eciam in scriptis multa pro iure suo proposuit per eundem Et cum fuissent omnia huiusmodi exhibita per dictum nostrum commissarium lecta examinata et diligenter inspectata et pro sufficientibus in omni sui parte reputata fuissentque predicta in scriptis proposita per testes ydoneos coram eodem sufficienter et legitime probata sicut ex relacione commissarii nostri predicti accepimus et nos ipsi plenius ex actorum huiusmodi inspectione vidimus continuum. Que cum per nos diligenter fuissent inspectata invenimus nobis factam relacionem veram esse dictumque Rectorem in assecucione et retencione a scolis non fuit ad sacerdocium promotum infra annum ut tenebatur nec litteras dimissorias ut debuit petivisset iudicialiter ex officio fuisset obiectum dictus tamen Rector pro litteris dimissoriis petendis et optinendis quam pro ordine presbiteratus habenda omnem diligenciam quam debuit et potuit adhibuit debito tempore sicut tam nobis quam predicto commissario nostro per testes et instrumenta plenior fuit facta fides et constitit (. . .) peciitque dictus procurator nomine domini sui super premissis omnibus et singulis per nos iusticiam fieri et decerni ac dictum dominum suum super assecucione et retencione beneficii predicti per nostram sentenciam pronunciari sufficienter fuisse et esse iniunctum Nos igitur J. etc. Ex. episcopus, comparentibus personaliter postmodum coram nobis dicto Willelmo rectore et procuratore suo in presenti negocio sententiam per nos ferri cuius probacionem nobis specialiter reservavimus postulantibus visis et examinatis omnibus exhibitis actis eciam habitis coram dicto nostro commissario in negocio memorato habitaque super eis nobiscum et cum peritis deliberacione plenarie Christo etc. invocato et habentes pre oculis solum Deum predictum rectorem in persona sui procuratoris tunc presentis et procuratorie in persona predicti rectoris et ipsumque rectorem pariter presentem in predicta ecclesia iustum titulum et bonam fidem habere ipsumque in predicti beneficii assecucionem et retencionem sufficienter pro omnia (sic) fuisse et esse iniunctum concurrentibus omnibus et singulis que de iure requiruntur in hac parte sentencialiter et diffinitive pronunciamus diffinimus declaramus et decernimus in hiis scriptis In cuius rei testimonium etc.[1]

(p.7)   **5**

Tenor bulle apostolice concesse domino meo Episcopo Wynt' ad fundandum collegium suum Oxon'

Papal bull (not in *Cal. Pap. Reg.*), empowering Wykeham to appropriate certain parish churches not named to the support of the college which he has founded for the maintenance of seventy poor scholars in Oxford, 1379.

Urbanus Episcopus servus servorum dei venerabili fratri Episcopo London' salutem et apostolicam benediccionem. Cupientes divinum cultum et scientiarum fructus ex quibus animarum salus provenit nostris temporibus ampliari ea que ipsorum augmentum respicere dinoscuntur favore prosequimus graciose. Sane peticio pro parte venerabilis fratris nostri Willelmi episcopi Wynton' nobis exhibita continebat quod ipse cupiens terrena in celestia et transitoria in eterna felici commercio commutare et considerans quod per litterarum scienciam iusticia colitur et prosperitas humane condicionis augetur ad divini cultus augmentum et dei gloriam et honorem ac pro sua et progenitorum suorum et aliorum Christi fidelium animarum salute de bonis per eum tam racione persone sue quam per ecclesiam suam seu aliter licite acquisitis quoddam collegium perpetuum lxx^a pauperum scolarium clericorum qui inibi collegialiter vivere et tam [in] theologia ac canonico et civili iuribus quam in artibus studere debeant in studio Oxon' Lincoln' dioc' instituere et quandam domum pro huius collegio cum capella seu oratorio construere et fundare illa quoque iuxta suorum facultativam exigenciam dotare proponit et quod iam pro sustentacione huius scolarium et collegii et domus ac capelle predictorum fundacione et dotacione multa redditus et possessiones et bona licite acquisivit et plura alia acquirere intendit.*[1] Quare pro parte dicti Episcopi nobis fuit humiliter supplicatum ut sibi faciendi premissa licenciam concedere necnon parochiales ecclesias (A. de B. etc.) dicte diocesis que de patronatu Episcopi Wynton' pro tempore existentis existunt eidem collegio in sustentacionem dictorum scolarium perpetuo unire, annectare et incorporare de benignitate apostolica dignemur. Nos itaque huius' supplicacionibus inclinati fraternitati tue per apostolica scripta committimus et mandamus quatinus dote (pro dicta capella) ac sustentacione huius scolarium et supportacione omnium eis incumbencium

---

[1] William Kaignes had licences for study leave in 1333 and 1335, and a licence to visit the Papal Court in 1335. For requirements at visitation see *Councils and Synods*, i, 262, note.

*[1] Qui ut asseritur lxx^a scolaribus in theologia canone et civile iuribus et in artibus in eodem [gap] de bonis sibi a deo collatis pluribus annis vite necessaria ministravit.

C

per eundem Episcopum primitus assignata eidem Episcopo instituendi huius collegium ac fundandi et construendi domum et capellam predictas auctoritate nostra licenciam largiaris ac postquam collegium predictum institutum fuerit predictas parochiales ecclesias eciam si disposicioni apostolice generaliter seu specialiter reservate fuerint cum omnibus iuribus et pertinenciis suis eisdem scolaribus et collegio auctoritate predicta unias incorpores et annectes ita quod cedentibus vel decedentibus seu alias illas dimittentibus rectoribus ipsarum ecclesiarum parochialium qui nunc sunt liceat eidem collegio licencia alicuius super hoc munimine requisita corporalem possessionem ipsarum ecclesiarum auctoritate propria per se vel alium seu alios libere apprehendere et eciam retinere fructusque redditus et proventus earundem ecclesiarum in usus proprios ad utilitatem dicti collegii convertendo recipere et habere reservata tamen de singularum ecclesiarum ipsarum fructibus et proventibus ad tuum arbitrium singulis congruis porcionibus assignandis duobus perpetuis vicariis quorum singuli curam parochianorum singularum ecclesiarum ipsarum regere et in ecclesiis ipsis perpetuo debeant domino deservire ex quibus iidem vicarii congrue valeant sustentari iura episcopalia solvere et alia sibi incumbencia onera supportare. Non obstantibus constitucionibus apostolicis contrariis quibuscunque seu si aliqui super provisionibus sibi faciendis de parochialibus ecclesiis aut aliis beneficiis ecclesiasticis in illis partibus generales vel speciales apostolice sedis vel legatorum eius litteras impetraverit eciam si per eas ad inhibicionem reservacionem et decretum vel aliter quomodolibet sit processum quascunque litteras et processus earum auctoritate habitos vel habendos ad dictas parochiales ecclesias volumus non extendi sed nullum per hec eis quo ad assecucionem parochialium ecclesiarum et beneficiorum aliorum preiudicium generari (p.8) seu quibuslibet privilegiis indulgenciis et literis apostolicis generalibus vel specialibus cuiuscunque tenoris existant per que presentibus non expressa vel totaliter non inserta effectus earum impediri valeat quomodolibet vel differri et de quibus quorunque totaliter tenoribus habenda sit in nostris litteris mencio specialis.*1 Nos ei exnunc irritum decernimus et inane si secus super hiis a quocunque quavis auctoritate scienter vel ignoranter contigerit attemptari Dat.Rom.kal.iunii Pontificatus nostri anno primo [1379].[1]

6

Littera dicti domini mei Episcopi super fundacione et dotacione collegii sui predicti

Announcement by Wykeham that he has acquired certain properties in the parish of St. Peter in the East Oxford, and that by royal licence they are to be used for the site of his college there (1379).

---

[1] *V.C.H. Oxford*, iii,p.155, notes that among the muniments of New College a bull of 1371 shows Wykeham purchasing estates to endow his college. The royal licence for alienation is dated 30 June 1379 and the foundation charter 26 Nov. 1379. The recipient of this bull is William Courteney, bishop of London.

*1 Nota exnunc.

Universis sancte matris ecclesie filiis ad quos presentes littere nostre pervenerint Willelmus de Wykham permissione divina Wynton' episcopus
salutem in eo qui est omnium vera salus. ad ea que siquidem que dei laudium
(sic) et gloriam divini cultus liberaliumque arcium scienciarum et facultatum
augmentum necnon pietatis et caritatis opera respicere dinoscuntur presidium
sinceris affectibus impartiri amor et devocio quos erga deum salvatorem
nostram et gloriossimam virginem Mariam matrem eius beatissimam
gloriosque patrones ecclesie nostre Winton' sanctos apostolos Petrum et
Paulum beatosque Birinum Heddam Swythinum et Athelwold ecclesie
nostre Wynton' confessores et pontifices gloriosos ac omnes sanctos dei
gerimus nos fervencius aliciunt et inducunt. Sane ad sollempnem et celebrem
universitatem Oxon' Lincoln' dioc' ubi viget scolarium clericorum studium
generale que inter alios mundi universitates et scolarium clericorum generalia
studia prout experencia docuit magne sciencie viros ecclesie dei fructuosos
ac regi et regno multipliciter utiles et necessarios ab antiquo producere
consuevit mentis nostre oculos dirigentes considerantesque propencius et
attente quod predicta universitas Oxon' in qua in omnibus liberalibus artibus
scienciis et facultatibus studencium vigere solebat multitudo milicie clericalis
propter epidemias et pestilencias generales modernis et retroactis temporibus
contingentes et ex guerrarum discriminibus ac victualium caristiis pullantibus
et aliis infortunis in dies diversi modo emergentibus adeo diminuitur et
pauperum scolarium clericorum ibidem alias studere volencium propter
eorum peniuriam et inopiam facultas potestas et voluntas in tantum subtra-
huntur ac eciam adimuntur quod numerus ibidem studencium quam-
plurimum attentuatur et quasi ad modicum est redactus nonnullis eorum
sciencie et vanitatibus frivolis deditis vagacionibus ac variis insolenciis
adherendo aliis bellorum amfracc' quibusdam mercimoniorum negocia et
aliquibus certas artes mechanicas pocius eligentes clericalem miliciam per
quam habet regi fides Christi et ecclesia Catholica gubernari tam inter clericos
seculares et religiosos quam alios Christianos quoscunque quod dolendum
est penitus deferendo quodque in universitate eadem fuerunt et sunt diversarum arcium scienciarum liberalium et facultatum scolares disciplinis
scolasticis immemores destitucionem peniuriam et indigenciam attent'
ipsorum statu et gradu in necessariis pacientes quibus ad continuandum et
proficiendum in facultatibus predictis et scienciis liberalibus quibus insistunt
et insistere volunt et speratur imposterum proprie non suppetunt aut suppe-
terit ut creditur facultates huius scolaribus clericis personis pauperibus
indigentibus presentibus et futuris occasione premissa in dicta universitate
morantibus ac eciam imposterum moraturis ut litterarum studio indulgere
ac in facultatibus et scienciis huius' per dei graciam uberius et liberalius
proficere valeant ad profectum sacre doctrine liberalium scienciarum arcium
et facultatum predictarum titulum ampliandum ac studencium et profiten-
cium in eisdem quantum cum deo possumus numerum dilatandum de
facultatibus et bonis nobis a deo collatis intendimus sub forma subscripta
deo propicio de cuius munere ac graciosa dispencacione nobis licet immeritis

omnino successerunt manus nostras apponere adnutrices et caritatis presidium
impertiri. Eapropter nos Willelmus de Wykham Wynton' Episcopus
antedictus diversa loca et placeas in villa Oxon' dicte Lincoln' dioc' (p.9) in
parochia sancti Petri in oriente eiusdem ville de licencia illustrissimi
principis et domini Ricardi secundi Regis Anglie et Francie adquisivimus
nobis et successoribus nostris Episcopis Wynt' scilicet de magistro Jo. de B.
clerico et Jo. de R. clerico octo placeas vacuas continentes duas acras terre
cum pertinenciis in eisdem parochia et villa quas quidem placeas iidem
magistri Jo. et Jo. sibi et heredibus suis de abbate et conventu monasterii de
Oseneye ante adquisiverunt Et eciam vi placeas vacuas continentes iii rodas
terre cum pertinenciis in eisdem parochia et villa quas iidem Jo. et Jo. sibi
et heredibus suis de preposito et scolaribus aule regine Oxon' adquisiverunt.
Et eciam unam placeam vacuam continentem medietatem unius acre terre
cum pertinenciis in eisdem parochia et villa quem iidem Jo. et Jo. sibi
et heredibus suis de Nicholao Redyngg vicario ecclesie beati Petri in oriente
Oxon' Jo. le Mareschal et Jo. Paas adquisieverunt. Et eciam unum messua-
gium et xii placeas cum pertinenciis in eisdem parochia et villa predictis
continentes tres acras et dimidiam et medietatem unius rode terre. Et eciam
de priore et conventu sancte Frideswyde Oxon' vi placeas vacuas continentes
medietatem unius acre cum pertinenciis in eisdem parochia et villa ac eciam
de magistro et fratribus hospitalis sancti Johannis Oxon' extra portam
orientem eiusdem ville octo placeas vacuas continentes tres rodas terre cum
pertinenciis in eisdem parochia et villa ac eciam de maiore et communitate
dicte ville Oxon' octo placeas vacuas continentes ii acras terre cum pertinenciis et quendam venellam sive communem viam continentem ii rodas terre
extendentem se a quodam loco vocato Hamerhalle usque ad angulum muri
boriale eiusdem ville versus orientem et exinde usque ad posticum firmatum
in muro eiusdem ville vocatum Wyndesor posterne in eisdem parochia et
villa cum aisiamento et clausura muri et turellorum dicte ville eidem venelle
sive communi vie contiguorum. Necnon de ministro et fratribus ordinis
sancti Trinitatis eiusdem ville duas placeas vacuas continentes unam acram
terre cum pertinenciis in eisdem parochia et villa et quas iidem minister et
fratres antea habuerunt ex dono et feofamento dictorum maioris et com-
munitatis. In et de quibus quidem mesuagio placeis locis et venella sive
communi via coadiacentibus licet separatim et particulariter per nos et nobis
ut predicitur adquisitis in nomine sancte et individue Trinitatis patris et filii
et spiritus sancti ad laudem et honorem crusifixi gloriose virginis Marie
matris eius sustentacionemque et exaltacionem fidei Christiane ecclesieque
profectum et honorem ac ut premittitur cultus divini.[1]

[1] For the properties described in this charter see Salter, *Oxford City Properties*,p.308, and *V.C.H. Oxford*,iii,144.

(p.9) **7**

Ordinacio unius perpetue cantarie fundate quondam per dominum Episcopum Exon'

Foundation deed by Bishop Stapledon, 1314, of a chantry in the chapel of St. Laurence at Ashburton; exemplification of this deed, by Brantingham, 1371, *Reg.Brant.*,i,241–2.

(p.10) **8**

Ordinacio et taxacio perpetue vicarie de Stipelmorden

Ordination of the vicarage of Steeple Morden, Cambs., appropriated to New College by Wykeham by papal authority. Other documents relating to this transaction are nos. 221–2 below.

(p.11) **9**

Mandatum ad sequestrandum fructus ecclesie propter non residenciam rectoris

Sequestration mandate addressed by the official of Winchester to an unknown recipient, for the rectory held by R. de W., because of his persistent non-residence and neglect, both of the cure of souls and of the property of the rectory. The sequestration is to last until a further mandate is received.

10

Mandatum domini Episcopi Exoniensis contra canonicos libere capelle de Bosham

Mandate of bishop Grandisson addressed to three canons of the free chapel of Bosham, Sussex, ordering a sequestration against Robert de Mildenhale, prebendary of the parochial prebend, for non-residence and dilapidation. An earlier sequestration, and written promises by Mildenhale to make good the defects, have been fruitless, and the sequestration has been infringed. Grandisson therefore now orders the solemn publication of this new sequestration, and the excommunication of all infringing it. The recipients are Nicholas de Braybrooke, John Lydford, and William Scote (1363).[1]

Divina miseracione J. Exon' capellanus regius ac libere capelle sue sancte Trinitatis de Boseham sub ipso ordinarius immediatus et prebendarum collator dilectis in Christo filiis magistris N. de B., J. de L., canonicis necnon domino W. S. sacriste capelle regie supradicte salutem graciam et benediccionem Cum nos olim ex speciali mandato serenissimi principis domini nostri Regis propensius excitati tam in personis canonicorum vicariorum et aliorum in dicta libera capella ministrancium quam in prebendis et earum membris ac rebus aliis ad ipsam capellam spectantibus per certos commissarios nostros debite visitacionis officium regio nostroque ibidem ordinario iure

---

[1] *Reg. Grand.* no.1245 gives the beginning of the case against Mildenhale. Bosham was in existence as a secular college before the Norman Conquest and was bestowed by the Conqueror on the bishops of Exeter, whose successors retained it until the Reformation. *V.C.H. Sussex*, ii,109, J. H. Denton, *Royal Free Chapels*, Manchester, 1970, *passim*.

prout ad nos pertinuit more solito fungeremur. Ac inter cetera compertum esset quod dominus R. de M. canonicus et prebendarius prebende vulgariter nuncupate parochialis ut asseritur curate fructus et proventus ipsius ad modum opulentos spreta omnino residencia longis iam retroactis temporibus alibi pro sue inordinate voluntatis libito consumens quam plures dimiserat defectus graves in domibus clausuris et rebus aliis ad prebendam ipsam spectantibus et presertim in quodam muro lapideo pro necessario presacione soli eiusdem prebende ecclesie atque ville a predecessoribus suis ab olim erecto magnifice et constructo set per ipsius R. manifestam negligenciam atque culpam fere omnino consumpto. Unde ne tam ecclesie quam ville periculosa minus tunc minebat et adhuc minet eversio nisi celerius occuratur iidem commissarii nostri legitime procedentes ex premissis et aliis variis causis fructus et proventus quoscunque supradicte prebende sequestrarunt. . . .

(p.12)   **11**

Mandatum episcopi ad vocandum rectores ad residenciam

Reg.Wykeham,ii,22,308,411,424,497, has similar mandates for residence of incumbents.

12

Tenor alterius mandati Episcopi eo quod beneficiati non pervenerunt primo mandato

(p.13) Quaternus iii

13

Forma conficiendi et creandi notarii publici virtute bulle apostolici Vide hoc in premissis processum bonum de officio tabellionatus

Simon Sudbury bishop of London confers the office of notary public, in virtue of a papal privilege he has received, on J. Mascal, clerk, of the diocese of Salisbury, and causes letters testimonial of his act to be made and subscribed by Mr. J. de L. n.p.

14

Appellacio refutatorii data in causa

Wykeham declares that an appeal made to his audience by W. M. of T. dioc. Winchester is 'frivolam frustratoriam . . . ac ex causis confictis et minus veris fictam et fabricatam' and refuses to entertain it.[1]

---

[1] For refusals by ordinaries to entertain appeals see Sext lib.ii,tit.xv,cap.iii. This document appears to form part of the Hook chapel case: the appellant is William Maple of Titchfield. See no.112 below.

15

In instrumento acceptacionis

A suitable form for the acceptance of a benefice by a presentee

Pro securitate maiori etc. dicat acceptans sic ecclesiam seu predictam talem qualitercunque quomodocunque et per quemcunque modum vacantem cum suis iuribus etc. omnibus melioribus modo via causa forma quibus possumus de iure vigor talis gracie ideo in facie etc. accepto.

16

Littera pro questoribus

Mandate of the official of Winchester to all rectors, vicars and parochial chaplains to welcome and assist the proctors coming to the diocese to collect alms for the hospital of St. Mary of B. (?Bethlem) outside London.

(p.14)
17
(No heading)

Two papal privileges of the Cistercian order.[1]

(p.15)
18

Littera episcopi pro questoribus concessis. Alia vide supra folium proximum

Mandate of Wykeham, for the same purpose as 16, for collectors of an unnamed house.

19

Commissio executoris privilegium ad graciam pauperis clerici

Incomplete mandate by Wykeham to the proctors of T. and G. in his diocese to examine into the life etc. of J. de B., poor clerk, and bearer of a papal grace and if the result is satisfactory, to provide him to a benefice in the gift of a monastery unnamed.

---

[1] This entry was made by the hand which appears at the end of the book and appears to be filling a space left blank by Lydford. At the end of the entry the notarial device found on the cover is copied, with the same inscription: *'Resumavi egomet salutis eterne cantica'*.

20

Verba citanda ad terminandum causam ex observancia curie Romane

Instructions for drawing up the citations for the termination of a cause in the Roman court.

Citetis vel citari faciatis peremptorie talem etc. quod compareat coram nobis in palacio apostolico ubi iura redduntur tali die etc. mane hora causarum in dicta causa seu causis et *describuntur cause* ad singulas actus gradatim et successive et usque ad sentenciam diffinitivam inclusive in eadem causa prout de iure fidei processurus et pro eadem visurus et aliter facturus dicturus auditurus et recepturus qua iusticia suadebit etc. Fiat eciam comminacio quia sive veniat sive non procedendum est in causa.

(p.16)   **21**

Tenor commissionis domini decani curie Cant'

Commission of Mr. Nicholas Chaddesden[1] to act in the absence of the official of Arches . . . 'ad cognoscendum procedendum et discuciendum in omnibus et singulis causis et negociis in dicta curia Cant' videlicet in consistorio de arcubus London' sive ex officio sive ad instanciam cuiuscunque partis motis et movendis' 26 June 1376.

22

Addatur hec clausula cum potestate ad compromittendum etc.

Instructions for the proctors of a religious house, who are to be given full powers to conclude their case in the Roman court, if necessary by compromise.

. . . 'Presertim in causis et negociis que in curia Romana vertuntur seu verti sperantur inter nos abbatem et conventum appellantem ex parte una et A. de B. appellatam ex altera. . . .' The proctors are to be given powers 'paciscendum componendum compromittendum et finaliter concordandum per viam amicabilis composicionis vel alias prout eisdem procuratoribus meis melius videbitur expedire' . . .

23

Procuratorium ad Parliamentum seu ad concilium cleri

Appointment by the clergy of the archdeaconry of Surrey of John Lydford official of Winchester as their proctor in the council to be held at St. Paul's London on 9 May next (1379).

---

[1] Chaddesden first appears as dean of Arches in 1366 and was later a member of the Roman court: Emden, *Oxford*,i,380. Miss Churchill prints a commission to him from the archbishop, to hear appeals during the official's absence: *Cant.Admin.*,ii,189.

(p.17)   **24**

Forma procuratorii ad curiam Romanam

Notarial instrument by which Adam de Stanley abbot, Richard de Flembury
subprior and *cantor*, John de Schordeborgh, William de Berford, John de
Cheselham, Thomas de Faryndon, Robert de Cercedon cellarer, all monks
of Rewley, near Oxford, appoint Thomas de Southam and Hugh Arlham
as their proctors, to act together or separately in all cases concerning the
abbey in the Roman court, and especially one against John Wret, who claims
to be vicar of St. Wendron, Cornwall. Made before Mr. Adam de Faas n.p.,
Robert de Wodestoke clk., John Wrackely, esquire.
Addition at the end: John Masseley canon of Glasney and Henry Nanfan
are added to the proctors; the act was made in the chamber of Mr. R. Tr'
(?Tregrisiou) at TakkelesIn, 9 Feb.1368/9.[1] Subscription of J. de L. n.p. of the
dioc. of Hereford.

(p.18)   **25**

Forma commissionis et excusacionis executorii a sede apostolica dati

William etc. declines from pressure of business to provide B.C. poor clerk,
in accordance with a mandate from Pope Urban vi, and appoints two
colleagues (unnamed) to act for him.

26

Commissio episcopi ad procedendum contra rectorem super certis criminibus

Bishop Wykeham's mandate to an unnamed judge to proceed in the correction and deprivation of R. rector or vicar, who is accused of incontinence
and spiritual incest with two female parishioners.

27

Forma dispensacionis episcopi cum illegitimo

Bishop Wykeham to A. de B. scholar, in accordance with a mandate from
the Penitentiary of the Roman court. Instruction to include this mandate in
full.

---

[1] *Snappe's Formulary* p.226, includes a lease of Takeleysinne, 1459. Southam was Wykeham's
proctor in the Curia and an executor of Cardinal Langham. Emden, *Oxford*,iii,1733. Salter,
Survey i,183-4: Tackley's Inn is represented by 106 and 107 High Street, Oxford.

28

Littera purgacionis pro aliquo diffamato Et sequitur eciam in effectum alia littera correccionis

Intimation, by the official of Bishop Wykeham, of the purgation by A. de B., before him during his hearings of correction cases, as commissary of the bishop, from the crime of adultery.

(p.19)   **29**

Condempnacio in quadam summa pecunie

Recognition by two unnamed parties, before J. de L.,[1] 'pro tribunali sedente', that one is indebted to the other in £60 and will, despite his previous efforts to evade his obligations, now repay the money. The seal of office of the judge is appended.

30

Citacio quare sentencia non debet demandari execucioni

Request by the chancellor of Oxford to an archdeacon to cite one of his subjects to appear in the chancellor's court to answer a plea of debt.

Reverende discrecionis viro domini archidiaconi talis loci officiali eiusve locum tenenti, J. de C., canc. etc. Quia dudum A. de B. iurisdiccioni vestre subiectus extiterat per venerabilem virum magistrum J. de T. iudicem in hac parte competentem R. de C. iurisdictioni nostro subdito in tanta summa pecunie solvenda eidem R. in festo tali nunc preterito legitime condempnatus et subsequenter canonice monitus quod de dicta pecunie summa die et loco predictis sub pena excommunicacionis maioris ut nunc prout extunc ut ipsum A. si dictis monicionibus cum effectum non paruerit legitime fulminata satisfaceret competenter allegato instanter coram nobis legitime probaturum predictum A. eo quod predictis monicionibus non paruit ut debebat in dictam excommunicacionis sententiam dampnabiliter incidisse quod dictus J. quatenus artatur de iure fuerit se optulit coram nobis legitime probaturum et peciit cum effectu ut ad exequendum dictas sentencias procedere curaremus sibique faceremus in premissis iusticie complementum. Nos nolentes eidem subdito nostro in sua iusticia deficere sicuti nec debemus vos sub mutue etc. quatinus citetis etc. predictum J. in dicto excommunicacionis negotio responsurum facturum ulterius et recepturum quod iusticia suadebit sciturum quod si dictis die et loco coram nos non comparuerit vel effectuale non proposuerit quare dicta sententia excommunicacionis exequi contra eum non

---

[1] John de Lecche was chancellor of Oxford 1338-9, Snappe, p.327. The jurisdiction of the chancellor is discussed by H. E. Salter, *Registrum Cancellarii*,i,xv–xxiii.

debet cum effectu nos sine ulteriori dilacione iuxta consuetudines dicte nostre universitatis hactenus usitatas in dicte excommunicacionis negotio procedemus. . . .

31

Citacio facienda pro excommunicato sub mutue vicissitudine obtenta

Request by J. de L. chancellor [J. de Lecche, as above] addressed to a bishop for the denunciation of the excommunication of, and sequestration of the benefice of, Mr. J. de M., rector of Baru, formerly resident in Oxford and keeper of the Burnel Chest, who has been condemned and excommunicated for serious offences.*[1]

(p.20)   ## 32

Ad citandum talem personam qui in certa summa pecunie pro alio extitit obligatus

Request by W. de P. chancellor of the University of Oxford (William Polmorva 1350–52) to the official of the archdeacon of Oxford to cite Mr. J. de O. rector of F. dioc. Salisbury, to appear before the chancellor and satisfy the keepers of the University Chest and the proctors for a sum of ten silver marks which he had owed to R. Persone stationer in the University, for books and other things.*[2]

33

Denunciacio excommunicacionis coram alio iudice

Request by J. de L. chancellor, to an official, to include among the excommunicates to be denounced A.C. who has been excommunicated by Mr. S. de T., by the authority of C., formerly chancellor, in an instance cause heard within the University's jurisdiction.[1]*[3]

34

Littera absolucionis pro quodam excommunicato

Request by J. de L. chancellor to such a one to announce the relaxation of the excommunication laid on W. de B. at the instance of J. de T.*[4]

---

[1] A list of significavits for excommunication by Lecche, not including this, is given in Snappe, p.33. For the Chancellor's privilege in relation to excommunication, see D. Logan, *Excommunication and the Secular Arm*, Toronto, 1968, pp.34–5.

*[1] ø.   *[2] ø.   *[3] ø.   *[4] ø.

35

Littera conversacionis pro regente sub sigillo communi et forma registr'

Letter testimonial by the chancellor and masters of the University of Oxford, under the common seal of the University, as to the good behaviour of Mr. J. de T. iuris civilis professor. '. . . Facultates arcium studio insistendo bene honeste et pacifice conversatus actibus scolasticis sufficienter probatus ac magistrorum deposicione laudabili sollempniter approbatus ad pre eminenciam magistralem in dicta facultate honorifice meruit exaltari. . . .'

36

Item alia littera pro Regente vel baculario in quacunque facultate forma reg.

(p.21)

37

Littera conversacionis et quod sit de legitimo matrimonio procreato

38

Littera cancellarii domino Regi pro excommunicato capiendo

Significavit by J. de L. chancellor of Oxford of the contumacy in excommunication of R. de S.*[1]

39

Sub ista forma debet scribi vicecomiti per dominum Regem pro excommunicato capiendo a cancellaria ad suggestionem Canc'

Royal writ of *capias* in the case of J. de T., signified as excommunicate by W. de P. chancellor of Oxford,[1] addressed to the sheriff of Lincoln.

40

Littera citatoria ad vocandum partem ad prosequendum appellacionem sub pena finalis remissionis

Mandate by the official for the citation of a party which has appealed to him in a testamentary cause and has failed to appear and prosecute the appeal.

---

[1] William Polmorva chancellor.
*[1] ø.

41

Mandatum ad vocandum partem ad videndum concludi

Mandate by the official for the citation of a party which has been summoned before him and has failed to appear and answer the charges.

(p.22) ## 42

Ad denunciandum citandum peremptorie quare non debet scribi regie maiestati pro capcione

Mandate for the immediate citation of R. de C. whom inspection of the register shows to be under the sentence of greater excommunication, to show cause why a request for his imprisonment should not be sent to the King.

43

Littere ad compellendum capellanum ad deserviendum curam virtute constitucionis super hoc edite

Mandate of J. de B., president of the consistory of Exeter, to a rural dean to induce R. the parochial chaplain of B. to serve the cure there at a suitable salary, which despite the constitution of Archbishop Simon[1] he has refused to do [c.1352].

44

Northwycen' episcopus. Contra Freton
Mandatum episcopi satis formale contra archidiaconum excedentem in officio suo in visitando. Aliud vide i fol.prox.in primo

Mandate of W. bishop to rectors vicars and other beneficed persons in the archdeaconry of S (Suffolk or Sudbury) forbidding them to pay procurations to R. the archdeacon of N.,[2] who has been visiting and demanding these payments.[3]

45

Incomplete mandate to inhibit R. from all action until his case has been settled by the bishop, as in 44.

---

[1] Cf.270 below. The constitution of Islep is given in full in *Reg.Grand.*,ii,1115-1119.
[2] William Bateman was bishop of Norwich from 1343 to 1355; Richard Lyng was archdeacon of Norwich and Robert de Usflet of Norfolk at the same time, Le Neve, *Monastic Cathedrals*, 23,27,28; John de Freton became archdeacon of Norfolk in 1375, *ibid.*,28.
[3] Archdeacons were forbidden, by the legatine statutes of Cardinal Otto, to burden churches with excessive charges when they conducted their visitations. *Councils and Synods*,i,254.

(p.23)   **46**

Vide hoc bonum mandatum episcopi contra archidiaconum excedentem in officio suo

Mandate of Wykeham addressed to his official Lydford, ordering him to warn an
archdeacon to desist from uncanonical practices during his visitations, such as excessive
procurations, and improper money penalties, to cease to meddle with corrections
which are reserved to the bishop's jurisdiction, and to perform properly the duties
connected with the fabric and furnishings of the churches which are his business.

W. episcopo etc. dilecto nobis in Christo filio J. de L. officiali nostro principali salutem graciam et benediccionem. Pridem ecclesiis clero et populo
archidiaconatus de nostro dioces' per nos et certos nostros commissarios
visitatis non absque gravi amaritudine unde precepimus quod magister J. de—
archidiaconatus dudum contra canonicas sancciones non personaliter set ut
plurimum per iuris ignaros*¹ et quod deterius est per quosdam laicos et scurras
aliasque personas abiectas et viles quinque uno die quinque vel sex vel plures
ecclesias sui archidiaconatus fecit nedum illusorie sed irriscue nomine non
re visitaret a singulis huiusmodi ecclesiis singulas et solidas procuraciones
racione huius ficte visitacionis extorsit quamquam qualiter illarum
communiter sufficere deberet et posset ad procuracionem ipsius archidiaconi
competentem set cum ad ipsas ecclesias sub velamine visitacionis se confert
cum eveccionibus in concilio Lateranensi statutis¹ excedentibus arrogata
familia onerosa ac consumptiva ad loca pauperum et exilitatem benefica-
torum declinat ac ibidem fere per duos dies et frequenter amplius immoratus
tantoque ingurgitacione indulget quod victum longi temporis brevi hora
consumit et nihilominus quod acerbius et procuracionem pecuniariam exigit
ab eisdem defectibus vero in ecclesiis libris vel ceteris ornamentis ecclesiasticis
repertis contra eos quibus reparandi huiusmodi defectus onus acumbit per
coherciones canonicas ut ipsius defectus reparent non procedit² set alias penas
pecuniarias app . . . t quas cum commisse fuerint levare et ecclesiis applicare
fraudulenter omittit componens cum hiis qui huiusmodi defectus reparare
tenentur et questum pecuniarium prout poterit contra eum et illos . . .
recipiens dictasque canonicas penas prius appositas relaxat ac defectus qui ab
inicio forsan fidunt modici per lapsum temporis permittit crescere sepius ad
ruinam evenit quod cultus divinus minuitur et scandalum grave in clero et
populo generatur. Et preterea de criminibus et excessibus in casibus nobis vel
surrogato nostro reservatis quod nobis denunciare tenetur inquirit et ubi
corrigere nec dispensare valet de facto mulctam pecuniariam pro suo arbitrio
infligit multociens et extorquet. Item contra ultimas decedencium voluntates
ipsorum legata sibi retinet et usurpat et communiter sine calculi reddicione
testorum accepat infra annum execucionibus pro pecunia liberatis et concedit
pias moriencium voluntates dampnabiliter defraudando alios eciam excessus

---

¹ The third Lateran Council of 1179; cf Decretals lib. iii tit. xxxix,c.vi.
² *Councils and Synods*,i,254.
*¹ hic nota.

et abusos detestandos sicut ex detectis et in visitacione ipsa liquere poterit dicitur commisisse quos sue fame percentes duximus ad presens sub silencio preterire. Sane licet ex hiis et aliis per inquisicionem et informacionem rite habitas et receptas contra dictum archidiaconum nostrum detectis et repertis possemus*[2] ymo verius deberemus ad penas canonicas unde sui status periculo subiacere procedere non indigne mericius tamen agentes cum eodem plus elegimus de mansuetudine in hac parte corripi quam rigore sperantes quod idem archidiaconus noster super huiusmodi correptus consultius discrecius et sanius solito se habebit. Hinc est quod nos nichil nomine iuris statuendo set antiquum iterando volumus et precepimus salvis aliis constitucionibus dictum archidiaconum hunc modum de cetero in visitacionis progressu firmiter observare. In primis videlicet ut cum idem archidiaconus suum archidiaconatum decreverit visitare cum familia honesta et de cetero moderato in numero equorum prout uti consueverit ita quod numerum in concilio Lateranensi limitatum non excedit ad loca visitanda hora debita . . . mo si poterit stomacho non ante solis ortum vel post eiusdem occasum communiter prout facere dicitur pariter accedat et verbum dei proponat seu proponi faciat. Et subsequenter de vita et conversacione ministrancium in ecclesiis et aliis que ad suum spectat officium diligenter inquirat. Item vestimenta libros utensilia et alia ornamenta ecclesiastica visui subiciat. Et si (p.24) defectus reperit illos quibus onus reparacionis incumbit per censuras ecclesiasticas et coherciones canonicas et non per penas pecuniarias sicut hactenus reficere compellat mulctam seu finam non recipiat occasione defectuum ab eis qui eos reparare tenentur sed si penam pecuniariam apposuerit solvendam illam in alios usus quam in emendacionem huius defectuum nullatenus applicet prout in synodalibus statutibus bone memorie predecessoris nostri domini Petri plenius continetur.[1] Item pro peccatis et excessibus notoriis vel famosis corporales penitencias imponat et presertim ubi ad salutem animarum videbitur expedire quas si convicti spiritualiter (?) velint redimere redempciones huiusmodi non onerosas seu excessivas requirat seu requiri faciat ut semper temporali commodo lucrum animarum prepondere videatur. Item cum procuracio nihil aliud sit quam sustentacio visitacionis unam procuracionem que ad suam et suorum sustentacionem congruam sufficiet dumtaxat recipiat*[3] et habeat in die sita et in victualibus et similiter*[4] in pecunia nullatenus recipiat nec ipse vel alius de sua familia pecunias vel aliud preter procuracionem moderatam audeat percipere quovismodo sumptuosas epulaciones vel potaciones excessivas non querat set pocius que illi precipue in domibus pauperum beneficiatorum cum caritate ministrantur cum graciarum accione recipiat ita quod . . ex ipsius accessu nullatenus timeant*[5] se gravari set pocius eius reditum cum speciali gaudio prostelentur. Et quia sine culpa non est qui rebus que ad ipsum non pertinet se immiscet suis finibus sic contentus

---

[1] *Councils and Synods*, i, 128; statutes of Peter des Roches, 1224, no. 13.
*[2] lo.   *[4] ./.
*[3] q.lo.   *[5] al' debeant.

ne de causis vel negociis non spectantibus cognoscendo vel puniendo intromittat nisi ut referat nobis ea que sic reperit corrigenda. Faciat eciam testamenta defunctorum debite probari administracionem committi iuridice
debite compleri loco et tempore racionum audire et deinde acquietancias
liberari. Vobis igitur districcione percipiendo committimus et mandamus
quatinus dictum archidiaconum in presencia notarii publici vel testium fidedignorum vice et auctoritate moneatis et efficaciter inducatis ut modos
descriptos superius non excedat nec excedi faciat set sacros canones et presertim constitucionem synodalem dicti predecessoris nostri rite editam in hac
parte publicatamque debite et admissam sub pena excommunicacionis
maioris sequatur firmiter et observet quod si contrarium fecerit seu terminos
suos excesserit nos ad quos hoc pertinet contra eum condigne preter sentenciam maioris excommunicacionis quam verisimiliter formidare poterit nisi
fecerit quod mandamus secundum statuta canonica pro eodem et pena
decente cognoscet qua graviter excesserit hactenus etc.

47

Citacio executoria super delegacia eidem transmissa

Citation by Jo.Ly. canon etc. of parties named in papal letters appointing
him to hear a case in which they are concerned.

(p.25) Quaternus iij (one entire folio is missing here).

48

Appellacio a non admissione quando fit a presentato

J. de Eye priest dioc. Lincoln, although canonically presented to the church
of B., is denied institution by Roger bishop of Salisbury at the instance of
M., who claims presentation, and therefore appeals to the court of Canterbury.[1]

49

Appellacio a non admissione quando Episcopus est appellatus
Appeal to the court of Canterbury, by J. son of Ralph Ode of Colchester,
dioc. London, against the bishop of London, who has neglected to institute
him to the church of Colne Engaine, to which he has been canonically
presented by Sir J. de Weston (c.1329).

---

[1]A number of inhibitions following appeals of this type are entered in the last portion of Martival's
register (Canterbury and York Society, forthcoming).

50

Procuratorium quando appellatur ad Curiam Cant' a non admissione ad beneficium

Appeal, as in case 49, made before Henry, n.p., and various witnesses, in St. Paul's Cathedral, 10 Nov., 1329.

51

Appellacio quando presentatus ad ecclesiam plenam

Appeal to the protection of the Holy See by J. Potter of Montgomery, dioc. Hereford, proctor of Henry de Lodelawe, rector of Montgomery, against Walter de Notingeham, who has pretended that the church is vacant and has procured institution to it.

52

Procuracio Mountpeilers ad consenciendum permutacioni et resignacioni causa permutacionis collegium dandum ad firmam

Incomplete directions for drawing up the letter of proxy to act in a permutation.

p.26) ## 53

Compromissum de ecclesia parochiali in Episcopum

Agreement before N. bishop of N. dioc. by the proctors of Mr. N. and Mr. Jo. to abide by the decision of the bishop in all disputes now raised between them about the church of St. Mary —, and to forfeit £100 if they fail to do so.

54

Materia de electionibus

Declaration, sealed with the convent seal and subscribed by notaries, by Jo. prior, and G. and C., monks, of the monastery of —, of the death and burial of the abbot of the house and of the fixing of a date for the election of his successor. Narrative of the election and request to Pope Innocent (vi) for its confirmation.

D

(p.27)   **55**

Notabilia bona pro notario de electionibus

i and ii. Declarations by monks of a house of their consent to an election.
iii. Declaration and letter of proxy by an elect, who is prevented by age and weakness from appearing personally before the Pope.
iv. Letter of proxy of an elect and monks, for seeking confirmation from the Pope.
v and vi. Two similar letters of proxy. Pope Innocent vi (1352–62) is named in the first.

(p.29)   **56**

Instrumentum ad probandum mortem alicuius

Declaration of a notary, before witnesses, that Jo. B. has died, that he has himself ascertained this by feeling the corpse, and that subsequently he caused the corpse to be conveyed to the church of T. and to be interred in a tomb before the high cross there.

57

Nota bene quedam informacio qualibet est procedendum contra certam personam in visitacione

Instructions for a bishop on how to recover procurations in the course of a visitation.

i. Si secure intendat procedere contra A. de B. expedit ante diem visitacionis quod citet etc. prout continetur in cedula subscripta. Item protestatur dominus Episcopus palam et publice dicto die vistacionis ante visitacionem suam et eciam postea in ecclesia de M. se velle recipere iuxta canonicas sancciones procuracionem suam a dicto J. racione huius visitacionis eodem modo protestatur dictus dominus pluries in rectoria dicte ecclesie et offerat dictus dominus se paratum fore ad recipiendum huius procuracionem et querat et interroget a familiaribus dicti J. notis et amicis suis si quos habeat in eodem testes an sit aliquis ex parte dicti J qui velit dicto domino racione dicte visitacionis solvere procuracionem (p.30). Dictus J. excommunicetur per prius canonice moveatur et fiat prout continetur in cedula subscripta secunda et consideratis bene (...) in singulis actis pariter apprehendatur et peremptorie citetur ac pluries canonice et peremptorie moneatur antequam (...) ita quod in ea parte fiat talis processus contra eum quo Curia Cant' approbari poterit.
ii. Mandatum de citando ut quis subeat visitacionem et qui provideat pro procuracione.
iii. Forma sententie excommunicacionis quia visitatus noluit solvere procuracionem.

(p.30)   **58**

*Querela domini episcopi Lincoln' facta omnibus episcopis provincie Cantuariensis in
concilio generali occasione quarundam iniuriarum in eidem factarum*

Bishop John Buckingham recounts the refusal of the Dominican friars at
Boston to allow him to take part in the funeral in their church of Lord
William of Huntingfield, in December 1376, and appeals to his fellow bishops
of the southern province to assist him in extirpating similar acts of defiance.[1]

(p.31)   **59**

Bona prefacio

Willelmus etc. ep. Wynt. decano de B. sicut sancte matris ecclesie filios
benivolos et devotos paterna caritate (vel pietate) inviare convenit et tuere
sic ipsius indevotos et degeneres qui eam et eius ministros maxime in tali
ordine constitutos multipliciter gravaminibus violenciis et iniuriis infestunt
etc.

(p.32)   **60**

Appropriacio cuiusdam ecclesie

Sir William Clynton kt. petitions R. bishop of Lichfield (Roger Northburgh)
for the appropriation of the parish church of Maxstoke, archd. of Coventry,
to the priory of Augustianian canons which he has founded there.[1]

(p.33)   **61**

Alia forma appropriacionis

Sequitur alia prefacio episcopi in materia appropriacionis predicte.

(p.34)   **62**

*Alia prefacio episcopi Tenor bulle apostolice confirmatorie prioratus predicti et
ecclesiarum eis appropriatarum*

Bull of Pope Clement vi for Maxstoke,*Cal.Pap.Reg.*iii,116,*Cal.Pap.Pet.*,i,
50.*[1]

---

[1] The Huntingfield incident is recounted, from Buckingham's register, by W. A. Hinnebusch,
The Early English Friars Preachers, Rome,1951,p.141. The council at which Buckingham made
his protest is apparently that held at St. Paul's between 3 Feb. and 2 March 1376/7, Wilkins,iii,
104-5.

[2] This house was founded as a secular college by Clynton in 1330 and converted by him in 1336/7.
J. C. Dickinson, *The Origins of the Austin Canons and their Introduction into England*, London,
1950,p.295.

*[1] Marginal note, *vide hoc bona verba*, against 'Nos igitur ipsius comitis devotis supplicacionibus
inclinati fundacionem constitucionem ordinaciones etc.'

63

Institucio religiosi professoris ad vicariam perpetuam etc.

Institution by Bishop Grandisson of Nicholas de W.,O.S.A., of the convent of Plympton, to the vicarage of S(utton), dioc. Exeter.[1]

(p.35)   **64**

Bona proposicio sive protestacio coram iudice volente contra aliquem procedere

The proctor of Roger Holm, rector of P(atrington), dioc. York, appears and protests to S. archbishop of Canterbury against a suit brought against his master by J. de M. before the archbishop of York.[2]

65

Alia excepcio declinatoria iurisdiccionis

A similar appeal to 64, without names; cf.Decretals,lib.ii,tit.xxviii,c.xxiv.

(p.36)   **66**

Appellacio contra executorem sedis apostolice excedentem modum in exequendo

Instructions for a plaintiff in a case of wrongful or over-zealous behaviour by the executor of a judgment in a case heard in the papal court: 'primo narretur per partem appellantem titulum beneficium que agitur'.

67

Appellacio contra volentem amovere aliquem a beneficio cui incumbit

R., provided to the treasurership of Exeter, appeals to the Holy See against O. de N. who also claims it by royal grant, and against T. C., who claims his church of S. dioc. Exeter.[3]

---

[1] *Reg.Grand.*,iii,1305–6, Nicholas de Weylonde instituted etc. to the church of Sutton, 23 Dec. 1334.

[2] Roger Holm was provided to Patrington, notwithstanding other benefices, in 1351:*Cal.Pap. Reg.*iii,p.363.

[3] Robert de Meddelond and Thomas de Donne, canon of Plympton, were litigating about the church of Sutton in the Roman court, Sept.1347,*Cal.Pap.Reg.*iii,p.263. Otho de Northwode is named as treasurer of Exeter, March 1349, *Reg.Grand.*,iii,1081. Treasurership provided to Robert notwithstanding a sentence in his favour concerning Sutton, which he is now to resign, *Cal.Pap.Reg.*iii,p.274, May 1349.

(p.37) **68**

Tenor bulle apostolice super fundacione collegii de Quenhall Oxon'

Bull ratifying the foundation of the Queen's College, 1342, *Cal.Pap.Reg.*iii,87.

(p.38) **69**

Tenor bulle confirmatorie dicti collegii de Quenhall[1*1]

70

Tenor littere dimissorie alicui clerico concesso de bona forma

Letters dimissory for ordination by another bishop, issued by Wykeham.

71

Bulla post iter arreptum

Bull of protection issued by Pope Benedict xii, 1335–42, for T. de H. against any hostile acts committed against him after he left for a pilgrimage to the Holy See.[2]

72

Bulla in causa appellacionis super molestacione iurisdiccionis ecclesie de Chew

Mandate of Pope Benedict xii to the abbot of K. to hear a case between T. de H., rector of Chew, dioc. Bath and Wells, and certain representatives of the bishop of the diocese, Jo. de M. and St. T., who despite the rector's right to ecclesiastical jurisdiction over his parish, have visited it and demanded procurations.[3]

---

[1] *Cal.Pap.Reg.*iii,87.

[2] Decretals lib.ii,tit.xxviii,c.lii, itineris arrepcio habet vim appellacionis. This relates to Thomas de Haselschaue's case concerning the church of Chew Magna: see nos. 72 and 73.

[3] Thomas de Haselschaue took an oath of canonical obedience as rector of Chew in Dec. 1336. *Reg.Ralph de Salop,*i,295. A protest against the episcopal visitation of Chew with an appeal to Canterbury, by the vicar of Stowey, is recorded in an inhibition, addressed to the bishop from the official of Arches, in July 1341, *ibid.,*ii,439. The bishop and his commissaries John de Midleton and Stephen Trippe, appointed proctors to act for them against Haselschaue in July 1343, *ibid.,*ii,464, and in October of the same year Haselschaue quitclaimed all actions against them, *ibid.,*ii,514.

[*1] Marginal note: 'aliam bullam apostolicam super fundandum et constituendum ecclesiam seu oratorium qua debet esse collegium vide infra'. No other bull for the college has survived here but reference is perhaps intended to a papal licence for a chapel in the college granted on 1 Feb. 1364, *Cal.Pap.Reg.*iv,37.

73

Libellus super dictam bullam super iter arreptum continens diversas materias et gravamina

Libel of Thomas de Haselschaue setting out his reasons for appealing to the Roman court against Bishop Ralph's attempted visitation of his parish.

In dei nomine amen coram vobis religioso viro abbate monasterii de K., W. dioc., iudice unico ad infrascripta a sede apostolico delegato vestrove commissario aut commissariis quibuscunque dicit et in iure proponit proctor domini T. de H. rectoris plebani vulgariter appellati parochialis ecclesie de C. nomine procuratoris pro eodem contra venerabilem patrem dominum R. Bat. episcopum et contra quemlibet intervenientem in iudicio legitime pro eodemque licet visitacio prout in ipsa appellacione continetur usque . . . extitit appellatum etc. et tunc sequitur. Que omnia et singula fuerunt et adhuc sunt publice nota et famosa dictus vero ven. pater post omnia et singula premissa ac eciam postquam dictus magister (p.40) T. in propria persona causa peregrinacionis et pro dictis appellacionibus et earum causis in Romana Curia prosequendis ac pro quibusdam aliis negociis suis promovendis et necessarie expediendis iter arripuit ad sedem apostolicam et eciam antequam ad partes redierit anglicanas licet in medio tempore idem M.T. in dictis negociis promovendis et prosequendis seu aliquo eorum domino non fuerit negligens vel remissus absencia dicti r' causa huius ac negocia promoventis fecit per se et suos omnia gravamina infrascripta et in ipsius rectoris preiudicium huius gravamina temere attemptavit ipsaque fieri et attemptari mandavit et fecit videlicet idem pater prefatus ecclesiam de C. et dictum T.H. rectorem eiusdem ecclesie in possessione iuris seu quasi percipiendi quasdam decimas de quadam pastura necnon eciam quasdam decimas de quadam silva cedua infra fines et limites dicte ecclesie notorie constitutas provenientes tunc canonice exeuntes et ad eandem ecclesiam et ad ipsum T.r' nomine eiusdem ecclesie legitime pertinentes et pleno iure spectantes et quas dictus r' nomine dicte ecclesie ante dictam itineris arrepcionem percipere consuevit pacifice et quiete ipsis decimis et possessione earum contra iusticiam spoliavit easdemque decimas subtraxit occupavit et detinuit minus iuste, subtractit occupat et detinet in presenti. Et quominus dictus T.r' ecclesie prelibate tempore suo et predecessores sui qui pro tempore fuerunt rectores eiusdem nomine eiusdem ecclesie fuerunt in possessione iuris seu quasi de pascendi xvi boves et unum taurum in pastura episcopi Bat. qui pro tempore fuerit domini ac eciam a tempore et per tempus cuius contraria memoria non existit bona fide pacifice et quiete usque tempus impedimenti infrascripti per dictum patrem prestiti in hac parte iusque depascendi huius animalia ad prefatum r' nomine dicte ecclesie sue ac ad ipsam ecclesiam canonice pertinuerit toto tempore supradicto et adhuc pertinet in presenti prefatus tamen pater per se et suos dictum r' contra iusticiam impedivit quominus huius animalia in pastura predicti patris depasci potuerint ac dictum r' et ecclesiam suam memoratam in possessione iuris seu quasi huius

animalia in pastura dicti patris depascendi tunc canonice existentem spoliavit
iniuste spoliari et impediri mandavit et fecit minus iuste seu huius impedi-
mentum et spoliacionem nomine suo facta rata habuit pariter et accepta per
partem dicti r' in ea parte pluries et instanter ac congrue requisitus. Cumque
eciam dictus r' et predecessores qui pro tempore fuerunt rectores dicte
ecclesie nomine eiusdem ecclesie et ipsam ecclesiam fuissent in possessione
iuris seu quasi cui ac eciam a tempore et per tempus cuius contrarii memoria
non existit bona fide pacifice et quiete usque tempus subtraccionis infrascripti percipiendi et habendi tercium melius lignum annuatim de nemore*¹
dicti patris quod r' dicte ecclesie qui pro tempore fuerit seu procurator
eiusdem duxerit eligendum dictus pater dictum lignum post itineris arrepcionem subtraxit et detinuit minus iuste idemque lignum dicto r' seu
ecclesie prelibato solvere seu pro eodem satisfacere non curavit sed idem
lignum solvere seu pro eodem satisfacere contra iusticiam recusavit per
partem dicti r' congrue requisitus dictumque r' et ecclesiam suam preli-
batam possessione sua huius indebite spoliavit. Insuper dictus pater premissis
gravaminibus non contentus boves et alia animalia quamplura dicti r' post
dictam itineris arrepcionem a rectoria dicte ecclesie et locis pertinencibus ad
eandem et extra huius loca in casu a iure non promisso preter et contra
voluntatem dicti r' et custodis pro custodia dictorum animalium per eundem
r' sufficienter deputati absque causa racionabili abduxit iniuste et fugavit et
in partibus remotis et ignotis a dicta ecclesia et rectoria multum distantibus
contra iusticiam includebat abducive et fugari et includi indebite mandavit
et fecit seu huius abduccionem fugacionem et inclusionem nomine suo factas
ratas habuit pariter et acceptas ac eciam dictus pater post dicti itineris arrepcionem ac post et contra provocacionem ex parte dicti M.T. de H. in ea
parte ad sedem apostolicam legitime interpositam que ipsum patrem verisimiliter non latebat ipsum M.T. ad terminum minus breve et peremptorie
et ad locum eidem prope inimicorum suorum capitalium insidias ac propter
iustissimum metum mortis et corporis cruciatum qui in constantissimum
virum (p.41) cadere poterat minus tutum ad quem propter huius metum et
insidias eidem M.T. aut suis tutum non patebat nec adhuc patet accessum
nulla huius abreviacionis causa in citatorio suo sufficienter expresse mandavit
et fecit viis et modis contra solitum cursum eorum coram ipso seu commissario suo contra iusticiam ad iudicium evocari titulum que habuit in canonicatu et prebenda de W. in ecclesia de Well' exhibiturus et super articulis*²
pariter responsurus ulla causa principali vocacionis in huius mandato suo
sufficienter expressa necnon eciam idem pater post arrepcionem itineris
supradicti ac eciam post et contra M.T. provocacionem in ea parte ad sedem
apostolicam palam et publice legitime interpositam que ipsum patrem verisimiliter non latebat fructus redditus et proventus ecclesie sue de C. necnon
prebende de W. predicte ad ipsum M.T. rectorem et prebendarium ipsorum ecclesie et prebende nomine canonice pertinentes ipso M.T. ad hoc non

---

*¹ dice quo et ubi.　　*² aliis.

vocato non confesso non convicto absente non per contumaciam in casu a
iure non permisso et absque causa racionabili ulloque causeque cognicione
premissa que in ea parte requirebatur contra iusticiam sequestravit seu mandavit et fecit indebite sequestrari et sub arte custodiri sequestro ipsumque
sequestrum in forma iuris relaxare non curavit per partem ipsius M.T.H. in
ea parte congrue requisitus. Et que fuerunt post dictam itineris arrepcionem
dicti r' preiudicium temere attemptata et que sunt in statum debitum iuxta
iuris exigenciam revocanda que omnia et singula fuerunt et adhuc sunt
publica notoria et famosa. Unde habita fide que requiritur in hac parte petit
dictus procurator nomine quo supra omnia dicta gravamina et facta post
dictam itineris arrepcionem in preiudicium dicti r' et procuratoris sui predicti ut premittitur temere attemptata per vos iudicem supradictum in statum
debitum revocari dictumque r' et ecclesiam suam memoratam ad statum
debitum dictas decimas et lignum ut prefertur percipiendi necnon eciam
dicta animalia in pastura dicti patris ut premittitur depascendi ad posses-
sionemque suam predictam a dicto rectore post dicti itineris arrepcionem
iniuste ut premittitur ablatam occupatam et subtractam cui omni sua causa
reducendi formaliter pronunciari et decerni et cum effectu reduci dictaque
boves et animalia sibi restitui dictumque patrem a dictis iniuriis et gravaminibus post dictum itineris arrepcionem ut premittitur per ipsum et suos
temere attemptis desistere debere per vos pronunciari et iuxta iuris exigenciam compelli ulterius fieri statui et decerni in premissis et ea contingentibus
quod iustum fuerit et eosdem racionem iusticiamque prefato domino suo per
vos in omnibus exhiberi vestrum officium domine iudex quatenus oporteat
eciam habebit implorando premissa proponit dicit et petit dictus procurator
nomine quo supra coram vobis domino iudice supradicto quocunque
coniunctim et divisim prout dicto domino suo et sibi eius nomine magis
poterit expedire iure beneficio in omnibus semper salvo.

74

Sequitur alius libellus super dictam bullam in causa appellacionis

Instruction for the concluding clauses of a libel similar to no.73.

In dei nomine amen coram vobis etc. et ponantur hic omnia verba narratoria
dicti libelli usque ad conclusionem Quorum petit dictus procurator nomine
procuratorie predicti domini sui probatis in hac parte probandis seu quavis
alia via iuris detectis sive declaratis hiisque dicto domino suo et sibi eius
nomine sufficiant seu sufficiere debeant in hac parte pro dictis appellacionibus
et earum causis ipsasque appellaciones iustas et utramque earum iustam fuisse
et esse necnon pro iurisdiccione vestra in hac parte per vos domine iudex
pronunciari et declarari ac eciam omnia et singula gravamina prefato domino
suo post et contra appellaciones suas prelibatas et eorum alteram qualitercunque illata et in ipsum domini sui preiudicium temere attemptata presertim

quamcunque sentenciam excommunicacionis et suspencionis in prefatum
M.T. seu in eorum aliquem necnon in T.H. iuniorem eiusdem M.T. con-
sanguineum et procuratorem per dictos venerabiles patres Jo. Jo. et S. et
eorum quemlibet seu eorum aliquem sine auctoritate ut mandata eorundem
seu alicuius eorum indebite latam ac imposicionem pene mulctie ipsis seu
eorum alicui illicite factam seu inflictam visitacionesque et procuracionum
in ea parte recepciones citaciones correcciones penarum imposiciones ac
quemcunque actum et exercicium dicti iurisdiccionis per dictos patres Jo.
Jo. et S. seu eorum aliquem aut de mandato alicui eorum illicite factas et
factum post et contra dictas appellaciones seu earum alterius temere attemp-
tatas et attemptatum necnon ea seu id propter que seu quod in hac parte
extitit appellatum revocari cassari irritari sive annullari (p.42) seu cassa irrita
sive nulla fuisse et esse ac non tenere viribusque carere non debere decerni
pronunciari seu declarari necnon prefatum M.T. et ecclesiam suam preli-
batam ad statum debitum dictam iurisdiccionem exercendi et ut presertim
corrigendi visitandi et procuraciones in ea parte percipiendi ac eciam omnia
alia iura de quibus premittitur exercendi ad possessionem que suam predictam
cum omni sua causa reducenda pronunciari et decerni et cum effectu reduci
prefatosque venerabiles patres Jo. Jo. et S. et eorum quemlibet et dictis
molestacione inquietacione et perturbacione impedimentis ceterisque iniuriis
per ipsos et eorum quemlibet indebite factis et temere ut premittitur attemp-
tatis desistere debite per vos pronunciari et iuxta iuris exigenciam compelli
ulteriusque fieri statim et decerni in premissis et ea contingentibus quod fuerit
consonum racioni iusticieque prefato domino suo per vos in omnibus exhiberi
vestrum officium domine iudex quatenus oporteat eciam haberi litteratorie
implorando premissa proponit dicit et petit*¹ dictus procurator nomine quo
supra coram vobis domino iudice supradicto quocunque coniunctim et
divisim prout dicto domino suo et sibi eius nomine magis poterit expedire.*¹

75

Littera citacionis super bullam post iter arreptum

Mandate of a judge delegate, the abbot of K., to masters A. B. and C. to
appear etc.

76

Littera citacionis super bullam post it' arr' in causa appellacionis

The effect as in 75.

---

*¹ Nichil dicit de expensis factis et faciendis.

77

Processus executoris super Roberto Neuilli etc. vide in fine libro

No entry under this head.

78

Forma processus qualiter incipit ordo ad privandum vicarium a vicaria sua

W. episcopus etc. recites three articles against R.S. (Roger Syde) vicar of Hereford dioc.:[1]

1. non-residence for several years;
2. residence without licence at the Roman court in defiance of the constitutions of Popes Innocent v and Gregory xi;
3. breach of his oath made on institution to observe the canons of the legates Otto and Ottobuono concerning obedience.
   The bishop declares that Syde is deprived of his benefice.

[1369–75 during Courteney's episcopate.]

79

Commissio episcopi ad privandum

Incipit only: W. ep. ad corrigendum puniendum et reformandum subditorum nostrorum crimina et defectus ac ad compellendum quoscunque rectores et vicarios perpetuos in iurisdiccione nostra beneficia ecclesiastica optinentes titulos seu ius titulorum exhibere et de ipsorum titulis iure et nullitate titulorum ipsorum pronunciandum et declarandum ac ad eorum privacionem et amocionem si necesse fuerit ulterius procedendum cum suis emergentibus dependentibus et connexis vobis etc.

(p.43)   **80**

Predicti non necesse fieri articuli et posiciones super criminibus in causa quo aliquibus criminibus sit ille qui privandum est irretitus

Sentencia privacionis a beneficio: S. (Simon) bishop of L. (London) deprives N.B. rector of H. (Nicholas Baker r. of Hunsdon) for maintaining a concubine.[2]

---

[1] For the case against Syde, see 81 below.
[2] *Reg.Sudbury*,i,256,note 10,1366–67.

81

Appellacio domini Rogeri Syde vicarii de Herford ab iniusta eiusdem privacionem dum prosequebatur litem in Romana curia

Syde alleges that he was prosecuting a case against the dean W.B. (William Birmingham), and the chapter of Hereford, who had claimed rights of burial fees from his parishioners in the parish of St. Peter Hereford, first at Canterbury and then in the Roman court.[1]

82

Forma littere per quam constituitur clerico certa pensio in aliquo monasterio

Abbot of B. grants to A.B. clerk in consideration of his long and worthy service to the monastery an annual pension of five marks sterling from such a church or manor.

(p.45) Q.iiii.

83

Dimissio in visitacione

W. de B. LL.D., and R.W., canons of Wells and Salisbury, commissaries for the visitation of dioc. Salisbury by R. bishop of Salisbury, dismiss the abbot and convent of B., who were summoned to answer for unjust detention of the tithes of B., to which they have now satisfactorily proved their title.[2]

84

Libellus in causa dimissionis mortuariorum et oblacionum. Nota est de bona forma

Libel in case before the official of Salisbury, brought by W. de T., vicar of M., against Henry vicar of H., accusing Henry of depriving him of the right to half the mortuaries and burial offerings of the tenants of the abbey and convent of A. [Abingdon?] inhabiting H. Until six years ago they were buried at M. and the vicar there received half the customary offerings; he cites a recent case in 1362.[4]

---

[1] A number of documents concerned with the suits brought by Syde during the years 1362–78 are among the muniments of Hereford Cathedral, numbers 3170, 3211, 3017–3020, 3024–3041. Syde's proctor in the Curia was Richard Drayton.

[2] This appears to belong to the episcopate of Robert Wyvil 1330–75; R.W. may be Robert Wycheford who occurs as a prebendary of Salisbury c.1366, Le Neve, Salisbury, p.32.

[4] Much faded, read under ultra-violet lamp.

85

Littera acquietancie

J. de S. precentor of Exeter and R.T. canon as attorneys of the dean and
chapter of Exeter, announce that they have reached agreement with the
executors of Mr. J. de M. late canon of Exeter and farmer of the farm of
B.[ampton] dioc. Lincoln, which belongs to the church of Exeter, about
dilapidations in the farm and its buildings, and have received from the
exchequer of the church of Exeter £20 sterling due to Mr. J. for carrying
out the repairs.[1]

(p.46)   **86**

Excusacio seu procuratorium abbatis et conventus a capitulo generali

P. abbot of R. (Reading), O.S.B., dioc. Salisbury, announces that the royal
justices will be hearing certain articles and presentments touching the counties
of Berkshire and Oxfordshire, in which the abbey is closely concerned, on
the day of the provincial chapter at Northampton. He therefore excuses
himself and appoints as proctors J. de S. and W.T., monks of his house.[2]

87

Provocacio collegii ubi timetur de visitacione

Declaration before a notary, by an unnamed fellow of the house or college
of Queen's Hall, Oxford, acting as its proctor, that by the statutes of the
college, which the Pope has approved, the sole visitor is the archbishop of
York, and that since the foundation of the college neither the bishop of
Lincoln, who has recently died,[3] nor the dean and chapter of Lincoln during
the vacancy of the see, has exercised any jurisdiction over it.

(p.47)   **88**

*Littera monitoria sive comminatoria contra excommunicacionem antequam scribatur
pro eius capcione*[*1]

W. bishop to such. S. de B. has been excommunicate for more than forty
days and shows no sign of seeking reconciliation. You are now to admonish

---

[1] Mr. John of Shareshull, precentor 1340-c.74, Mr. James de Molton, canon, died 1366. Read
under ultra-violet lamp.
[2] No P. occurs in the list of abbots of Reading in *V.C.H.Berks*.ii.
[3] Bishop John Gynwell of Lincoln died 5 Aug. 1362.
[*1] o.

him to return to the bosom of the church as rapidly as possible; if he refuses the secular arm will be invoked.

89

Littera scripta regie maiestati ut capiatur excommunicatum[*1]

W. bishop to R. the King, requesting him to take the body of A. de B.

90

Littera officialis episcopi directa domino Episcopo ut ipse pro excommunicato scribat regie maiestati

The official of Winchester requests the bishop to ask for a *capias* against Jo. Brede, rector of E.

(p.48) ## 91

Forma composicionis et concordie inter duas ecclesias super porcione decimarum et pensione annua super hoc constituta

J. (John Stratford), bishop of Winchester, approves and confirms an arrangement between the abbot and convent of C. and G. de S. rector of E., whereby the latter and his successors are to have a perpetual farm of the greater and lesser tithe of the land of W. de E., in E., which tithe belongs to the abbot and convent, in return for a pension of one mark. At E. 19 May 1330.[*2]

92

Beginning of a letter from the official of Winchester to another episcopal official requesting help in a case which imperils souls.

(p.49) ## 93

Forma composicionis et concordie inter duas ecclesias super iuribus sepulture auctoritate episcopi et capituli[1]

John (Dalderby), bishop of Lincoln, confirms a composition between the dean and chapter of Exeter, rectors of Bampton, and James de Boys, rector

---

[1] Read under ultra-violet lamp.
[*1] ø.
[*2] Att. quod hic non intervenit consensus Wynton' capituli et sic hec composicio non est realisata.

of the church or chapel of Standlake, as to rights of burial at Standlake, which has been reached after a case heard in the court of Arches. All burials are to be at Bampton, and the body of Sarra Pychelot, a parishioner of Standlake who has been buried there, is to be exhumed and re-buried at Bampton.[1] [1319–20[

(p.52)   **94**

Quedam supplicacio porrecta domino archiepiscopo Cant.

The prior and convent of Canterbury petition Archbishop Simon (Langham) for the return to the Almonry of Canterbury of the churches of Eastry and Monkton, which they allege were taken from them by Archbishop Baldwin. Facta est collacio et concordat' cum originali certificator' [1366–8].

95

Quedam proposicio porrecta eidem contra supplicacionem predictam[2]

Stephen Gravele, rector of Eastry, propounds in reply to 94 that the church of Eastry has belonged to the archbishops of Canterbury from time immemorial and has always been ruled by a secular clerk.

(p.53)   **96**

Forma cuiusdam compromissi inter dominum episcopum Bathon' et archidiaconum Taunton

Submission to the arbitration of A. de G. and S. de C. of a dispute between R. bishop of Exeter (altered to Bath), i.e. Ralph de Shrewsbury, and Mr. R. de H. archdeacon of Taunton (Mr. Robert Hereward) about chapters or sessions held by the bishop in the archdeaconry for a month, in the course of which many apparitors were resident, despite the ancient custom in the diocese that there should be a single apparitor for the whole diocese, and many exactions (i.e. procurations) were made.[3]

---

[1] D. & C. Exeter 645 (1319) and 646 (1320) are documents concerning this appeal.
[2] *Reg.Langham*,pp.370–74.
[3] Hereward's appeal to the Holy See and for the tuition of Canterbury in this case, in 1340, are entered in *Reg.Shrewsbury*,i,p.372.

(p.54)   **97**

Laudum seu sentencia super compromisso latum

The arbitration of A. de S. archdeacon of Gloucester[1] between J. de D. burgess of Oxford and N. M. scholar of the University of Oxford, concerning a hospice called Forester's Inn, in Oxford.[2] J., who claims to be owner of the hospice, has given notice to N. the principal of it, that he wishes to occupy it himself for the forthcoming year, and has been unable to get possession of it. He is awarded vacant possession within ten days and ten marks damages, to be paid in fifteen days. If the agreement is not carried out N. is to incur a penalty of twenty marks; if N. honours it he is to receive from J. a full sealed acquittance.

(p.55)   **98**

Commissio episcopi directa abbati ad instituendum aliquem

T. abbot of O. (Oseney) O.S.A. dioc. Lincoln, special commissary of the bishop of Lincoln for this purpose, institutes S. de G. to the church of B. dioc. Lincoln, which is vacant by the resignation of Mr. R. de D., with whom he has exchanged the church of G., and announces this act in an instrument witnessed by J. de L. n.p.

(p.56)   **99**

Littera missa officiali archidiaconi ad inducendum etc.

Thomas (Bek) bishop of Lincoln, mandate to the official of the archdeacon of Stow (*sic*) to induct S. to the church of B., R. de D. having resigned it.

99a

Certificatorium missum episcopo de toto processu negocionis sibi commissi

T. abbot of O. certifies that he has received the resignations, by Robert and Stephen, of their churches of G. and B., and has instituted each to the new church. [c.1342–47.]

---

[1] A. de S. perhaps represents Thomas de Stratford, archdeacon of Gloucester 1355–68.
[2] This property does not appear in Salter's *Survey*.

(p.57)   **100**

*Mandatum officialis Curie Cant' ad supersedendum execucionem quia coram eo
allegabatur nominacio eius*

Mandate of the official of Canterbury to an unnamed judge to cite into the
court of Arches R. de L., dioc. H., who had previously conducted a case in
the same court for possession of the church of B., dioc. H., against J. de B.
and to whom costs of one hundred and five marks had been adjudged by
the court. Although J. had appealed against this judgment to the Holy See,
R. had moved the judge addressed here to enforce payment of the costs,
and had caused him to excommunicate J. for non-payment.[1]

101

Excepcio impotencie contra execucionem sentencie

Plea addressed by J. de S. to the president of the court of Canterbury to be
excused the payment to R. de Sp. of £40 sterling to which he has been
condemned for an alleged breach of the sequestration of the church of H.
dioc. N., and which he is unable to pay.

(p.58)   **102**

Citacio formalis super eo quod quis impedivit iurisdictionem ecclesiasticam

Mandate of the official of Canterbury for the citation of S. de F. knight,
who is impeding a case of tuitorial appeal concerning the tithes of L., which
has been brought by W. de H. rector of L. against Jo. de B., C. de E. and
others, and who is thereby incurring the risk of excommunication.

103

Quedam proposicio proposita ad excusandum aliquem a comparicione personali

Notification to an ecclesiastical judge by the proctor of S. that he will be
unable to represent his master in a cause of office promoted against him by
W. rector of F., because he will be occupied at the time of hearing in
receiving wool for the King in the county of Oxford.

---

[1] Cf. Decretals lib.ii,tit.xxviii,ccxvi,xxv,xxvi.

(p.59) An intruded smaller page.

104

Mandatum ad pronunciandum et denunciandum aliquem incidisse in canonem si quis suadente diabolo

Mandate of the official principal of W. bishop of W., addressed to the dean of B., to announce in all the churches of his deanery, with all solemnity, that J. de B., layman, who was accused at the promotion of B., clerk, of sinning against the canon *Si quis*,[1] has been found guilty and has been excommunicated.

105

Mandatum ad sequestrandum fructus ecclesie

Mandate of the official of Winchester to sequestrate the fruits of the church of E. which belongs to the bishop's collation and exempt jurisdiction, because of the behaviour of A. de B., who claims to be its vicar and who has refused to exhibit his title to the benefice or to appear at the official's court and who is widely reported not to serve the cure adequately.

(p.61)
v quarternus

106

Commissio ad instituendum aliquem in ecclesie parochialis certis porcionibus per episcopum appropriatis

Inspeximus by John (Buckingham) bishop of Lincoln of documents relating to a portion of the tithes of Waddesdon (Wodesdon) co. Buck.:[2]
1. Certificate by W. de C. and R. de W. canons respectively of Exeter and Lincoln, special commissaries of the bishop of Lincoln, that they have instituted B. de S. (Baldwin Shillingford), on the presentation of H. de C. earl of Devon (Hugh de Courteney, 1303–77), to this portion, which Mr. J. de S. (John Shillingford) has resigned into their hands.
2. Commission by the bishop of L. to W. and R. to inquire into the vacancy, admit, institute and issue an induction mandate to the archdeacon of Buckingham.
3. Mandate of induction addressed to the archdeacon's official, with certificate of performance.

---

[1] This canon is directed against attackers of ecclesiastical persons and property, Clem. lib.4,tit.viii, c.1.
[2] Lincoln ep.reg.12,f.75v., has copies of these documents, addressed to Mr. William de Courteney and Mr. Richard Wynewick, canons of Exeter and Lincoln, and dated Jan.–Feb. 1366/7.

E

(p.62)   **107**

Commissio episcopi ad deliberandum clericum incarceratum de carcere

Mandate of John (Buckingham) bishop of Lincoln to the official of the
archdeacon of Oxford, to inquire into the truth of the allegations whereby
S.F. clerk was imprisoned for the supposed theft at the town of S.H. of a
cloth, two linen towels and two supertunics, being later released to the
ecclesiastical court at the instance of John (Gynwell) bishop of Lincoln
(c.1362–3).

                                          108

Sequitur alia commissio de eodem

Mandate of W. bishop of W. to John de Lideforde, A. de B. etc. to proceed
in a case where N.C. clerk was accused of stealing a horse from J.W. at S.,
on the vigil of St. Vedast and St. Amand (5 Feb.) in 1365, and was incar-
cerated by John atte Lee kt. and N.C. steward of the Marshalsea of the Lord
King, but was released at the instance of W. formerly bishop of W.
(Edendon). The official of the archdeacon of Surrey and the dean of Southwark have been ordered to proclaim an inquiry on the sixth court day after
the Exaltation of the Holy Cross (14 September) and this the commissaries
are to conduct (1368).

(p.63)   **109**

Littere certificatorie super materia predicta

The official of the archdeacon of Surrey and the dean of Southwark certify
the receipt of the bishop's mandate to inquire into the gravity or otherwise
of the charge against N.C. and to make public proclamation, if it is found
to be light (levis), in every church in the deanery of Southwark, on three
Sundays and on festival days at mass when the largest number of persons is
present, citing those who wish to accuse N. or to object to his purgation,
to appear in Winchester cathedral on the sixth court day after the Exaltation
of the Holy Cross.

(p.64)   **110**

Littera certificatoria super commissione predicta

The commissary (unnamed) certifies the receipt of the bishop's commission,
with the certificates of the official and the dean, his own proclamations to
hear accusations and objections and the acceptance of Nicholas' purgation
by fifteen ecclesiastical persons.[*1]

[*1] Nota de nominibus compurgatorum.

(p.65)   **111**

Dimissio religiosorum virorum super ecclesiis eis appropriatis in visitacione domini episcopi

W. bishop of B. announces that, having summoned the abbot and convent of St. P. G. dioc. W. to exhibit their evidences of tithes, appropriated churches and pensions within his diocese, at his ordinary visitation, in connection with the dependent priories of H. and B., the priors and monks of H. and B. have now satisfied him on the matter and he therefore dismisses the abbot and convent.

                                     112

In negocio erectionis capelle de Hamelathoke. Mandatum domini episcopi episcopi Wynton'. Campan.

Mandate of W. bishop of W. calling on the inhabitants of Hook (Hamelathoke),[1] who dwell within the parish of Titchfield, and who have set up a chapel there, causing divine service to be celebrated and bells to be hung and rung in a belfry which they have erected, and abstracting their offerings from the parish church of T., to cease these injurious activities within twelve days.

(p.66)   **113**

Appellacio Willelmi Maple pro se et sibi adherere volentibus in negocio de Hamelatehoke

Appeal of William Maple to the Holy See against Wykeham: he narrates the bishop's refusal, through his commissary Lydford, to allow the inhabitants of Hook to use a chapel there for divine service. Note at the end that a second appeal was also interposed by Maple.

xxix die Jan. anno mccclxxvii in capella sancte Etheldrede in ecclesia London' coram R. de Strensall notario publico dioc. Ebor'. In dei nomine Amen coram vobis discretis viris et auctenticis personis ego W.M. parochianus de Tichefeld Wynton' dioc. pro interesse meo et omnium aliorum mihi adherere volentium in hac parte propono et dico quod licet ego Will. predictus et alii quamplures parochiani ecclesie parochialis de T. annos discrecionis habentes inhabitantes villam vulgariter nuncupatam Hamelecttehoke super litus maris ac infra fines et limites ecclesie parochialis predicte situatam fuissimus et simus bone fame ac integri status et opinionis fuissetque et sit

---

[1] *Reg. Wykeham*,ii,281–2,1377–79.

dicta villa de H. ab ecclesia parochiali predicta distans per duo miliaria et amplius suntque et fuerunt a xxx annis et amplius necnon a tempore et per tempus cuius contraria etc. et citra in loco intermediato inter villam de H. et ecclesiam parochialem predictam diversis temporibus anni tot et tante inundaciones aquarum quod parochiani dicte ville que est multum populata non potuerint nec possint supervenientibus inundacionibus huius ad ecclesiam parochialem predictam pro divinis officiis audiendis ac sacramentis sacramentalibus recipiendis accedere quovismodo nisi se vellent mortis periculo eximere evidenter sic quod nulli parochiani inhabitantes dictam villam de H. qui libenter habuissent et audivissent servicium divinum in ecclesia parochiali de T. predicta abstantibus dictis impedimentis fuerant impediti ac (. . .) occasione parochiani dicte ecclesie in villa de H. in extremis languentes sine confessione et viatico ac parvuli sine baptismo multociens decesserunt quod flebiliter est dolendum Et licet de consensu domini ville de H. sit una capella constructa in eadem ad quam populus dicte ville potuisset et possit habere recursum ad audiendum divina in eadem ad vitandum pericula de quibus superius est premissum fuissemque multociens ego W.M. et alii parochiani dicte ville fuissent vicibus diversis ad rev. Pat. Dom. Ep. Wynt. cuius dioc. dicitur dicta ecclesia situatur et in eius presencia eidemque humiliter supplicavimus quod placeret sibi considerare tot et tanta pericula supradicta et alia que potuissent et possent contingere dicte ville de H. presertim per incursus inimicorum tempore quo parochiani essent in eorum ecclesia parochiali pro divina officia audiendo distante per duo miliaria ab eodem et ulterius considerare quo cum dominus eiusdem ville de H. ac parochiani predicti parati essent uni presbitero ydoneo perpetuo in eodem celebraturo de bonis eis a Deo collatis de congrua et sufficienti porcione providere unde idem presbiter posset commode sustentari ad finemque parochiani dicte ville de H. possent officium divinum in dicta villa audire et sacramenta sacramentalia a dicto presbitero percipere et eciam quod in eadem erigi posset fons baptismalis ad vitandum pericula supradicta et ulterius sub caucione ydonea prestanda per dictos parochianos quod ecclesia matrix de T. que abbati et conventui modo de T. unita est ut dicitur et annexa indempnis conservaretur futuris temporibus inperpetuum duraturis et quod omnia iura et emolumenta sint perpetuo ecclesie matrici semper salvo ac si dicta capella nunquam fuisset erecta seu constructa in villa de H. supradicta prefatus tamen dominus episcopus eorum supplicacionem seu petiticionem huius noluit exaudire et quamquam subsequenter eadem capella in dicta villa de H. auctoritate sufficienti constructa et dedicata parochianique dicte ville ibidem a tempore consecracionis huius in dicta capella divina officia audiverunt et in possessione audiendi fuerunt et erant et sunt pacifice et quiete salva controversia infrascripta. Verumtamen prefatus reverendus pater dominus episcopus predictos parochianos dicte ville de H. et eam inhabitantes quorum ego W.M. existo et larem foveo notorie in eadem per suas certe tenoris litteras minuit iniuriosas ut dicitur sub penis et censuris ut dicitur in dictis litteris comprehensis monuit et moneri mandavit quod inhabitantes dictam capellam predictam

dimitterent et ulterius in ea divina (p.67) non audirent et ulteriusque ut
dicitur pronunciavit dictam villam in diversas sentencias et censuras latas
ut asseritur in dictis litteris monicionis generaliter incidisse post et contra
provocaciones et appellaciones pro parte dictorum parochianorum ante illa
tempora ad sedem apostolicam legitime interpositas de quibus dicto domino
episcopo inconcusse sunt et ad plenum nulla citacione premissa facta dictis
parochianis que de iure requirebatur et necesse fuerat in ea parte. Et licet
mihi W.M. parochiano dicte ville de H. et eam inhabitanti fuisset decer-
nenda copia dicte monicionis pro interesse meo et aliorum parochianorum
inhabitancium dictam villam de H. mihi adherencium et adherere volencium
in hac parte fecisseque instanciam debitam pro dicta copia obtinenda primo
penes illum qui monicionem huius dicebatur publicasse postea penes cancel-
larium et registratorem prefati domini episcopi penes quo deberet monicio
huius residere et subsequenter insteti pluries et cum instancia penes prefatum
dominum episcopum ipsumque humiliter supplicavi congruis loco et tempore quod mihi decerneret copiam dicte monicionis per quam potuisse
deliberare cum consilio meo super contentis in eadem presertim cum ego et
parochiani dicte ville laici sumus et litteras non novimus. Verum tamen
prefatus dominus episcopus copiam dicte monicionis mihi decernere non
curaret nec ministris suis mandare quod ipsam mihi traderent set eam mihi
liberare expresse recusavit. In mei W.M. parochiani dicte ville de H.
omniumque parochianorum eiusdem mihi adherere volencium in hac parte
preiudicium non modicum et gravamen a quibus quidem gravaminibus
omnibus et singulis fuit et est per partem mei W.M. et aliorum parochianorum dicte ecclesie parochialis de T. prefatam villam de H. inhabitancium
appellacioni adherere volencium ad sedem apostolicam legitime appellatam.
Et subsequenter parochiani dicte ecclesie prefatam villam de H. inhabitantes
appellacioni huius per partem mei W.M. ad sedem apostolicam ut premittitur interposite per eorum interesse adheserunt. Et nihilominus pro parte
mei W.M. et aliorum parochianorum dicte ecclesie a quibusdam aliis
iniuriosiis processibus factis et habitis per prefatum dominum episcopum
Wynton' et eius auctoritate et mandato contra me W.M. et alios parochianos
dictam villam de H. inhabitantes fuit et est iterato ad sedem apostolicam
appellatum prout in quodam instrumento publico inde confecto plenius
continetur premissis igitur non obstantibus quidam magister Johannes de Lid'
commissarius reverendi patris domini episcopi Wynton' se pretendens me
W.M. predictum et alios mihi in hac parte adherentes de mandato et auctoritate ipsius domini episcopi pro post et contra provocacionem et appellacionem
diversas per partem mei W.M. et aliorum parochianorum mihi adherencium
in hac parte ad sedem apostolicam interpositas excommunicavit ut dicitur
meque W.M. predictum tanquam excommunicatum mandavit ut dicitur
publice nunciari ulteriusque idem magister Jo. de Lid. pretensus commissarius me W.M. et alios mihi adherentes in hac parte ad comparendum
coram eo ad terminum minus breve et peremptorie et ad locum mihi minus
tutum ad quem mihi tutus non patet accessus propter insidias inimicorum

meorum quos timeo occasione premissa responsurus super incertis articulis
non expressatis set mihi omnino incognitis citari ut dicitur mandavit et fecit
In mei W.M. predicti aliorumque parochianorum dictam villam de H.
inhabitancium mihique in hac parte adherere volencium preiudicium non
modicum et gravamen Unde ex parte mei W.M. predicti sencientis me ac
parochianos dicte ville de H. in premissis et eorum occasione indebite
pergravari a dicte pretense sentencie excommunicacionis prolacione eius-
demque denunciacione necnon a mandato citacionis et citacione predictis ac
ab omnibus et singulis gravaminibus supradictis et que ex hiis colligi possunt
et eorum occasione pro me W.M. predicto omnibusque mihi adherentibus
seu adherere volentibus in hac causa ad sedem apostolicam extitit legitime
appellatum que quidem appellacio fuit et erat predicto magistro Jo. de
Lid. se in premissis reverendi patris domini episcopi Wynt' commissario
asserenti notificata et eidem legitime intimata et appellati petiti modo debito
in eadem. Et licet in notificacionem dicte appellacionis idem Jo. de Lid.
mihi W. predicto terminum et locum ad recipiendum appellacionem non
curavit assignare verumtamen post intervalla temporum idem magister Jo.
commissarius pretensus dando mihi W.M. obviam in itinere ex arripto hoc
verba protulit in effectum 'Tu W.M. a me ante hec tempora appellanti
assigno tibi penultimam diem iuridicam ad recipiendum (p.70) appellaciones
in ecclesia Wynton' et quia locus ille videlicet ecclesia Wynton' fuit et est
mihi W.M. periculosus et non tutus prout in appellacionibus ante hec tempora pro parte mea at parochianorum dicte ville ad sedem apostolicam interpositis continetur ex habundanti ego W.M. predictus coram predicto
magistro Jo. de L. commissario predicto pretenso allegavi quod ecclesia
Wynt' non fuit nec est locus tutus ad recipiendum appellaciones in eadem
presertim propter metum qui virum constantem cadere potuit et potest
propter insidias inimicorum in quibus mihi insidiabantur et insidiantur
cotidie occasione huius cause premissa considerans ego W.M. predictus quia
ad ecclesiam Wynt' pro recipiendo appellaciones huius mihi non patet tutus
accessus prefatum magistrum J. de Ly. commissarium ut dicitur in hac parte
requisivi primo secundo et tercio quod placeret mihi assignare locum tutum
et securum ad quem possem accedere sine periculo corporis pro appellaciones
huius recipiendo qui quidem M.J. respondit alium locum nolo tibi assignare
sed compares ibi et alleges causem metus et timoris quare non audes ibi non
comparere sicque prefatus M. Jo. recusavit mihi locum tutum et mihi
securum pro recipiendo huius appellaciones assignare In mei W.M. predicti
omniumque mei adherencium in hac parte preiudicium non modicum et
grave Unde ego W.M. senciens me et parochianos in villa de H. inhabitantes
in premissis et eorum occasione indebite gravari a loci tuti ad recipiendum
appellaciones super appellaciones mea predicta non assignacione et
ab eiusdem assignacionis recusacione necnon ab omnibus et singulis
gravaminibus supradictis et que ex hiis colligi possunt et eorum
occasione pro me W.M. predicto omnibus que mihi adherentibus seu
adherere volentibus in hac omni ad sacrosanctam sedem apostolicam et

dominum nostrum Papam in hiis appello et appellaciones peto primo secundo et tercio instanter instancius et instantissime mihi dari et fieri super appellacione mea predicta subiciens me et omnes parochianos dictam villam de H. inhabitantes et omnes et singulos mihi adherentes seu adherere volentes proteccioni et defensioni sedis apostolice antedicte. Et iuro ad hec sancta dei evangelia per me corporaliter tacta quod non sunt decem dies elapse postquam mihi primo consistit de predictis gravaminibus et singulis eorundem protesto etc. ego W.M. predictus quod liceat mihi appellacionem meam predictam corrigere et emendare eidemque si opus fuerit addere et detrahere ab eadem ipsamque omnibus et singulis quorum interest notificare et intimare con . . . tutus accessus ad presenciam dicti domini episcopi ac commissariorum et ministrorum suorum patere possit dictamque appellacionem in eventu prosequi cum effectu pro loco et tempore opportunis Acta sunt hec pro ut subscribuntur et recitantur anno indiccione pontificatus mense die et loco predictis presentibus dominis Reginaldo de Spaldyng rectore ecclesie parochialis Sancti Benedicti de Grescherch London' et domino R. perpetuo capellano ecclesie London' predicte ac Ricardo Turgys clerico Lincoln dioc. testibus ad premissa vocatis specialiter.

Et ego Ricardus de Strensall clericus Eborac' dioc. publicus auctoritate apostolica notarius premisse appellacionis interposicione peticioni iuramenti prestacioni et protestacioni predictis necnon omnibus et singulis supradictis dum sic ut premittitur agentur et fierent anno etc. cum prenominatis testibus personaliter presens interfui eaque sic fieri vidi et audivi scripsi et in hanc publicam formam redegi ac signo me consueto signavi rogatus in fidem et testimonium omnium et singulorum premissorum.

(p.68) Inserted page.

Effectus alterius appellacionis W. Maple subsequenter v die mensis marcii anno etc. fuit alia appellacio ipsius Maple affixa in valvis ecclesie cathedralis Wynt' de dat' et interposicione London' in ecclesia London' xvii die mensis marcii eiusdem tenoris sicut est appellacio hic scripta ad tale signum* . . . presentibus discreto viro domino Nicholao de Wassebourne etc. in ecclesia parochiali de Lansay Magdalene London dioc. Rogero de Morden cive London' et Roberto de Halgham domicello Karliol' dioc. testibus. Et ego Ricardus etc.

*Provocacio ad Romanam curiam in causa predicta causa de Hamelatehoke**

'Et ego W.M. metuens' etc. appeals against any action to be taken against him by the bishop of Winchester or his commissary, after the appeal is lodged.

(p.71)   **114**

*Tenor bulle apostolice quam habuerunt incole de Hamelhok ad erigendum ibidem
capellam Inquire aliam consimilem secundo quarterno fol. xvi^{to}.*

Mandate of Pope Gregory xi to the bishop of Winchester to inquire into
the proper construction and endowment of the chapel of H. and to institute
a suitable person to its cure; made at the request of John duke of Lancaster,
Thomas earl of Warwick, Hugh earl of Stafford, William earl of Suffolk,
and Edward Le Despencer, lord of the place. 12 July 1374.

(p.72)   **115**

*Mandatum ad denunciandum parochianos dicte capelle excommunicatos eo quod
violaverunt interdictum*

John de Lideford special commissary etc., having learned that the inhabitants
of H., despite the interdict placed upon their supposed chapel, are continuing
to hear mass and other divine offices and are employing a certain R.W.
chaplain for this purpose, now excommunicates them.

(p.73)   **116**

*Mandatum domini episcopi Wynton' ad denunciandum W. Maple et alios
excommunicatos*

Repeats the substance of 115, with the names of Maple and the chaplain,
making additional charges about the unlawful use of a belfry and font, and
ordering proclamation of the sentence during the present Lent.[1]

(p.75)   **117**

*Mandatum bonum ad vocandum aliquem ad residenciam sub pena iuris et vide aliam
formam et bonam in folio proximo*

W. Wynton' licet ecclesiarum parochialium rectores ut gregis sibi etc.

---

[1] I am informed by Mr. Patrick Haze, of Trinity College, Cambridge, that a number of other
documents relating to this case survive in the Hampshire Record Office and in various Titchfield
cartularies and registers, and that the question of the chapel's status was not settled even at the
Reformation.

118

Querela ubi iudex procedit contra aliquam mulierem ideo in fama etc.

Instructions to a proctor for an appeal against a judge who has proceeded in a case of adultery on insufficient evidence, and to the grave detriment of the accused.

Ex parte A. uxoris C. de G. militis nobis existit intimatum quod vos eidem A. sicut vobis placuit . . . crimen adulterii et incontinencie super quo nulla etc. ipsam laborabat aut laborat infamia nec . . . aliqua orta fuit minus veraciter salva vestra reverencia imposuit et ipsam A. ad purgandum se super predictum crimen sic per vos pretensum cum numero mulierum minus excessive ad locum indeterminatum . . . ad terminum minus breve et peremptorie nulla huius termini abbreviacionis aut peremptoritatis causa expressa verbaliter subsist' mandasti et fecisti coram vobis ad iudicium evocare iniuste in ipsius A. preiudicium et gravamen.

119

Alia querela

Ex parte R. perpetui vicarii de B. nobis extitit intimatum quod J.L. episcopus eundem R. non legitime citatum non monitum non confessum non nunciatum. . . .[1]

(p.76) ## 120

Provocacio pro proposito de Quenhall Oxon'

Appeal by the provost of the Queen's college to the Holy See and for the tuition of Canterbury because he fears an attack upon his tenure of office, despite the fact that he was duly and legally elected to it.

In dei nomine Amen coram vobis autentica persona et testibus fidedignis ego A. de B. etc. clericus dico allego et in scriptis propono quod fueram et sum integri status bone fame et oppinionis illesus nulla suspencionis interdicti vel excommunicacionis sentencia involutus nec in aliquo crimine irretitus fueram et sim in proposturam sive custodiam domus scolarium clericorum de Quenehall vulgariter nuncupate studii sive universitatis Oxon' Lincoln' diocesis iuxta ordinaciones statuta et consuetudines laudabiles et approbatas dicte domus rite et legitime electus quodque huius eleccio de me facta tempore debito consensum meum prestiti et assensum metuens cum ex quibusdam causis probabilibus et verisimilibus coniecturis circa statum

---

[1] The rest of this entry is obscured by a large stain.

meum iusque et posse mea premissa vel ipsorum aliquod grave posse preiudicium generari Ne quis vel qui quamvis auctoritate vel mandato in mei
preiudicium circa premissa vel ipsorum aliquod quicquam attemptet attemp-
tione vel attemptari faciant vel faciat quovismodo movendo citando pre-
figendo suspendendo interdicendo excommunicando sequestrando molestando inquietando perturbando spoliando privando seu quovis alio modo
gravando ad sedem apostolicam directe et pro tuicione Curie Cant' palam
et publice in hiis scriptis provoco et appello quatinus sunt petendi peto
primo secundo et tercio instanter instancius et instantissime mihi dari et fieri
cum effectu subiciens me statum iusque et posse mea premissa et eorum
quodlibet proteccioni defencioni ac tuicioni sedis et Curie predictarum
protestans me velle hanc protestacionem in forma competenciori redigire
si oporteat pro loco et tempore oportunis iuris beneficio in omnibus semper
salvo.

121

Suggestio a non admissione ad ecclesiam parochialem

Complaint to the official of Canterbury by the party of A. de B. that though
properly presented, by the undoubted patrons, to the parish church of C.,
dioc. Lincoln, which is undoubtedly vacant, J. bishop, has refused to admit
and institute him.

122

Querela quod quis est excommunicatus sine vocacione etc.

Complaint to the official of Canterbury by the party of S. rector of the
parish church of Q., dioc. Lincoln, that R. official of the bishop has excommunicated him, '. . . non legitime citatum, non monitum, non confessum
non convictum absentem non per contumaciam, cause cognicione et iuris
ordine in ea parte de iure requisita penitus pretermissa absque racionabili seu
legitima quacunque . . .' at the instance of C. etc.

123

No heading.

In dei nomine Amen coram vobis domini Curie Cant. presidente quocunque
dicit et in iure proponit L. procurator et procuratorii nomine J. L. de C.
contra priorem et conventum de C. et contra quencunque alium in iudicio
legitime intervenientem que eisdem vel'.
Entry incomplete.

(p.77)[1] **124**

Mandatum pro rectore de Compton iuxta Gildeforde

Mandate of the official of Winchester to T. de B. (Thomas de Brampton) to answer a charge of persistent fornication with T.R.[2]

(p.78) **125**

Prohibicio regia directa Officiali Wynton'

Writ of prohibition in a case of defamation brought by W. Merton of Winchester against Thomas Col'. parson of St. Maurice Winchester, who had previously impleaded Merton in King's Bench.[3]

126

Copia brevis regis pro pensione annua ecclesiastica ab ecclesia subtracta

Writ of *venire facias* to Robert Palmer vicar of St. Piran to answer the dean and chapter of Exeter and return to them £20, arrears of a rent-charge of £5 which he owes to them. 24 Nov. 1397.

(p.79) **127**

Copia consultacionis quam impetravi in causa W. de Merton

Royal writ staying execution of a writ of prohibition against Thomas Colyngbourne, which William Merton had obtained by misrepresentation.

King Edward iii, 18 March 1377: 'Monstravit nobis W. de M. quod implacitasset coram vobis in curia Christianitatis T.C. personam sancti M. W. de eo quod ipse prefatum W. apud bonos et graves penes quos prius non extitit diffamatus maliciose et odii causa diffamavit crimen furti et depredacionis eidem W. imponendo per quod in excommunicacionis sentencia ipso facto incidit. Idem T. cognicionem que ad forum ecclesiastasticum pertinet in hac parte machinas impedire quandem prohibicionem continentem ipsam implacitare in curia nostra coram iusticiariis nostris de banco per breve nostrum prefatum W. de quadam transgressione eidem T. per predictum W. ut dicitur illata eundemque W. machinantem prosecucionem ipsius T. in

---

[1] This and the next page are inserted into the quire and are smaller in size.
[2] *Reg.Wykeham*,i,16. T. de B. rector of Compton 1368–81.
[3] *Cal. Close Rolls 1374–77*,pp.543–4: writ in this sense in a case between Merton and T. Colyngbourne, April 1377.

hac parte impedire asserendo ipsam ea occasione per prefatum T. diffamari trahere ipsum inde in placito coram vobis in curia Christianitatis in cancellaria nostra impetravit et vobis me placitum illud in curia Christianitatis teneretis dirigi procuravit cuius prohibicionis pretextu vos in causa illa huiusque procedere distulistis et adhuc differitis in ipsius W. dampnum non modicum et gravamen et libertatum ecclesie lesionem manifestam Et quia in articulis prelatis et clero regni nostri per dominum E. nuper regem Anglie patrem nostrum concessis continetur quod in causis diffamacionis in quibus agitur ad penam canonicam imponendum licite corrigant prelati prohibicione nostra non obstante vobis significamus quod si in dicta causa de diffamacione ad penam canonicam impendendum tantummodo agatur tunc ulterius licite facere poteritis quod ad forum ecclesiasticum noveritis pertinere prohibicione nostra predicta non obstante dumtamen quicquam quod in nostrum preiudicium seu lesionem corone et dignitatis nostre cedere valeat non attemptet seu attemptari faciat.'[1]

128

Mandatum bonum ad compellendum aliquem ad residenciam

Vide aliam formam supra folio proximo.

129

Littera quando Episcopus non vult admittere resignacionem alicuius

Mandate of R. bishop, to an unnamed incumbent, to return to his cure of souls.[2]

130

Mandatum episcopi vel alterius prelati ad inquirendum et visitandum clerum et populum in certo decanatu

Mandate of the official to the dean of S., to cite before him all holding benefices, with or without cure, appropriated or not, owning tithes or receiving pensions, and all who celebrate the divine office within the deanery, from every non-exempt parish six or eight persons, according to its size, and proctors from chapter or collegiate churches. The beneficed are to exhibit letters of institution and induction, other priests to show their licences and all are to aid the official's inquisitions.

---

[1] After the second statute of Westminster, 1285, a royal writ of prohibition issued as a result of misrepresentation, in a spiritual case, would not be valid; to determine the validity of disputed cases the King's justices must be approached for a *consultacio*. G. B. Flahiff, 'The writ of prohibition', *Medieval Studies*, vi,1944,p.305.
[2] Written in margin above and to the side of this is part of 133 below.

131

Vide hoc bonum mandatum et de bona forma contra violatores libertatis ecclesiastice

Mandate of W. bishop of Winchester to announce the excommunication of all who broke down enclosures and released and carried away stock on the warrens of the church of Winchester at S. and in other places adjacent to its park there.

(p.81)   **132**

Forma bona pro iudice ad publicandum instrumenta

Announcement by the official principal of the bishop of Winchester that on 3 March, in the conventual church of St. Mary *ultra ripam* at Winchester, John Bryan dioc. London, clerk, proctor of the abbot and convent of Hartland dioc. Exeter, exhibited to him two original public instruments, sealed with the seals of Walter (Stapeldon) bishop of Exeter and of the dean and chapter of Exeter, and subscribed by witnesses and by two notaries, the tenor of which is so and so. The proctor recounted that the documents were to be produced abroad as legal proof, and that his masters were reluctant to allow this and had asked for a transcript to be made, with the official's authority. The official, having cited all whose interest was involved, to appear and inspect the documents, and having read and inspected them himself along with Mr. W.H. n.p., his scribe, has now ordered the scribe to make a word for word transcript.[1]

133

Mandatum ad sequestrandum fructus rectorum non residencium

Mandate of Jo. Lid. official of W. bishop of W. to such, to sequestrate the fruits of the rectories of Burghton (Buriton) and M., the incumbents of which he found during his recent visitation of the deanery of S. to be wandering without lawful excuse.

(p.83)   **134**

Processus episcopi pro religiosis ad confirmandum eis ecclesias appropriatas ac procuraciones et pensiones etc.

This appears to be the document described in 132 above.
W. bishop of Exeter announces to the abbot and convent of Hartland O.S.A. that:

---

[1] Many alterations and erasures.

1. During a recent visitation[1] he discovered that they hold the parish churches of H. with the chapel of Welcombe, and of B., both having cure of souls and served by stipendiary chaplains, the united benefice of M. and K., and portions in the churches of F. and L.

2. Summoned to show their authority for possession they replied that they held by the gift of B., W. and T. once bishops of Exeter.

3. They were summoned to exhibit evidence of this statement and to produce their muniments; this was done and the proof accepted but objectors had then to be cited in all the churches concerned.

4. No objectors having appeared, the bishop, having discussed the matter with the dean and chapter, and having the agreement of those skilled in the law who sat with him (*nobis assidencium*), confirmed them in the possession etc. of these portions etc.

5. He causes this sentence of confirmation to be read aloud by his clerk Mr. N. de H., *nobis pro tribunali sedentibus*, and orders the preparation of sealed letters patent, *in fidem et testimonium*.

6. The dean and chapter of Exeter consent to the confirmation.

7. The bishop orders his scribe N. de D., n.p. by apostolic authority, to reduce the process to writing.[1]

(p.85)   **135**

Sequitur instrumentum super dicto processu prefati domini episcopi

Recites 134, nos. 4, 5, 6 and 7, and ends:
'sigillo officii nostri fecimus communiri Dat. et act. quo ad publicacionem et auctentacionem predictas in ecclesia conventuali B. Marie ultra ripam predicta die predicto anno Pontificatus et Indiccionis presentibus etc.'
Another hand (?perhaps Lydeford himself) adds: 'In quorum omnium et singulorum testimonium atque fidem presentes litteras nostras processum nostrum continentes per W. de H. not. pub. scribamque nostrum predictum in hac parte specialiter deputatum scribi mandavimus ac una cum appensione sigilli officialitatis predicte in publica forma auctentica redigi fecimus (mandamus) per cuius. dat. etc.'

(p.87)   **136**

Excepcio nullitatis iurisdiccionis contra delegatum sedis apostolice

The exceptor alleges before J. bishop, the pretended delegate, that the letters of delegation are 'pretense toto et omni tempore surrepticie et obrepticie'.[2]

---

[1] Hartland was visited by Bishop Stapledon in 1313, *Reg.Stapledon*,p.399.
[2] Decret.lib.i,tit.xxix,c.xxxi, Non creditur quis delegatus nisi delegationem probet.

137

Excepcio declinatoria fori quia causa est civilis et non pertinet ad forum ecclesiasticum[1]

138

Excepcio surrepcionis et obrepcionis contra aliquem petentem beneficium tanquam sibi debitum

The proctor of T., who is legally possessed of the vicarage of D., excepts against B. de C., who claims to have been provided to it, although it is not vacant.

(p.88) **139**

Excepcio de facto contra instrumentum in causa productum

A proctor objects to a copy of judicial proceedings produced in a case:

. . . 'quoddam instrumentum pretensum publicum signo et subscripcione cuiusdam J. O. de S. notarii publici pretensi signatum est suspectum falsum et invalidum presertim in ea parte ubi sic narratur in eodem set ipsis copiis eidem procuratori sic petenti ullatenus realiter traditis etc. cum revera dicto die mensis Julii de quo in instrumento fit mencio per partem ipsius officialem L. et consistorii L. registrarium et actorum scribam habuimus copie actorum iudicialium predictorum parti dicte A. cum effectu iuxta iuris exigenciam iudicialiter oblate fuerunt realiter tradite ac eciam liberate saltem quas peciit et habere voluit in hac parte unde facta fide etc. non est dicto instrumento presertim in ea parte de qua sic fit mencio tanquam falsum et falso fabricatum merito respuendum que fieri peto ego proctor predictus nomine quo sic coniunctim et divisim iure beneficio in omnibus semper salvo.'[2]

140

Procuratorium pro aliquo coram sedem apostolicam delegato ac conservatoribus etc.

---

[1] The cause is one of intestacy and turns on a matter of debts due to the deceased. It is almost illegible even under the ultra-violet lamp.
[2] 'Et est excepcio actionis elisio etc. Drogheda,c.dxxxv,pp.372-3.

141

Commissio ad visitandum prioratum sancti Dionisii

Mandate of W. to official of W. and P. and C. of S. to visit and correct the priory of St. D. (St. Denis by Southampton, O.S.A.), where he has heard there are many evils and omissions of the Rule.

142

Littera ad removendum certos canonicos loci predicti propter excesso et ponendum in alio prioratu

Mandate of W. to P. and C. of Mottisfont, to receive canons A. and B. of St. Denis next Southampton, whom, after visitation, he has decided to remove and keep 'sub tuto et regulari regimine' during his pleasure. St. Denis is either to pay the cost of their upkeep, or if Mottisfont prefers, to receive two canons from there in place of A. and B.

(p.89)   ## 143

Protestacio et dimissio magistri Jo. Schill'. in dimissione ecclesie de Holdeworth pro cancellario in ecclesia de Cicestr'

Shillingford announces, after a controversy on the subject of H. with Mr. Richard de Dra' in the Roman Curia, that he does not intend to resign it until he has obtained full and undisputed possession of the chancellorship of Chichester.[1]

144

Dimissio beneficii iuxta effectum extravagant' Execrabilis

W. Tr. (Trevellys) former rector of C. and now acquiring the treasurership of the church of Exeter, relinquishes C., protesting that he does so only in the event of acquiring the dignity. (c.1388.)[2]

---

[1] John Shillingford, canon lawyer and associate of Lydford at Bosham, Chichester and Exeter, advocate of Court of Arches, 1369–89. Died 1406. Emden, *Oxford*,iii,1689–90. The resignation which he defers was required under the constitution, *Execrabilis*(Extr.Joan.xxii,tit.iii,cap.1) by which a clerk acquiring a second benefice with cure of souls was obliged to resign the previous cure. A. H. Thompson, 'Pluralism in the Medieval Church', *A.A.S.R.*xxxiii,1915,35–73.
[2] William Trevellys was Brantingham's vicar general, *Reg.Brantingham*,ii,975.

145

Subscripcio littere quoad episcopum

Omnipotens dominus dominum meum reverendum in cunctis suis accilii celestis extensione bracchii protehat atque ad celestis renunciacionem patris cum multiplici animarum.

(p.90)   **145a**

Mandatum de bona forma ad denunciandum aliquos excommunicatos qui violenciam fecerunt in ecclesia

The official of Winchester to all clerks etc. in such a deanery. . . .

(p.91)   **146**

Forma recusacionis porrecta contra iudicem

Refusal by a party in a suit to answer a cause of tithe brought against him by an abbot and convent because he regards the judge-delegate, John, monk of Westminster, as too favourable to his opponents.[1]

R. dico allego et propono quod vos fratrem Jo. S. monachum Westmonasterii in quadam causa decimarum pretense que coram vobis vel religioso viro fratre N. abbate etc. iurium et privilegiorum religosorum virorum abbatis de B. Cist. ord. etc. conservatore pretenso sub conservacionis et iudicis vos pretendentes movetur moverive speratur inter dictos religiosos viros abbatem et conventum partem actricem pretensam ex parte una et me R.R. etc. partem ream pretensam ex altera suspectum habeo vehementer ex causis et racionibus infrascriptis pro eo et ex eo quod nimis familiaris et favorabilis dicte parti actrici ac mihi inimicus capitalis absque causa legitima in huius causa que ut premittitur coram vobis moveri speratur fuistis et estis ac eidem parti adverse plus debito in hac parte declinastis et declinatis quoque ut in causa predicta iudex esset vos indebite fieri procurastis ac eciam ingesistis partemque adversam nimia et immoderata dileccione contra iusticiam dilexisti et diligitis in presenti ac estis omnino iuris ignaris Ideoque ego R. rector etc. vos fratrem Jo. S. monachum predictum et vestram audienciam pretensam in causa predicta cum suis emergentibus incidentibus ac dependentibus ab eadem ex causis predictis et eorum qualibet ac aliis que ex hiis colligi possunt ac quibuscunque aliis inposterum declarandis recuso iterum et tercio recuso offerens me huius recusacionis causas coram A.B.C. et communiter et divisim etc.

---

[1] Decret.lib.i,tit.xxix,c.xvii, Delegatus qui est dominus impetrantis recusari potest.

F

(p.92)   **147**

Appellacio eo quod iudex legitime recusatus non obstante recusacione ulteriusque in causa processit et ab aliis gravaminibus iudicialibus

Appeal to a higher court by a party in a matrimonial suit who has already objected to a partial judge and has failed to halt the hearing by biassed commissaries.[1]

In dei nomine Amen talis indempnacionis sic et predictus procedens in causa matrimoniali contra talem mulierem etc. prefatam A. in tali negocio iuxta formam retroactorum in eodem habitorum factur' et processur' ad certos diem et locum coram eo aut suis commissariis incertis mandavit et fecit ad iudicium evocari et quamquam pars prefate A. iuxta formam huius vocacionis talibus etc. coram commissariis in hac parte specialiter deputatis se pretendentibus licet cum difficultate sufficienter comparens copiam commissionis eorundem commissariorum pretensorum necnon certificatorii citacionis in ea parte habite ac diem ad dicendum contra eas dare sive assignari ab eisdem commissariis pretensis debite ac legitime petivisset et contra eosdem commissarios pretensos quandam excepcionem recusacionis gravis et iniuste suspicionis propter nimiam familiaritatem amiciciamque specialem et magnam ipsorum commissariorum cum dictis B. etc. parte adversa ac inimiciam capitalem eorundem commissariorum pretensorum versus ipsam A. exortarum sive conceptarum inter cetera continent' in forma iuris concept' ad effectum recusacionis huius de iure sufficienter et legitime concludentes coram dictis commissariis pretensis proposuisset tempore competenti offerens se huius causas coram dicto domino etc. vel alio iudice sive arbitrio in ea parte competenti pro loco et tempore opportunis legitime probatur' ac petens iidem commissarii pretensi pendentibus huius recusacione cause indiscussi ulterius non procederent in negocio memorato prefato cum commissarii pretensi partem ipsam sic petentem proponentem et offerentem effectualiter exaudire non curarent de spreta proposicione petiticione et oblatione huius pariter et neglect' ad recepcionem testium in eodem negocio per partem dictorum R. et E. de novo productorum et eorum examinacionem super certis articulis materiam principalem intencionis partis dictorum T.R. et E. in ipso negocio deduct' continentem super quibus alii testes per eandem partem in eodem negocio product' riteque recept' fuerant et examinati et eorum attestaciones debite publicate ac ad plenam dictorum R. et E. noticiam deduct' et ad nonnullos alios actus iudicales et parti dicte A. minimum preiudicium properam processerunt In ipsius A. preiudicium et gravamen unde ex parte eiusdem senc' etc.

---

[1] This appeal appears to be based on Decret.lib.ii,tit.i,c.xix Si judices. ....

148

Ordinacio vicarie per modum submissionis in episcopum loci

W. bishop of Winchester: a dispute having arisen between Robert de H. perpetual vicar of K. (Kingston) and the prior and convent of B.M. of Merton O.S.A., who claim that the aforesaid church with its dependent chapels of O.S. and M. is united, incorporated and appropriated to their use, about the portions which ought to belong to the vicarage, the parties have decided to submit to the arbitration of the bishop, who now announces his decision in the form of an ordination.[1] The vicar is to have the offerings etc., the prior and convent are to repair the roof and, where necessary, rebuild the chancel, the vicar to have the care of books, vestments and other ornaments in K. and the annexed chapels, which the prior and convent are to provide. The vicar is to bear all ordinary burdens of the church, maintain the vicarage house, and pay a *pro rata* share, in accordance with the size of his portion, of all extraordinary burdens, to maintain hospitality, and pay all episcopal dues.[1]

(p.93) **149**

Informacio bona qualiter procedendum est contra aliquem subditum super crimen diffamatum

Instructions for a bishop or his official on the mode of procedure against a subject who has been accused of incontinence.

In primis fiat commissio per episcopum cuius est subditus contra quem agendum est certis personis specialibus ad procedendum contra talem de et super crimine incontinencie per eum commisso et diucius continuato cum tali muliere etc. ac quod de et super huius crimine publice est diffamatus ac quod super hoc laboret publica vox et fama.

Item fiat commissio huius ad procedendum super premissis ad omnem iuris effectum ex mero officio domini episcopi dumtaxat ad correccionem anime ipsius etc. privacione seu declaracione privacionis ipsius a beneficio suo decisione finali et sentencia diffinitiva in hac parte specialiter exceptis.

Item extunc ex mandato unius commissariorum predictorum citetur ad comparendum personaliter responsurus super premissis coram eodem commissario seu eius collegis uno vel pluribus tali die et loco huius distanc' a London' cum continuacione et prorogacione dierum tunc sequencium Et in mandato clausula de veritate dicenda super premissis personaliter responsurus.

Item caute et secrete citetur ut nullus audiat huius citacionem nec debet copiam eiusdem citacionis fieri citatus sic plures alio modo gravamina per aliquos testes forsan vel per aliquod sigillum auctenticum litteris super hoc consut' appensum.

---

[1] This ordination is given in a fuller form in *Reg.Wykeham*,ii.285–9,1376/7.

Item die apericionis habetur bonum certificatorium super huius citacione
executa Et tunc exhibeatur domino originalis commissio coram notario et
testibus legitime certificata una cum commissione publice et preconizetur
dictus citatus et si non compareat reputetur contumax et in penam igitur
excommunicetur in scriptis per dictum commissarium vel per alium collegium suum cui non erat inhibitum. Et statim fiat super hoc intimacio
omnibus curatis per multos mandatarios ad denunciandum eum excommunicatum.

Item si compareat dictus citatus et fiat (commissario) s' inhibicio nihilominus
procedeant alii commissarii quibus non est inhibitum eodem die et diebus
sequentibus.

Item caveatur ne fiat inhibicio domino episcopo.

Item si dictus citatus appellet ad dominum episcopum in intimacione super
appellacione a gravaminibus commissariorum suorum et petet quod rescribat
et inhibeat etc. statim in presencia notarii et testium decernet dominus
episcopus dictis commissariis suis partem appellatam fore coram eo citandum
ad respondendum parti appellanti de iusticia in hac parte et inhibeat huius
commissarios ne ulterius procedant in huius causa pendente coram eo causa
appellacionis huius ut forma.

150

Alia informacio (pro archidiacono) contra religiosos habentes ecclesiam et nolentes in
visitacione sua comparere nec defectus ecclesiarum reparare

Instructions for an archdeacon on the mode of procedure against heads of religious
houses refusing to appear at visitations and to answer for the repairs of parish churches
of which they are proprietors.

Inprimis si archidiaconus velit ipsemet procedere emanetur sub sigillo suo
citacio ad citandum tales abbatem et conventus talis monasterii ordinis talis
ecclesiam parochialem—dicte archidiaconatus notorie situatam in usus
proprios optinentes personaliter si valeant apprehendi.

Item si super huius citacione habeatur si fieri possit in die comparicionis
certificatorium sub sigillo decani ruralis quod dicti religiosi viri sunt peremptorie citati et personaliter apprehensi.

Item si non posset haberi huius certificatorium de personali citacione etc.
tunc habeatur certificatorium quod diligenter eos . . . et quod non potuit
vel non audebat etc. tunc sub commemoracione primi mandati emanetur
alia citacio viis et modis in ipso mandato si fieri commode poterit et presertim
in ecclesia de qua agitur et habeatur super hoc certificatorium.

Item in citacione contineatur quod in cancello dicte ecclesie et in ornamentis
aliis ad ipsos religiosos pertinentibus sunt magni et diversi defectus correccionem et reparacionem notorie (secundum mandatum ad dicendum causam

racionabilem quare fructus et proventus dicte ecclesie non deberent subtrahi★¹
et sequestrari accione premissa saltem pro parte huius defectuum sic ut
prefertur et imminencium) quorum reparacio et correccio ad ipsos religiosos
de iure constituto ac consuetudine dinoscitur pertinere.

Item habeant dicti religiosi xii dies a tempore citacionis de eis facte ad
comparendum.

Item in huius citacione addentur hec verba quod dictus archidiaconus vel
commissarius suus si per commissarium procedat voluit et intendit in hac
parte ex mero officio ut huius defectus debite reparentur dumtaxat etc. alio
modo huius commissione sua ad inquirendum corrigendum puniendum
crimina defectus et excessus etc.

Item a die comparicionis legatur publice coram notario et testibus commissio
et certificatorium.

Item si tunc non comparuerunt per procuratorem legitime constitutum tunc
pertinaciter etc. et in pena sequestracionis fructus pro mensura et defectuum
repertorum.

Et bonum et tutum est super estimacione defectuum capere summar' infor-
mac'. Et fiat eciam clausula donec huius defectus debite repar'.

Item dirigant mandatum ad custodiendum huius fructus separatos.

Et premissis debite observatis esto quod contingat ob hoc tuitor' appellari
speratur quod habebitur remissio quia negocium correccionis est.

(p.94)   **151**

Privilegium abbatis de Torre pro vicariis

Boniface (ix): Exigit vestre devocionis sinceritas. . . .
The abbey receives the right to appoint suitably qualified canons to the
vicarages of its appropriated churches of Bradworthy, Buckland, Shebbear,
Townstall and Hennock, dioc. Exeter, and Skidbrook, dioc. Lincoln (1389–
1404).

                                          152

*Mandatum ad compellendum presbiterum ad deserviendum curam ecclesie parochialis
etc.*

The official of the consistory of Exeter, mandate to certain rectors and vicars
to admonish Richard Aylmere,¹ unbeneficed priest, to serve the cure of the
parochial chapel of Sheepwash, in the parish of Shebbear, to which he has
been appointed, at a suitable stipend, by A. de B. vicar of Shebbear, and

---

¹ Richard Aylmere acol. received letters dimissory in 1378,, *Reg.Brant.*,i,420; he was later instituted
on exchange to Luffincott by Stamford, *Reg.Staff.*,10.
★¹ Vacat hic.

which he has, from love of gain, and avarice, refused to do. If Richard fails to perform the duty within twenty days of this mandate, he is to be cited to appear and answer before the official in the cathedral of Exeter on the Saturday next after the Conception of the Blessed Virgin (8 Dec.).

(p.95) **153**

Tenor bulle apostolice quod dominus comes Arundell possit unum exilem priorem annectare cuidam collegio suo quod instituit

Mandate of Urban vi to the bishop of Chichester ordering him to allow Richard earl of Arundel[1] to unite the small possessions of the cell of Lyminster (Lammestres), a cell of Almenèches, which has only three nuns, whose conduct is undesirable, to those of the collegiate church of Arundel. Naples, 5 April 1384.

(p.96) **154**

Bona excusacio et formalis pro citato ad curiam Romanam

Public instrument in which Wykeham appoints A. de B. to act as his proctor at the Roman court in response to a recent citation.

155

Effectus procuratorii ad agendum et defendendum etc. in causa predicta

Letters patent of appointment of a proctor, as in 154.

(p.97) **156**

Littera per quam constituitur episcopo archidiacono et capitulo annua pensio de ecclesia appropriata racione indempnitatis eorum. Ewelle

Letters patent of John, abbot and the convent of C(hertsey), O.S.B., Winchester dioc., announcing that the bishop of Winchester has consented, with the approval of the archdeacon and chapter, to their appropriation of the church of E(well) to their own uses, and that, in respect of dues payable to each had the church remained unappropriated, they now grant annual pensions of 26s. 8d., 6s. 8d., and 6s. 8d., respectively.[2]

---

[1] Arundel had acquired a bull to this purpose from the anti-pope, Clement vii, in 1380, *Cal.Pap. Reg.*,iv,239, soon after the foundation of his college at Arundel, but did not succeed with either bull. Lyminster was finally granted, after the last suppression of alien priories, to Eton College: Knowles and Hadcock, *Religious Houses*,p.214.

[2] See no.159 below.

(p.98) **157**

Monicio facienda per partem episcopi in locis religiosis visitandis statim post sermonem completum lecto prius certificato abbatis vel prioris

A monition of Wykeham for the visitation of the prior and convent of the cathedral church of Winchester, read immediately after the preaching of a visitation sermon to them, requiring them to make proper answers to the questions to be asked and ordering the reading at the end of it of a papal constitution[1] concerning the visitation of religious houses.

In dei nomine Amen Quia ut canonica testatur auctoritas id solum bene agitur ut vita hominum corrigatur ad cuius perfeccionem tam personarum quam rerum ecclesie reformacioni pertinere conspicitur nos, W. permissione divina Wynton' episcopus hanc nostram ecclesiam cathedralem et personas eiusdem tam in capite quam in membris prout nostro incumbit officio deo disponente visitare intendentes ac per eandem visitacionem in ipsa ecclesia tam in personis quam in rebus corrigenda corrigere et singula reformanda prout convenit reformare pro et paterna affectu summe affectantes ut sanus et expediens sit in ipsa visitacione progress' ne veritas inquirendorum in eadem per aliquorum maliciam seu fraudem occultetur vobis domino priori et capitulo ac omnibus et singulis monachis eiusdem ecclesie nostre in ea commorantibus seu ministrantibus et cuilibet vestrum in virtute sancte obediencie et sub periculis animarum vestrarum precipimus et iniungimus necnon vos dominum priorem et capitulum ac omnes et singulos common-achos predictos et quemlibet vestrum monemus primo secundo et tercio ac eciam una monicione pro omnibus peremptorie cum nos ad id negocii qualitas et anguscia temporis artent eciam artacius inducimus et hortamur in domino ut quicquid in personis dicte ecclesie nostre tam in capite quam in membris vel quibuscunque rebus ecclesie vel ad ea spectantibus videritis seu senseritis aut aliquis vestrum viderit seu senserit iuxta suam consciam corrigend' seu reformand' super quibus est fama que correccione seu refor-macione indigeant in premissis exceptis dumtaxat criminibus occultis nobis seu nostris in hac parte inquisicionibus per nos deputatis seu deputandis instanti visitacione unusquisque vestrum iuxta scienciam suam aut . . . expresse denunciet plenam viam in premissis quam noverit vel crediderit dicat veritatem ac eciam famam super omnibus articulis de quibus erit requisitus nihil hiis que ad visitacionem pertinent celando quod crediderit esse verum vel fama denigratum seu maculatum quovismodo eciam si specialiter super hiis non fuerit inquisitus seu examinatus et quod nullum filium scienter denunciat quisquis presumat Item quod nullus vestrum id quod ab eo per nos seu deputatos a nobis in hac visitacione quesitum extiterit aut quid super hiis dixerit seu fecerit cuicunque alteri detegat vel revelet seu quicquam ab aliis dictum vel ostensum fuerit exploret seu explorare

---

[1] This constitution, Sext.lib.l,tit.xxvi,c.iv, forbids prelates to order their subjects to conceal anything from the inquiry of their appointed ordinary.

conetur directe vel indirecte signo dicto vel facto palam vel occulte. Item
quod nullus vestrum impediat seu impediri faciat vel procuret aliqualiter
clam vel palam quin mera veritas in omnibus premissis nobis seu nostris in
hac parte deputatis plenarie detegatur seu eciam ostendatur aut quominus
fiat per nos correccio congrua et debita super reformandis seu impedientibus
vel procurantibus huius foveat super hec quovismodo. Item monemus ut
supra et hortamur in domino vos dominum patrem et vestros commonachos
omnes et singulos ne occasione visitacionis nostre predicte seu cuiuscunque
denunciacionis in eadem visitacione faciende aut alicuius facti nostram
visitacionem tangentem aliquis vestrum alii con . . . tiari vel comminari seu
alium pergravari aut molestare presumat sub pena excommunicacionis
maioris si contra premissa vel eorum aliquod quicquid (scienter) facere
procurare vel attemptare presumpsit vel presumpserit aliquis vestrum quovismodo aut omnibus et singulis mocionibus induccionibus hortacionibus
iniunxionibus et preceptis superius annotatis scienter ut supra non pervenerit
seu perverit (sic) cum effectu prout decet scientes infallibiliter quod si aliquem
vestrum contra moniciones nostras seu hortaciones superius annotatas vel
eorum aliqua venire constiterit tanquam manifesta offensa committentem
et . . . entem preter penam excommunicacionis pena gravissima puniemus
de cuius remissione aut mitigacione nullus valeat sperare ut pena unius sit
metus alterius et ne facilitas venie tribuat aliis occasione delinquend' adhuc
si que certa premissa fuerunt promissiones obligaciones vel convenciones per
aliquem vestrum habite seu facte iuramentave prestita seu iniunxiones in
virtute obediencie vel communicaciones sub pena carceris vel regularis
disciplinis per vestros prelatos seu alios vobis facte aut excommunicacionis
maioris sentencie pena vel censure quecunque in vos vel aliquem vestrum
de facto late vel occasione premissa ferende si illa que in premissis vel aliquo
premissorum reformanda . . . ait super quibus est fama reveletis seu quominus talia huius reformanda ad nostram noticiam potuerit pervenire illa
de iure non tenere nec subsistere posse aut debere pronunciamus declaramus et denunciamus nec vos ipsis quomodolibet obligare vel astringere
declaramus auctoritate et virtute constitucionis summi pontificis super hac
edite que incipit Quia plerique quam audietis lectam et legatur constitucio
Quia plerique de officio ord.[1] in S.VI. etc.[1]

(p.99)   **158**

*Inquisicio cum eius certificatorio super articulis porrectis episcopo ad faciendum
unionem ecclesie de Heghfeld collegio Oxon'*[2]

---

[1] Cf. *Reg.Wykeham*,ii,189, for an inhibition of lesser jurisdictions before a visitation which
included the cathedral, in 1373.

[2] This inquiry prior to the appropriation of Heckfield to New College, 8 Jan. 1382/3, is printed
Reg.Wykeham,i,138–40. The witnesses named there are: John Lydeford, official of the diocese,
Thomas Boys, LL.D., John de Ketone, John Laurens, LL.B., William Hyldercle, n.p., John de
Swafham, Henry de Thorpe, n.p., and William Lydeford, clerk.

(p.100) **159**

Appropriacio ecclesie de Ewelle Wynton' dioc' et litteras per quam constituit annua pensio episcopo et archidiacono Surr' propter hoc vide supra folium proximum

Appropriation of Ewell to the abbot and convent of Chertsey.[1]

(p.102) **160**

Dispensacio apostolica super matrimonio inter dominum Re' Cobham et uxorem suam Alienoram in tercia consanguinitatis gradu scienter contractu domino archiepiscopo Cant' directa

Mandate of Pope Urban vi to Archbishop Courteney, to inquire into the circumstances of the marriage within prohibited degrees of Reynold Cobham and Eleanor widow of John de Arundel, and to dispense them, if they are penitent. The mandate is transmitted by Courteney to Thomas Brinton, bishop of Rochester, because he himself is busy with the business of his metropolitical visitation. Date of original mandate: Naples, 13 April 1383; Courteney's subdelegation: 8 Sept. 1383.[2]

'. . . primitus per eosdem R. et A. corporali ad sancta dei evangelia iuramento per penitenciam in modo culpe quam nobis specialiter reservavimus (non potest dispensare cum eis quousque declaretur penitencia pro modo culpe) et aliaque ipsis de iure firmiter iniungenda recipient et peragent cum effectu de cuius conscie puritate et circumspecto in iure prudencia fiduciam in domino obtinemus vices nostras committimus per presentes. . . . Dat' apud Oxon' viii die mensis Sept' anno domini mccclxxxiii. . . .'

161

Libellus seu peticio coram subdelegato in materia predicta porrecta

Petition of Reynold lord Cobham and Eleanor widow of lord Arundel, addressed to Thomas bishop of Rochester, commissary of the judge-delegate, setting forth that they had knowingly married although within the third degree of consanguinity, and that they now sought dispensation for their marriage.

In dei nomine Amen coram vobis reverendo in Christo patre ac domino domino Thoma dei gracia episcopo Roff' reverendissimi in Christo patris et domini domini Willelmi dei gracia Cant' archiepiscopi tocius Anglie primatis et apostolici sedis legati iudicis seu executoris unici in negocio infrascripto a sede apostolica specialiter deputati commissario legitime deputato R. de C. miles et Alienora relicta quondam Arundel militis dicunt humiliter

---

[1] Printed *Reg.Wykeham*,i,28–30; cf.156.

[2] John de Arundel, baron, died in 1379; his widow, formerly Mautravers, married Reynold, second lord Cobham of Sterborough, after dispensation from Archbishop Courteney, 9 Sept. 1384:*G.E.C.*i,259-60. The dispensation is entered in Reg.Courteney,Lambeth,ff.58vᵒ-60vᵒ.

et proponunt quod olim ipsi non ignorantes se tercio gradu consanguinitatis
fore coniunctos matrimonium inter se per verba de presenti ad contrahendum
satis apta publice contraxerunt illudque bannis non editis in facie ecclesie
solempnizaverunt et carnali copula confirmaverunt contra sancciones
sentenciam excommunicacionis maioris in constitucione Clementina[1] que
incipit (p.103) Qui latam dampnabiliter incurrendo responso facto quodque
dicta A. propter hoc rapta non fuit set libere et sponte premissa fecit et eis
concessit expresse et si divorcium inter eosdem R. et A. occasione premissa
fieri grava exinde scandala possent verisimiliter exoriri et propter ea et alias
causas veras et legitimas fuit et est expediens quod auctoritate apostolica
dispensetur cum eisdem ut impedimento quod ex huius consanguinitate
provenit non obstante iidem R. et A. ipsis primitus ad tempus de quo vobis
videbitur expedire separat' matrimonium insimul de novo libere contrahere
et in eo postquam contractum fuit licite valeant remanere et quod prolis ex
huius matrimonio suscepta et suscipienda legitima decernatur que omnia et
singula fuerunt et sunt vera publica notoria manifesta pariter et famosa unde
facta fide que requiritur in hac parte petunt R. et A. predicti se a sentencia
excommunicacionis quam propter premissis incurrisse noscuntur in forma
ecclesie consueta per vos auctoritate apostolica hac vice dumtaxat absolvi et
ipsis pro modo culpe penitenciam salutarem iniungi et offerunt se humiliter
sub virtute iuramenti per eos in hac parte ad sancta evangelia iuraturi quod
similia de cetero non committent nec facientibus perhibebunt auxilium
consilium vel favorem seque facturos penitenciam salutarem et alia que de
iure ipsis firmiter iniungenda et ulterius petunt humiliter et implorant a
vobis domino commissario predicto ipsi R. et A. separatim ad tempus de
quo vobis videbitur expedire cum eisdem R. et A. ut impedimento quod
ex huius consanguinitate provenit non obstante matrimonium contrahere de
novo et in eo postquam contractum fuerit licite remanere valeant eadem
auctoritate per vos dispensari ac prolem ex huius matrimonio susceptam et
suscipiendam legitimam discerni ulteriusque fieri statim et discerni prout et
que litterarum apostolicarum prefato domino archiepiscopo in hac parte
directarum et vestre commissionis tenores quos idem Reginaldus et A. hic
haberi volunt pro espressis exigunt et requirunt que proponunt et fieri petunt
prefati R. et A. coniunctim et divisim iuris beneficio in omnibus semper
salvo.

(p.103)   **162**

Sentencia commissarii supradicti super dispencacione predicta

Having found all the statements made by R. and A., in their libel or petition,
to be true Thomas etc. commissary, absolves them from the sentence of
excommunication and enjoins a penance (not recited).

---

[1] The constitucio Clementina appears to be Clem.lib.4,c.1. De consanguinitate.

(p.104) **163**

Scribantur acta in negocio dispencacionis predicte in hunc modum

Public instrument embodying 161 and 162.

(p.105) **164**

Littera pro questoribus ex pia devocione et caritativa largicione anglicorum

Mandate of Wykeham to such a one, to welcome the collectors who come to the diocese on behalf of the newly founded hospital of St. Thomas the Martyr in Rome, which has been newly constructed and provides shelter for many poor and infirm men, especially those coming from England.[1]

(p.106) **165**

Commissio episcopi ad dedicandum cimiterium

Commission of Wykeham to the warden and convent of Friars Minor at Southampton authorising them to use their cemetery for burials.[2]

166

Inhibicio officialis Wynton' directa officiali archidiaconi

Mandate of the official of Winchester (altered to Lincoln), to such a one, ordering him to inhibit further hearings in a matrimonial cause which is before the official of the archdeacon of B. (altered to O.), despite the fact that he has no jurisdiction in matrimonial cases.

167

Inhibicio curie Cant' directa officiali Lincoln' in causa archidiaconatus Oxon'

Inhibition by the official of Canterbury of action by the bishop of Lincoln in a matrimonial cause appealed from the court of the archdeacon of Oxford to the episcopal consistory, despite the archdeacon's long-standing privileges.

Officialis curie Cant' talibus etc. salutem. Ex parte M. etc. mulieris diocesis Lincolniensis extitit intimatum quod de consuetudine laudabili legitimeque

---

[1] Cf. *Reg.Wykeham*,ii,492.
[2] Cf. *Reg.Wykeham*,ii,335-6,1382.

prescripta etc. et lx annis ultra et citra et a tempore (p.105) cuius contrarium
memoria hominum non existit in archidiaconatu Oxon' facere observatur
causarum matrimonalium eciam et dovorcii (sic) in dicto archidiaconatu inter
subditos eiusdem archidiaconatus emergencium cognicio et diffinicio et
diffinicionis execucio in casu provencionis ad archidiaconi Oxon' ipsiusque
officialis ipsorumque seu alterius commissariorum seu commissarii in speciali
vel in generali deputatorum qui pro tempore fuerant et non ad dominos
Linc' episcopos seu eorum officiales qui pro tempore fuerunt pertinuerunt,
pertinent ac pertinere debent et in futurum fueruntque omnes et singuli dicti
archidiaconatus archidiaconi per se et suos officiales et commissarios huius
eorum temporibus successivis et venerabilis vir magister Thomas de
S(outham) nunc ibidem archidiaconus pro tempore suo fuit in possessione
seu quasi iuris huius causarum cognicionis et diffinicionis et eius execucionis
in casu provencionis ut prefertur et de causis huius in casu predicto realiter
cognoverit easque diffinivit et sentencie in huiusmodi causis late execute
fuerunt usque ad tempus gravaminum subscriptorum pacifice et quiete
venerabilibus in Christo patribus dominis Linc' episcopis qui fuerunt et
domino J. (probably Buckingham) dei gracia nunc Lincoln' episcopo et
eorum officialibus premissa scientibus et tollerantibus ac ea approbantibus
tam tacite quam expresse extra omnium (sic) possessionem premiss' existentibus in casu provencionis predicto toto et omni tempore supradicto quodque
discretus vir magister H. etc. commissarius officialis archidiaconi Oxon'
supradicti iudex in hac parte competens in casu matrimoniali que coram
eo aliquamdiu vertebatur inter predictam M. etc. partem actricem ex parte
una et J. etc. partem ream ex altera rite procedens sentenciam pro parte dicte
M. et contra partem dicti J. tulit diffinitivam equam validam atque iustam
ipsumque J. eidem M. in virum et maritum legitimum ipsamque M. eidem
J. in uxorem legitimam sentencialiter et diffinitive adiudicavit dictaque sentencia nulla appellacione suspens' in auctoritatem rei transfig' indicat' prefatusque Johannes postea de solemnizari promittendo matrimonium inter
ipsum et ipsam coram officialem dicti archidiaconi indict' corporale prestitit
iuramentum. Officialis tamen Lincoln' ipsius nomine et cognomine expresse
nomine satis cum de premissis omnibus et singulis sufficienter constabat et
constat ad plenum ipsis non obstantibus post et contra ea causa impediendi
huius matrimonium et solemnisacionem eiusdem dicto domino archidiaconi
officiali et eius commissario supradictis ne ulterius in dicta causa seu ad dicte
sentencie execucionem procederunt seu procederit aliquis eorundem et
prefatus M. ne solemnisacionem huius procuret cause cognicione et iuris
ordine in ea parte de iure requisitis penitus realiter miss' absque causa
racionabili seu legitima quacunque litteris suis iniuriosis inhibuit inhiberive
mandavit et fecit iniuste ipsamque ad terminum minus brevem et peremptorie ac locum eidem minus notorie minus tutum ad quem propter inimicorum suorum insidias tutus eidem non patebat nec patet accessus super
incertis articulis sibi penitus incognitis responsurus nulla huius abreviacionis
peremptorie ne vacacionis aut personalis comparacionis causa incitatorie sue

sufficienter expressa vel aliqualiter subsistente mandavit et fecit coram eo
seu suo commissario incerto ad iudicium evocari iniuste ad instanciam et
procuracionem dicti J. subdole et iniuste in ipsius M. preiudicium et gravamen.[1]

(p.107) **168**

*Ordinacio facta super immutacione firmarum in ecclesia Exon' per Thomam
episcopum*[2]

(p.109) **169**

Bona forma promissi Lideford. Hevitre (17th c. hand)

Compromise reached by the arbitration of several canons of Exeter in a dispute
between the dean and chapter of Exeter and the vicar of Heavitree, concerning the
tithes of certain closes in the chapelries of St. David and St. Sidwell and the ownership
of a house and garden on the west side of the churchyard of St. Sidwell.

Presens scriptum testatur quod cum inter venerabiles viros dominos decanum
et capitulum ecclesie cathedralis Exon' ecclesiam parochialem de Hevytre
Exon' diocesis cum suis capellis curatis videlicet Sancti David et Sancti
Sativole dependentibus ab eadem cum ipsarum viribus et pertinenciis universis salva congrua porcione vicarii perpetui eiusdem ecclesie parochialis in
usus et proprios eisdem et ecclesie cathedrali predicte appropriatam unitam
pariter et annexam perpetua possidendam optinentes ex parte una et magistrum Thomam P. ipsius ecclesie de Hevitre vicarium perpetuum ex parte
altera super et propter percepcionem et occupacionem certarum decimarum
bladorum salicorum frumenti fabarum pisarum avenarum ex diversis fundis
terris ortis croftis sive gardinis infra limites parochiarum dictarum capellarum
situatis proveniencium et proventurarum contendentes seu altercantes ad se
hinc pertinuisse pertinere et pertinere debere Necnon pro quadam domo
cum quodam orto sive curtilagio eidem adiacenti in occidentali parte
cimiterii capelle Sancte Sativole predicte contiguo situato quam quidam
domum cum orto seu curtilagio prefatus vicarius asserit ad se pertinere et
pertinere debere Suborta seu mota fuerit controversia et materia questionis
Tandem partes predicte unanimi eorum consensu ex certa ipsorum sciencia
pure sponte et absolute ac simpliciter de et super premissis contencionibus
controversiis omnibus et singulis ac totali materia premissorum in venerabiles
viros magistros R.B. et tales et tales etc. dicte ecclesie cathedralis canonicos

[1] The legate Otto in 1237 decreed that matrimonial causes should be heard by archdeacons and
other inferior judges only when they had done so by custom, *Councils and Synods*,i,255-6. A
number of diocesan statutes of the thirteenth century restricted the archidiaconal jurisdiction
even more explicitly, e.g. Salisbury,*ibid.*,i,85.
[2] Printed *Reg.Brant.*,i,467-70,1382.

tanquam in arbitros et amicabiles compositores compromiserunt et communiter consenserunt ac de stando obediendo et parendo laudo arbitrio et
diffinicioni dictorum arbitrorum seu maioris partis (eorundem seu) dictorum
amicabilium compositorum de et super omnibus et singulis premissis ac ex
eis et aliquibus eorundem emergentibus sive dependentibus articulis in alto
et basso per omnia bona fide promiserunt Dederuntque et confesserunt
partes compromittentes predicte eisdem arbitris seu amicabilibus compositoribus suis vel maiori parti eorundem plenam et liberam potestatem in
et super premissis omnibus et singulis ac dependentibus ab eisdem communiter et divisim usque ad festum sancti Petri ad vincula post dat' presencium
prox' secuturum inclusivis et non ultra simpliciter et de plano ac sine strepitu
et figura iudicii cognoscendum et procedendum diebus feriatis et non feriatis
ipsis partibus presentibus et non presentibus vocatis et non vocatis testibus
receptis et non receptis omniaque et singula premissa prout ipsis arbitriis seu
amicabilibus compositoribus vel maiori parti eorundem videbitur expedire
eciam in scriptis vel sine scriptis pronunciandum diffiniendum terminandum
declarandum ac eciam interpretandum quoque (sic) contra ipsorum pronunciacionem diffinicionem laudum decretum et ordinacionem per eos in hac
parte facienda et fienda nullo modo per se vel interposita presentis contra-
venientia quacunque racione vel causa in iudicio vel extra tacite vel expresse
nec ad arbitrium boni viri occasione premissorum recurrent quovismodo
Et ad premissa omnia et singula hinc et inde bene et fideliter observanda se
ipsos gratis et voluntarie per pactum expressum sibi invicem factum effectualiter obligarunt et utraque pars se obligavit Et hoc sub certa pena huic
inde premissa prout in quibusdam scriptis obligatoriis per partes predictas
super premissis mutuo confectis plenius poterit apparere que quidam scripta
et officium eorundem eedem (sic) partes hic haberi voluerint et volunt
plenarie pro expressis Et in testimonium omnium premissorum sigilla sua
alternatim apposuerunt Dat' nono die mensis iunii anno domini millesimo
ccc^{mo} nonagesimo nono.

(p.110)   **170**

Bona et formalis submissio facta domino episcopo Wynton'

Submission by William Maple, Henry Kyne and others not named, to the
bishop; the penalty of infraction is a forfeit of one thousand marks.[1]

(p.111)   **171**

Forma procuratorii pro me Lydeford pro convocacione cleri

Jo. Ly. archdeacon of Totnes, dioc. Exeter, appoints Mr. John Campeden
archdeacon of Surrey and John Elmer Ll.D. to act jointly or separately as

---

[1] Cf.112 etc. *supra*.

his proctors in the convocation[1] called by Thomas archbishop of Canterbury. Exeter, Monday, the morrow of St. Hilary (1398).

172

Littera ad hoc missa

Much erased and altered draft of a personal letter sent by Lydeford to an unknown person (? the archbishop) asking the recipient to receive his proxy since he 'in partibus occidiis Exon' verus incola personeri utens tamen cotidie bono vino' and asking for his commendations to be given 'domino meo Wyntoniensi cuius revera sum et ero orator assiduus et devotus'.

173

Littera commissa domino episcopo Exon' pro decano et capitulo ecclesie Exon' pro reformacione ordinacionis perpetue vicarie de Hevitre per me Lydeford

Request for an ordination to be made in accordance with 169.

(p.112)   **174**

Ordinacio vicarie de Hevitre iuxta effectum littere domino episcopo misse composite per J. Lydeford[2]

(p.113)   **175**

Copia littere misse per decanum et capitulum ecclesie Exon' archiepiscopo Cant' contra Magistrum W. Gybbes. Lydeford

Letter from the dean and chapter of Exeter to the archbishop, reporting the unbecoming behaviour of their fellow canon Walter Gybbes. No.176 is a letter from bishop Stafford to the archbishop on the same subject. Both letters were composed by Lydford.

Obedienciam et reverenciam tanto patri debitas cum honore reverendissimo patri et domino quam sit grave ac divinis et humanis legibus dissonum clericus qui superioribus suis et prelatis obediencie et iuramenti vinculo sunt

---

[1] A convocation of Canterbury province met at St. Paul's 28 Feb.–2 March, 1398, *Handbook of Chronology*, p.559.
[2] Summarised in *Reg.Staff.*, p.126, 28 March 1401, confirmed by the dean and chapter 9 April 1401, and by the vicar of the parish 10 April 1401.

asteriti eisdem suis prelatis iniuste detrahere vel contra eos inconsulte c . . .
erigere diversi canones attestantur prout optime novit vestra discrecio
recolenda. Hec piissime pater vestre reverencie scribimus eoque nuper
quidam dominus W.G. noster concanonicus et confrater qui utroque huius
iuramenti vinculo reverendo in Christo patri ac domino nostro domino
Episcopo Exon' notorie astitutus spiritu non sano ductus ut credimus eidem
domino nostro et suo nonnullas contumelias in propria et convicia tam in
ecclesia sua cathedrali quam in aliis suis domibus publice coram eo ac
presencia familiarium suorum et aliorum extraneorum multiplicatis vicibus
iuracunde intulit sine causa propter nonnulla inter nos scandala quod dolenter
referimus suscitantur. Et quamquam per vos, vos eiusdem domini W.
confratres ac alias personas fidedignas et nobiles frequenter modo nostro
salubriter fuisset consulendum et saniori ductus consilio ab insolenciis desistere
ut deceret nostro tamen et ipsorum consilio non obtemperans sua pristina
malicia perseveret quapropter vestre reverende paternitati humiliter et
unanimiter supplicavimus ut si dictus dominus W. ad vestram venerabilem
accedat presenciam et de eodem reverendo patre nostro sinistra aliqua suggerat
vel querimoniam per se vel alios faciat huius suggestionibus suis et querelis
tanquam veritate carentibus nolite si vestre placeat dignitati de facili credere
quia teste deo et nostra sana consciencia non de bono zelo sed animo malivola
eiusdem suggerentes procedent nam ipsum dominum nostrum episopum
mansuetum humilem atque pium prelatum quod ad omnes suos subditos
multipliciter comperimus et secimus prout per totam suam diocesim publica
fama testatur ipseque W. propter huius suam temeritatem ut nobis videtur
si vestre dominacioni complaceat act' increpari graviterque puniri ut ipsis
pena aliis subditis certiorem incurrat de cetero contra suos superiores talia
attemptandi In hiis et cunctis vestris agendis etc.

176

*Copia alterius littere misse dicto domino archiepiscopo contra dictum M.W. Gybbes
per dominum episcopum Exon'. Lydeford*

Obedienciam etc. ut supra Benignissime pater et domine vestras honorabiles
litteras in vestro humili et devoto nuper transmissas recepi prout decuit
reverenter de quibus si quidem habitis et contentis in eis ac de aliis immen-
seri (?) beneficiis et gratitudinibus mihi et meis ex nobilitate et benignitate
vobis innat' multipliciter preostensis vestre magnificiencie in quantum
intimius scio et valeo graciarum acciones refero supplices et devotas eandem
piissimam paternitatem vestram supplex (deprecens et) exorans ut vestram
benivolenciam erga me et negocia mea quout ex scripturis vestris considere
plurimum insideat corde vestro (. . .) continue (. . .) velitis de vestre benigni-
tatis gracia et favore verum piissime pater et domine ex dictarum litterarum
tenore se placet' quod (. . .) ex vera relacione fidedignorum quorundam ad
vestrum reverendum pervenit auditum quod M.W.G. ecclesie vestre et mee

Exon' canonicus qui in tanquam suo episcopo et prelato licet indigno obediencie et iuramenti vinculo fuit (. . .) (p.114) contra me qui nunquam in offendi
re aut verbo contra me insurgere diversas fuit nonnullasque contumelias
inperperia et conticia multipliciter mihi inferre de quibus quod displicenter
refero tota pata manifesta meque et meos de diversis extorsionibus et male-
factis aliis inconsulte voluit publice diffamare ego vero cupiens et affectans
prefatum M.W. super premissis presencialiter alicui (alterutri) eumque de
talibus prout cum supportacione vestra benivola meo incumbit officio
perquirere eumque que canonice corrigere fecimus eum certis competentibus
(. . .) et loco super premissis responsurum ad inicium evocari quo nullo modo
comparente (sed rebelliter et contumaciter absentando) spiritualem prout
de (. . .) exercui contra eum ipsumque excommunicari feci et sic excommunicatum publice nunciari etc.[1]

177

*Copia littere domini episcopi Hereford' misse domino cardinali Anglie pro me Jo.
Lydeforde*

A letter sent by Bishop Courteney to Cardinal Langham introducing his clerk Lydford
who is going to the Roman court, 1370.

Reverendo in Christo patri ac domino dilectissimo domino Simoni dei
gracia etc. Sancti Sixti sancte Romane ecclesie cardinali suus si placet
Willelmus permissione divina Episcopus Herefordensis cum sui recommendacione humili reverenciam et honorem debitas tanto patri reverendissime
pater et domine deberemus vestre paternitati reverende pro immensis et
innumerabilibus beneficiis nobis et vestris (nostris) licet immerito graciose
impensus regraciari pocius quam rogare immensa tamen vestre dominacionis
et discrecionis liberalitas personarum rite discutiens qualitates aliis presertim
vestris temporibus favere specialius consuevit quos eminentis sciencie sub
paupertatis titulo venustat profeccio variaque virtutum preconia decorant
multipliciter et ho' nescant vestre igitur paternitati predicto dilectum nobis
in Christo Johannem de Lydeford clericum nostrum in iure civili licenciatum
morum sciencie et vite insignis excellentissime circumfultum specialius com-
mendavimus vestram benignitatem devocius implorantes quatinus eidem Jo.
in suis negociis[2] et in hiis que in sancta Romana curia habebit facere supradicta dignemini intuitu caritatis contemplacione si placet precum nostrarum
vos benignos et favorabiles exhibere ac aures gracie vestre in petendis

---

[1] *Reg.Staff.*,p.119 has a commission in insanity dated 27 Jan. 1410/11 for Gybbes, and Emden,
Oxford,ii,760 notes that Gybbes became mentally unstable in 1410 and died before May 1413,
citing *Reg. Arundel*,ii,f.167v.

[2] For Lydford's business at Avignon see Introduction, pp.7-9.

G

benignius indulgere in vestram (. . .) divulgata clemencia meritarum in omnibus personis residet . . . Scripta Hereforden' xx die Septembr' anno domini etc. (1370).

(p.115)   **178**

Copia littere domini episcopi London' misse domino cardinali pro domino episcopo Wynton'

A letter sent by Bishop Courteney to Cardinal Langham asking his help for Bishop Wykeham whose temporalities have been taken away by the King.

Reverendissimo patri et domino humili recommendacione premissa ex stimulo conscie pro vestra paternitate sano presidio vobis depre (. . .) iam coarcor ea que ecclesia Wynton' hiis temporibus lacramibiliter ancilla ex causis revera consutis multiplicibus infermitur quibus veraciter ipsa ecclesia et vester suplex orator venerabilisque confrater meus episcopus eiusdem plus condigno plurimum affliguntur. Sunt enim piissime pater nonnulli quietis emuli quibus non est dubium quin astitit humani generis inimicus amaritantes continue a certis retroactis temporibus contra eum qui ignem discussionis ipsum urentem graviter succenderant tantam enim flammam generantem ex contumacia eorum flatibus venenosis quod per quosdam processus *in curia seculari* contra ipsum habitos et per quos ac qualiter novit de ipsius et ecclesie sue in spiritualibus nimis exil' dotate temporales redditus consistantur et per certos ministros laicos possessiones et maneria diripiuntur eiusdem qui in ecclesie predicte grave dispendium eos dolenter detinent taliter occupatos pro quibus piissime pater prelati clerus et populus anglicani non immerito condolent quasi omnes et pro nephando illis in seipsis dissident et turbantur. Recensentes premissa non ex domini mei regis Anglie illustrissimi ad bonum semper proni animo producisse nec culpam dicti confratris hoc exigere sed ex dictorum emulorum cum volencium ipsorum insanius implicare excitacione subdolis suboriri vestram igitur piissimam paternitatem supliciter ex cordis mei exoro precordiis quatinus si in curia Romana coram domino nostro Papa vel alibi eidem confratri meo per aliquos suos emulos detrahi contingat quod absit huius detractoribus obstare velit vestra paternitas presidium semper prebens graciosum ne detractionibus huius damnosa fides de facili valeat adhiberi quousque ipsius confratris mei immunitas paliata in lucem deducta plenius agnoscatur. Scientes pater piissime quod idem confrater meus in premissis tractabatur nullatenus per misericordie viscera set rigoris pre facto enim tam meritorio erit vobis altissimus munificus retributor et nostram racionem quasi totam pro inde habebit vestra paternitas futuris temporibus suplicos oratores sint vobis pater piissime votivi successio et felicitas sempiterne. Script.'

179

Alia littera missa domino nostro Pape pro eodem domino Episcopo

The substance is the same as 178; dated London' vii die mensis Januarii (probably 1376/7).[1]

(p.116)

180

An abbreviated and incomplete introduction to a petition to a prelate (perhaps the Pope).

(p.117)

181

Deputacio coadiutorum canonicorum   Littera

Appointment by Bishop Woodlock of William de M. and Richard le Waren, canons of the house, as co-adjutors of the prior of Newark, dioc. Winchester, who is old, and who at the recent visitation was found to be burdened with debt. 1305–16.

182

Littera directa priori et conventui pro canonico (alterius domus) illis misso ad agendum penitenciam apud eos   Littera

Mandate of the same to the prior and convent of Newark to receive brother Henry de Pecham, canon of Tandridge, on whom a penance was imposed at the recent visitation. He is to remain in solitude, guarded by two canons of Newark, fasting on bread, beer and pottage, except on festivals, when he will have meat or fish. Tandridge is to pay twelve pence per week to them for his maintenance.[2] [14 March, 1309.]

(p.118)

183

Remissio canonica qui peregit laudabiliter penitenciam in alio monasterio   Littera

Mandate of the same to the same, to return H. de P. to Tandridge, he having satisfactorily performed his penance.

---

[1] These two letters written by Bishop William Courteney relate to the incidents of 1376–77, when Wykeham was deprived of his temporalities by the Great Council, as a result of his activities in the Good Parliament, and was championed by Courteney. M. McKisack, *The Fourteenth Century*, Oxford,1959,pp.394–5.

[2] *Reg.Woodlock*,i,345–6,351.

184

Monicio quod solvatur xiid. in septimana pro canonico commorante in alio monasterio pro penitencia   Littera

Mandate of the same to the prior and convent of Tandridge, to receive H. de P. and to pay to Newark the arrears due for maintenance.[1] [16 July, 1309.]

(p.119)   **185**

Articulus contra priorem pro mala administracione a prioratu amovendum

Articles containing charges against Alexander prior of Newark, Surrey; he is accused of maladministration, alienation and dilapidation of the house's possessions, and slackness of discipline [c.1387].

In dei nomine Amen Nos A. de B. reverendi in Christo patris et domini domini W. dei gracia W. episcopi commissarius ad infrascripta specialiter et legitime deputatis tibi fratri Alexandro priori prioratus sive monasterii de Novo Loco patronatus et diocesis eiusdem reverendi patris te pretendenti dicti patris notorie subdito et subiecto ac cuicunque per te in iudicio legitime intervenienti ex dicti reverendi patris et nostro eius nomine mero officio ad anime tue correccionem ac ad omnem iuris effectum qui ex infrascripta sequi seu recolligi poterit articulando obicimus et propronimus quod tu in proprie salutis periculum ac dicti prioratus sive monasterii grave et quasi irreparabile dispendium atque dampnum iura redditus et possessiones eiusdem prioratus ac liberaciones et corrodia de eodem tam ad vitam nonnullarum personarum quam eciam ad tempus non modicum mensibus etc. annis domini etc. vendidisti et distraxisti aliterque illicite alienasti eciam in casibus a iure non permissis pro tue libito voluntatis contra sacrorum canonum instituta ac sanctorum patrum constituciones salubriter in hac parte editas dictique reverendi patris iniuncciones et inhibiciones expressas super hoc legitime tibi factas temere veniendo quodque nonnullas summas pecuniarum pro huius' iuribus reddtibus possessionibus liberacionibus et corrodiis sicut premitur per te alienatis venditis et destructis et aliunde de fructibus reddtibus et proventibus eiusdem monasterii sive prioratus necnon de largicionibus et donacionibus ex devocione fidelium eidem prioratui factis que ad non modicum quantitatem notorie se extendunt obvenientes procepisti et habuisti ipsas que (sic per item) perceptas dilapidasti ac eciam consumisti necnon ipsum prioratum in aliis quantitatibus sive summis gravibus et immensis obligasti improvide ac eciam indiscrete seu huius iurium reddituum possessionum liberacionum et corrodiorum alienacionem vendicionem et distraccionem et pecuniarum recepcionem consumpt' et dilapidac' sicut premittitur nomine

---

[1] *Reg.Woodlock*,i,377. This incident is discussed in *V.C.H.Surrey*,ii,112, and in *Surrey Arch.Coll.* ix,19-151; for other documents in the case see *Reg.Woodlock*,i,316-17.

tuo (temere et illicite) factas et ratas habuisti pariter et acceptas (dicti monasterii sive prioratus necessitate vel utilitate minime id poscente) fuisti insuper
et in presenti existis in cura et regimine prioratus predicti canonicorumque
et (sic) confratrum eiusdem informacione correccione et punicione debitis ac
aliis tui ordinis regularibus disciplinis congruentibus ad tuumque officium
pertinentibus negligens tepidus et remissus ac ad huius officium statim seu
regimen et gubernacionem prioratus predicti tam in spiritualibus quam in
temporalibus omnino insufficiens (adeo quod in monasterio sive prioratu
predicto et personis eiusdem) exhuius tuis negligencia remissione insuffi-
ciencia et desidia gubernaculum irregularis discipline contempnitur ipsaque
religio graviter naufragatur ac eciam nonnulla domos et edificia prioratus
predicti et maneriorum eiusdem publice deformari ruinis ac multipliciter
collabi propter defectuum debite reparacionis eorundem negligenter et
temere dimisisti eciam et dimittis que omnia et singula fuerunt et sunt vera
publica notoria pariter et famosa et super eisdem tam in prioratu predicto
quam in locis vicinis ac per totam dioc. Wyntoniens' diu ante presentem
litem motam laborabat et adhuc laborat publica vox et fama (fueruntque
per te priorem predictum coram dicto reverendo patre in visitacione sua
ordinaria nuper in eodem prioratu iure ordinario canonice exercita ex tua
certa sciencia (palam et publice) iudicialiter confessata unde super hiis contra
te ad anime tue correccionem ut prefertur ad omnem iuris effectum que ex
hiis sequi poterit seu debebit ex dicti venerabilis patris et nostri ipsius nomine
officio debito prout qualitas et natura huius negocii exigunt et requirunt
canonice procedere intendimus tibique et cuicunque pro te in iudicio
legitime comparente in premissis iusticiam exhibere premissa tibi obicimus
et proponimus coniunctim et divisim iuris beneficio in omnibus semper
salvo (p.120), continuatur in sentencia per acta et accionem coram dicto
reverendo patre in visitacione sua ordinaria nuper in visitacione sua de novo
lata sentencie prioratus ideo per eum exercitum ac per confessionem spontaneam tui fratris All' prioris prioratus predicte vestre . . . comperimus te. . . .

(p.121)   **186**
Informacio contra priorem de Neuwerke

Opinion as to the steps by which Alexander is to be removed.

Im primis fiat commissio aliquibus personis (non officialibus neque commissariis generalibus) et diversis ad procedendum contra eundem ex officio
mero domini episcopi in negocio correccionis anime ipsius prioris occasione
dilapidacionis (et alienacionis) bonorum ipsius prioratus per ipsum priorem
(temere) commisse sive facte ac ipsius patris in regimine dicti prioratus ac
personarum eiusdem defectus etc. dumtamen iidem commissarii ad promo-
vacionem ipsius prioris a prioratu predicto vel vacacionem ipsam declaracionem non agatur adempta insuper decisione finali seu effectiva sentencia

in negocio supradicto quinimmo (si negocium defendatur) dictus prior potest ad curiam Cant' appellare tuitorie.

Item citetur dictus prior peremptorie per dictos commissarios in negocio mero correccionis ut supra et inferatur commissio in quacunque citatorie et nec detur copia.

Item in die compericionis si dictus prior non compareat preconizetur et licite certificetur super citacione et apprehensione personali excommunicatur et denuncietur excommunicatus.

Item si compareat legitime per se vel alium detur sibi articulus super materia contenta in commissione una cum interrogatoriis de eadem materia elicitis et respondeat pars dicti prioris ad eadem etc. set si necesse fuerit respondeat ipse prior in persona propria.

Item si dictus prior huius dilapidacionem et defectuum confessus fuerat iudicialiter unde quidem aliquis ex parte officii exhibeantur instrumenta et probaciones ad probandum premissa et fiat publicacio eorundem.

Item habita publicacione eiusdem habeat pars copias et diem ad dicendum contra petat alioquin. Detur dies ad audiendum finalem pronunciacionem in negocio supradicto.

Item extunc fiat nova commissio de nova data eisdem commissariis vel aliis ad procedendum et ad finiendum et terminandum negocium prelibatum. (Added in a smaller hand): memorandum de aliquibus decretis ferendis in processu preterito. In primis pendente huius processu super dilapidacione interdicatur prior omne genus alienacionis per decretum. Et probata sentencia de dilapidacione datur coadjutor secundum formam decreti Venerabili[1] sive quo nihil administrabit in temporalibus si pendente postea inquisicione super veritate dilapidacionis ut removeri ab administracione temporalium non spiritualium sine dilapidacione presencia 'Per G.arch Mild. xii, q.ii.[2] Et in c.lic.elicet etc. insufficienciam per host'[3] (p.122). Item in omni processu fiendo semper commissarius provideret in presentando partem super premissis publicam laborare infama et premissa fuisse et esse notoria si sint iudicialiter confessata vel probata et procedat ulterius in processu.

187

Informacio contra canonicos

Opinion of John Shillingford as to steps to be taken in case of appeals to the Roman court or to Arches against a sentence condemning a prior and canons.

Item quo ad alios duos canonicos fiat commissio dumtaxat ad procedendum contra eos coniunctim et divisim etc. pretextu suorum criminum et excessum in dicta visitacione compertorum defectorum ex officio ad ipsorum

---

[1] Not identified but cf. Decret.iii,tit.vi,c.iv.
[2] Guido the archdeacon of Bologna.
[3] Henry of Susa.

correccionem etc. eisdem crimina et defectus eis aliter in visitacione domini obiecta et confessata super quibus posuerunt se in gracia domini et propter que grave scandalum in prioratu oritur. Et si petant super hiis articulum sibi dari vel negent vel (blot) se correctos non audiant set statim concepta una commissione et publice a dicta lecta incontra contineat quod idem commissarius faciet eis iusticiam si de translacione personarum suarum agatur de prioratu illo ad alium prioratum propter scandalum exinde ortum Et sit datum illius commissionis die illo et hora illa postquam cum eis dominus episcopus est locutus et super huius fact' publicum instrumentum Et statim recedat episcopus. Et decrevit ille commissarius personas transferendas ad talia loca etc. Ad peragendum penitenciam et sint ibidem donec bene penituerunt iuxta discrecionem prelatorum quibus inter iuxta constituciones editas in hac parte. Nota si episcopus met' de huius facte se interponat decernende ipsos fore transferendos si iudicialiter sic fecerit archiepiscopus si cognoscit per viam appellacionis directe et ipsos revocabit et liberabit quin in hoc archiepiscopus tanquam immediate superior paternitati appellari. Si vero extraiudicialiter episcopus met' ipsos sic transferat archiepiscopus cognoscet per viam simplicem querelam et ipsos liberabit et supra tam in talibus extra iudicia (p.124) qualibet habet locum querela simplex iur' legacionis. Si vero commissarius episcopi vel alia privata persona quacunque ipse transferat extraiudicialiter archiepiscopus cognoscet per viam simplicis querele contra subditum cuiuscunque suffragenei sui sicut (et contra episcopum) et ipsos liberabit Si vero idem commissarius huius translacionem fecerit iudicialiter per viam commissionis ut est dictum archiepiscopus non potest cognoscere per viam simplicis querele quia factum iudiciale est et in talibus non habet locum querele simplicis set dumtaxat in facta extraiudiciali nam in facta iudiciali locum habet quia in hoc casu ad archiepiscopum locum habere non ut est dictum.

Item archiepiscopus per viam appellacionis directe in hoc casu ad eum interponende cognoscere non potest quia a forma talis commissarii specialis non est appellandum ad archiepiscopum commisso episcopo contraveniente set ad ipsum episcopum vel ad papam est in hoc casu necesse appellandi Et sic semper stabunt in loco deput' iuxta iuris exigenciam archiepiscopo semper excluso. Et in isto casu ign' modo quo supra isto tempore autumpnali quia est ad correccionem anime et non agitur ad destitutionem propter crimen sed dumtaxat ad penitenciam peragendum.

Item si dictus prior a sentencia diffinitiva sue privacionis ad sedem apostolicam directe appellaverit in tuitor' ad curiam Cant' speramus firmiter licet ius commune voluit huius appellacionem deferri adeo quia huius appellacio sit a parte iuris recipienda melius in negocio tuitorio fiet dimissio contra priorem appellantem ac in causa appellacionis directe sive vertabit in curia ipsa sive ad partes remotiores sentencia privacionis confirmabit pro eo et ex eo quia sufficit parti appellate deducere et probare nullitatem appellacionis[*1]

---

*1 Nota.

et huius nullitas de facili potest probare ex isto capite videlicet quod dictus prior huius crimina extitit coram suo iudice iudicialiter et in iure confessatus ac nichilominus super eisdem criminibus per testes et instrumenta convictus prout hec legitime et racionaliter*2 ac sunt textus pleni 'extra. de app. c. cum speciali set porro et ti. c. Romana si autem in sexto, cum est necesse in iure pro cardinali et in vero notorio per Jo. An'. Idem tam in tuitorio negocio in curia Cant' quam in appellacione directa quomodo ad Romanam curiam interponenda oportet partem appellatam proponere formam contrariam in quo deducatur nullitatem appellacionis ut superius est deductum et in Romana curia vel in partibus si causa commodatur ad partes idem facere.*3 Item in casu est enactum quod pars prioris ab huius sentencia appellaverit in appellatos pecierit a iudice presidente et assignet idem iudex sive commissarius terminum brevem ad recipiendum huius tali die et loco certis in presencia notarii et testium*4 quo quidem termino preveniat iudex vel subsequatur quod tota dies est suus Et si pars petens appell' non comparuit faciat partem appellantem preconizeri et reputetur eum contumacem in pena contumacie pronunciet partem appellantem appellacioni renunciasse Et si compareat in tercio pars appellans dato quod ab huius pronunciaret appellando det iudex appellaciones refutatorias in scriptis. Et inserat quare dat appell. refut. tamen quia idem appellans fuit iudicialiter et in iure (huius crimina) confessatus ac de et super huius criminibus per testes et instrumenta convictus ac eciam quia dictus prioratus veraciter existit et negocium eleccionis celerritatem desiderat ex istis causis et aliis tuam appellacionem frivolam et ex causis confictis refricamus. Et habent responsionem locum appellatorum tibi damus. Et si appellaverit ad (p.125) dominum episcopum et petat quod idem episcopus debite super sua appellacione rescribat et iusticiam faciat Et tunc idem episcopus delegans ad stat' in presencia notarii et testium decernat partem appellatam statim fore vocandum responsurum appellanti tali die et tali loco si aliquem alium quam dominum episcopum faciat partem alioquin propter gravamen episcopum nolentem resolere appellare potuit pars prioris a facto episcopi negantis iusticie complementum ad curiam Cant' vel ad dominum archiepiscopum et sic totum negocium perulerit (?) ibidem quod nollemus ne esset honorificum vel expediens. Si vero ab huius sentencia privacionis ad dominum episcopum appellaverit et dominum episcopum in appellacione sua fecerit partem sicut oportet si bene faciat quia dominus ex suo officio processet dumtaxat extunc ad statim in presencia notarii et testium alicui probo vero viro et iuris perito non tamen suo familiari committat causam appellacionis et negocium in hac parte terminandum etc. Et prefigat parti appellanti in presencia notarii et testium ad comparendum coram illo probo viro prosecuturo suam appellacionem tali die et tali loco. Et ista diligencia sic facta impediet devolucionem negocii ad dominum archiepiscopum vel ad curiam Cant'.
Quo quidem termino prefixo compareat dominus episcopus coram illo

---

*2 Lo.   *3 Act'   *4 Nota.

iudice appellacionis et proponat et deducit ac probat nullitatem appellacionis etc. Et sic semper si causa bene defendat causa appellacionis dicti prioris ac negocium et stabit privatus ut antedictus Et fiat nova eleccio de novo priore sicut de iure possent. (Consilium meum est quod verisimiliter defendat causam hanc vel quod omnino desistat. J. Shill'.)

Continued on p.122 in lower margin:

Item dentur articulus et interrogatoria ut supra iuxta formam suorum excessuum Et fiat processus modo consimili usque ad audiendum finalem pronunciacionem et voluntatem iudicum.

Item die illo pronuncient iudices vel iudex illos fore transferendos ad aliam domum dicti diocesis Wynt' et eiusdem ordinis etc. ut talis sit in tali domo etc. ad tempus tale etc.

Item mittantur littere priori vel abbati illarum domuum sub sigillo episcopi et ibi recitentur sui excessus et onerentur per ipsos adm' etc. iuxta formam constitucionis provincialis Stephani que incipit *Inhibemus eciam ne moniales etc.*[1] sub rubrica ne moniales serviente se enlaps' recipiant etc.

(p.125) **188**

Schill' informacio de modo procedendi contra priorem etc. Wynton'

Opinion of Shillingford as to steps to be taken against an erring prior.

In primis deputentur dominus aut plures commissarii speciales qui non sunt domini episcopi officialis vel commissarii generales ex mero officio domini episcopi ad correccionem anime ipsius prioris ad cognoscendum et procedendum contra eum occasione dilapidacionis bonorum dicti prioratus etc. ut supra alia forma.

Item habita huius commissione vadeat huius commissarius unus vel plures ad ipsum prenominatum die continuacionis visitacionis et preconizent priorem contra eis et lecta huius commissione obiecet eidem priori tota materia per eidem (sic) in presencia domini episcopi in visitacione sua publice et iudicialiter confessata Et si prior petat super hiis articulum vel illa per eum antea confessata negat non audiatur quia contra suam confessionem non audietur confitendo dilapidacionem 'extra de actu in vita[2] inc. per eiusdem nam fercius obstat alicuius confessio propria quam probare; alia nota In de elect. c. per inquisicionem.[3]' Quocirca ex quo expresse fatebat dilapidacionem quod cum modo est mota sicut adulterium non potest iustificare. Et propter dilapidacionem solam de qua constat potest quis per. er. nota' 'Host. in ti. li Etsi insufficienciam in xii q.ii.[4] Et statim et sine pluro prefigatur supra tercius peremptorie in eodem loco ad statum ad audiendum finalem

---

[1] *Counc. & Syn.*,i,122, Council of Oxford,1222.
[2] Not identified.   [3] Perhaps Decretals lib.i,tit.vi,c.iii.
[4] *Summa Aurea*,lib.iii,ru.xiii,col.809, Quae res possunt alienari.

pronunciacionem sive sentenciam diffinitivam in negocio supradicto Et
extunc sive prior sedeat in presens sive recedat ferat commissarius sentenciam
suam bene conceptam et in scriptis redactam Et si prior in dicta die continuacionis nullo modo comparet excommunicetur et statim publice denuncietur.
Et si compareat per procuratorem admittat procuratorem et prefigat sibi
terminum ad statim etc. et si neget bene procuratorium exhibitum et
exponat sibi materia pro' et non obstante quibuscunque allegacionibus suis
privetur prior ut supra.

(p.125 cont.) **189**

A continuation of another commission against a defaulting prior.

190

(No heading)

Willelmus etc. tali etc. salutem etc. Quia nuper monasterium sive prioratum
de N. nostrorum patronatus et diocesis iure ordinario inter cetera monasteria
et alia loca religiosa eiusdem nostre diocesis actualiter visitantes evidenter
comperimus in eodem quod frater Alexander eiusdem loci prior in . . .
prout in sentencia usque *legitime tibi factas* necnon quod dictus prior pro
tempore suo extitit et in presenti existit circa regimen etc. usque *ibi collapsus.*

(p.126) **191**

Sentencia contra priorem de Novo Loco amovendo iuxta premissa

Sentence of deprivation against Alexander prior of Newark.

In dei nomine Amen Quia nos A. de B. Reverendi in Christo patris et
domini domini W.d.g. Episcopi Wynton' in negocio infrascripto (commissarius) sub forma que sequitur specialiter deputatus Will p.d. etc. per acta
et actitata coram dicto reverendo patre in visitacione sua ordinaria nuper in
prioratu isto de Novo Loco suorum patronatus et diocesis per eidem exercita
ac per confessiones spontaneas tui fratris A. prioris etc. coram eodem rev.
patre etc. iudicialiter ac palam et publice emissas et *iam coram nobis repetitas*
comperimus evidenter (quod tu prior predictus) in anime tue periculum et
prioratus predicte grave et quasi irreparabile dispendium atque dampnum
iura redditus et possessiones et bona mobilia et immobilia eiusdem prioratus
ac liberaciones corrodia et pensiones annuas de eodem prioratu tam ad vitam
nonnullarum personarum quam eciam ad tempi (sic) non modicum temeritate propria vendidisti distraxisti ac aliter illicita alienasti contra sacrorum
canonum instituta ac sacrorum patrum constituciones editas in hac parte,

necnon et contra inhibiciones et prohibiciones expressas dicti rev. pat. super hoc tibi legitime factas quoque dilapidacionem manifestam et notoriam in bonis et iuribus supradictis multipliciter commisisti ac huius bona temere consumpsisti. Necnon quod pro (tuo) tempore extitisti et in presenti existis circa curam et gubernacionem prioratus predicti tam in spiritualibus quam in temporalibus ac eciam in omnibus aliis que ad prioris spectant officium ita simplex negligens et remissus quod prioratus ipse in personis eiusdem et in bonis et iuribus et possessionibus pertinentibus ad omnem prioratum ac eciam in spiritualibus et temporalibus qui propter huius simplicitatem negligenciam et desidiam multipliciter est collapsus. Eapropter Christi nomine invocato et solum deum pre oculis habentes de consilio iurisperitorum nobis assidencium (auctoritate nobis commissa) te fratrem A. predictum prioratu predicto (officioque statu et gradu prioris) ac cura et regimine eiusdem prioratus destituimus et privamus necnon ab administracione spiritualium et temporalium prioratus eiusdem te perpetue amovemus sentencialiter et diffinitive in hiis scriptis et sic de prioratu destitutum finaliter amotum pronunciamus et decernimus per presentes.

(p.127) **192**

Certe iniuncciones domini episcopi facte certo prioratui per eum visitato

Episcopal injunctions concerning dress and behaviour, delivered to an Augustinian priory after a visitation.[1]

Item perhibendi statuimus ne aliquis vestrum canonicus utatur supertunica vel tunica in anteriori parte fissa aut alia quacunque veste cuius curiositas vel deformitas de nimia notabilitate merito poterit reprehendi.

Item ordinamus et statuimus ut omnes carte et omnes munimenta statum bona et possessiones domus vestre qualitercunque contingencia sub tribus serruris et clavibus remaneant futuris temporibus fideliter conservandum.

Item statuimus et iniungimus quod canonici claustrales quicunque in ecclesia refectorio claustro et dormitorio silencium debitum et tociens inculcatum observent et si de necessitate ipsos loqui contingat gallicum sit vel latinum in horum tamen neutro linguam maternalem non relaxent sub pena subtraxionis unius ferculi proximo die subsequenter que quidem pena a suppriore transgressoribus imponatur.

Insuper inhibemus ne canonici seu iuvenes professi antequam servicium reddiderunt et dulcedine sue regule imbuti fuerunt a claustro suo nimis prope minus provide exeant ad sacros vero ordines non promoveant nec ad aliquod officium proficiantur set cum servicium reddiderunt et professi

---

[1] These injunctions appear to be addressed to the Augustinian priory of Selborne. Other injunctions of Wykeham to religious houses in the diocese of Winchester are to be found in a manuscript (unnumbered) in the library of New College, Oxford, with notes in the hands of this text.

fuerunt contingantque ipsos per sui prelati licenciam vel preceptum extra
claustrum alicubi proficisci hoc nullatenus fiat nisi in honesto conductu
alicuius canonici senioris.

Item quia nonnulli vestrum canonici soli nonnunquam in latebris plerumque
clara luce tam ad balnea quam ad loca alia extra monasterium vestrum per
vicos et plateas tanquam oves errantes ab ovili discurrere ac loca suspecta
ingredi non formidant quorum pretextu gravia oriuntur scandala et honestas
religionis denigratur quamquam plurimum fame eciam talium plerumque
detrahitur et honori statuimus quod de cetero nulli conceditur licencia
monasterii sui egrediendi aliqualiter nec infra ad aliqua loca interdicta nisi a
sociato sibi uno saltem de confratribus suis vel alia persona honesta qui comes
itineris et testis gestorum et conversacionis laudibilis pro tempore esse possit.
Licet ex regula vestra que vobis sufficere debet pro statuto plenius apparet
quod proprietatis vicium sicut incontinencie vel inobediencie omnino sit
abdicandum plures tamen sue salutis immemores predictum vinculum voti
sui solempnis emissi pro nichilo reputantes habere proprietatem non formidant Et ideo presidentes statuerunt sicut sepius statutum est quod in singulis
capitulis excommunicentur omnes proprietarii proprium habentes quod
expropositis volunt a prelato suo celare nec in usus communes convertere
ut deceret.

Item cum in tradicionibus beati Augustini patris vestri contineat illos feli-
ciores esse qui in sustinenda parcitate fuerunt forciores in hoc vero videtur
reprobasse ferculorum numerositatem ac diversorum cibariorum adquisi-
ciones quapropter cum in domibus maiorum videlicet personarum eccle-
siasticarum episcoporum et aliorum comitum et baronum ita innumerositates
ferculorum ad numerum trahantur sua racione seculari ad hoc inducti et
absurdum esset in religiosis abundancius inveniri que in secularibus arcentur
statuimus ut decetero consuetudine omni super ferculorum numerositate
reiecta diebus quibus semel (gap in text) videlicet diebus ferialibus quando
vero bis commeditur in die uno ferculo (gap) vero maioribus diebus (duobus)
ferculis et una pitancia (gap).

(p.128)

Item quia inhonestum reputatur seculares maioris esse abstinencie quam
religiosos presertim cum religiosi astringantur ut carnes suas macerent ne
peculancia aliqua in eis dum seculares eciam et ydiote in singulis quartis
feriis abstinent ab esu carnium ideo statuimus quod vestrum quilibet quem
corporis debilitas seu infirmitas nimia corporalis non excusat ab sue commoditas effectum et reverenci salvatoris consimile observent edulum preterquam
si dies natalis domini vel assumpcionis gloriose virginis matris seu advoca-
cionis seu dedicacionis ecclesie vestre ipso excepto si qui iuniores fuerunt vel
infirmi. Intelleximus ex quorundam relacione quod in monasterio vestro
pro stallis habendis oritur sepius materia dissensionis eo quod iuniores allegant
nullum ingredientem cuiuscunque sit condicionis locum habere debere nisi
ultimum eo quod ultime sit ingressus inter personam et personam nullam
habentes distinccionem cum tamen maiori prerogativa gaudere debeant in

religione qui in vita seculari in gradu fuerunt sublimiori et a tali vita ad vitam humiliorem descendant provide duximus ordinandum ut si aliqui eminentes literature vel nobilioris presepie vel qui de bonis suis monasterium vestrum larga manu in casu a iure permisso respexerunt religionem vestram ingrediantur prelatorum relinquatur arbitrio loca eis assignare convocato ad hoc seniorum consilio.

Statuimus eciam et firmiter precepimus quod omnes abbates seu priores nostri ordinis de libris et vasis preciosis divino obsequio deputatis et omnibus ornamentis ecclesie curam habeant vigilantem ut sciant que et quanta sint in monasteriis ut dum sacrosancta ammoveri casu contingerit certam inde possit reddere racionem coram ipsis et capitulorum senioribus.

Item statuimus ut esu carnium in adventu domini inter vos totaliter suspendatur preterea statuentes quod aliquis canonicus ad aliud monasterium per diocesanum loci vel per visitatores capituli generalis ad penitenciam agendum in singulis ebdomadis more sua solvantur xii denarios.

Item cum religiosi de bono in melius continue debeant proficisci ac ex sacre scripture inspeccione penitus instrui valeant qualiter et ob quem effectum et ad quem finem debeant profisisci cum profectus et ociositas sibi ipsi contradicant presenti decreto digne duximus ordinandum ut postquam ipsi religiosi in eis que spectant ad ordinis et regularis discipline observanciam fuerint informati scripture sancte contemplacioni locis et temporibus debitis insistant et secundum regule exigenciam taliter codices inspiciendos requirant ut eis quid fugiend' quid subsequend' ac cuiusmodi premium inde consequend' agnoscant ita ut cum predicacionis officium alicui a prelato fuerit iniunctum illud humiliter admittat et tempore competente premunitus ad sui et aliorum salutem predicacionis verba secundum quod dominus efficaciam fiducialiter explicet et exponat.

(p.129) **193**

Composicio facta inter episcopum Wynton' et Priorem et Conventum Sancti Swithini Wynton'[1]

(p.131) **194**

Bona dimissio prioris et conventus de Plymton in visitacione Episcopi Exon' super ecclesiis et capellis eis appropriatis[2]

---

[1] Entered in *Reg.Pontissara*,ii,427–30, and in *Cal.Pat.Rolls*,1281–1292,p.135.
[2] Incomplete copy of a document dated 3 March 1334/5 which is printed in full in *Reg.Grand.*, pp.775–6.

(p.132)   **195**

Copia dispencacionis concesse Jo. Hulle scolari filio Roberti Hulle iunioris

Papal dispensation[1] for a defect of birth, addressed to the bishop of Exeter,
for John Hulle vicar choral at Exeter, 1329.

(p.133) Blank.

(p.134)   **196**

Provocacio pro rectoria de Morchard Episcopi ab forma communi

Formal statement before witnesses by W. Rayner, canon and prebendary
in the collegiate church of St. Thomas the Martyr of Glasney, Cornwall,
and rector of Morchard Bishop, Devon, that he fears an attempt to disturb
him in his churches and is therefore appealing to the Holy See and for the
tuition of Canterbury. Cathedral close, Exeter, Easter, 1317.

(p.135)   **197**

*Provocacio prioris et eius appellacio prioris sancti Swythini Wynton' contra
iniuncciones sibi et capitulo suo per dominum episcopum factas in visitacione sua
episcopali*

Announcement by the prior of St. Swithin, Winchester, of his intention to appeal to
the Roman court against the visitation injunctions of the bishop, which he alleges
to be contrary to the requirements of the Benedictine rule.

In dei nomine Amen Coram . . . (W. bishop of Winchester R. Rodbourne
prior of the cathedral church of Winchester, O.S.B.,[2]) dicimus allegamus et
proponimus quod vos super quibusdam iniunccionibus decretis et monicionibus nobis priori etc. in vestris litteris patentibus ut pretenditur transmissis
et per nos minime admissis seu observatis procedere vel cognoscere seu
iurisdiccionem aliquam in hoc casu exercere de iure non potestis vel debetis
pro eo et ex eo quod cum per predictas litteras vestras patentes pretensas inter
alia nonnulla iniunxistis et decrevistis que iniuncciones et decreta notorie
ultra et supra et contra observancias et regulas regulariter nostre observancie
per venerabilem patrem nostrum sanctum Benedictum nobis et ordini nostro
antedicto traditas et eciam per Romanos Pontifices sufficienter approbatas

---

[1] *Reg.Grand.*,i,228.
[2] Robert Rodbourne was elected prior and confirmed, 1384, *Reg.Wykeham*,i,149–52, Lydford
and Shillingford being among those present. He died in January 1394/5, *ibid.*,194.

prout ex earum inspexione plenius liquere poterit et satis evidenter ad quas solempniter professi sumus et sic professus est totus ordo noster antedictus se extendencia quod observaremus ad que de iure communi aut alio iure speciali legitimo et admisso observanda minime nos astringere seu compellere canonice poterit quovismodo vos tamen de facto sentencias suspensionum excommunicacionum monicionesque et alias penas diversas eciam notorie excessivas si non impleverimus observaverimus et fecerimus ea que in dictis vestris iniunccionibus et decretis percepistis tulistis monuistis et iniunxistis que precepta decreta moniciones sive iniuncciones minime pro tunc admisimus sicuti nec admittimus in presentem nec in futurum admittere intendimus quovismodo set eis in quantum potuimus contradicimus et huc usque contradicimus prout in instrumentis publicis inde confectis plenius est contentum ad que nos hic referimus et hic promiserunt (sic) habemus et habere volumus si et in quantum faciant aut facere possunt pro iustificacione presencium protestacionis et provocacionis nostrarum et non aliter nec ultra nec alio modo petentes instanter probata in hac casu de iure probanda seu hiis aliter detectis que sufficienter poterunt in premissis et ea tangentibus vestris fore iurisdiccione et examine in hac parte iudicialiter absolvi et totaliter in pace dimitti ac ulterius non vexari premissa didicimus allegamus et proponimus coniunctim et divisim omni via modo et iure quibus melius et efficacius poterimus ad prob' superfluam nos nullo modo artantes iure beneficio in omnibus semper salvo.

To avoid any attempt by the bishop to harm them in any way they therefore appeal: 'ad sacram sanctam apostolicam sedem et dominum nostrum Papam in hiis scriptis palam et publice provocamus et appellamus ac apostolos petimus primo secundo et tercio instanter instancius et instantissime quatenus in hoc casu de iure sunt petendi nobis dari et liberari cum effectu subicimus eciam nos ac dictus prior noster ac eciam omnes et singuli nobis adherentes seu volentes adherere in futurum proteccioni et defensioni sedis apostolice et domini nostri Pape super quibus omnibus et singulis petimus instrumentum publicum seu . . . nobis fieri pro salario competenti iuris (sic) in super beneficio in omnibus semper salvo etc.'

(p.136)   **198**

Forma unionis duarum ecclesiarum propter earum exilitatem

Declaration by Peter bishop of Exeter[1] that he has united the churches of St. Mary Minor and St. Mary Major in Exeter, with the consent of the dean and chapter of Exeter, 5 Sept. 1395.[2]

---

[1] Peter Quivil was bishop of Exeter 1280–91.
[2] Sic. *Rectius* 1285.

199

Commissio subdecani ad audiendum confessiones parochianorum alicuius nec sit sedes apostalica cons' . . . (incomplete)

Johannes Podyngdon domini Exon' episcopi penitenciarius generalis[1] A. de B. Exon' dioc' salutem: ad audiendum confessiones parochianorum dicte ecclesie de B. quascunque ipsosque omnes et singulos absolvendum penasque salutares eisdem (. . .) et dispensandum cum eis super quibuscunque peccatis suis libere confessis seu confitendis de iure vel consuetudine sedi Exon' spectantibus reservatis nisi talia sint que merito sedis apostolice consulendum tibi de cuius circumspeccione et industria ad plenum fidemus tenore presencium quatenus vices nostras presentibus est ad' et duratur' etc. In cuius rei testimonium sigillum officii penitenciarii fecimus hiis apponi.

(p.137) ## 200

Alia forma appropriacionis ecclesie. De Essewater facta priori et conventui de Frith' de consensu d. etc. vide infra fol. prox. (i.e. p.139)

Appropriation by bishop Grandisson to the prior and convent of Frithelstock of the church of Ashwater; they are to maintain a vicar and to pay ten marks yearly for the support of the charnel chaplain of St. Edward (King and Confessor) in the cathedral churchyard at Exeter, where Bishop Stapledon founded a chantry.

201

Mandatum episcopi Norwyc' per quod revocavit monachos a studio universali

Mandate of Bishop Bateman of Norwich recalling brothers Jo. and A. from the university to the cathedral priory at Norwich, and ordering them to bring back the books, and valuable plate belonging to the priory which they have with them.

W. permissione divina N. Episcopus[2] dilecto filio B. etc. salutem Nos dudum fratres Jo. et A.[3] monachos nostre cathedralis ecclesie Nor' professos in universitate Oxon' exercicio scolastico insistentes certisque causis decrevimus ad ecclesiam nostram predictam eorumque monasterium revocandos eosque cum certis monicionibus revocavimus in nostris litteris patentibus. Et licet premissa ad eorum noticiam provenissent ipsi tamen spiritu rebellionis assumpto dictis mandatis et iniunccionibus nostris huiuscunque parere

---

[1] John Poddesdon was subdean of Exeter 1377–79, *Le Neve Exeter*,p.6. He was collated to the office of subdean and penitentiary in May 1377, having previously been rector of Headley, Hants, *Reg.Brant.*,i,50.
[2] William Bateman, bishop of Norwich 1344–55.
[3] A. appears to be Adam of Easton: see 202 *infra*.

contemptibiliter non curarunt libros bona et iocalia magna et preciosa ecclesie nostre predicte penes se contra nostram et capituli nostri voluntatem dampna-biliter retinentes et ea seu eorum aliqua ut fertur in usus eorum nepharios consumentes. Vobis igitur iniungimus et mandamus quatinus tam in ecclesia nostra cathedrali predicta publice et solempniter quam eos personaliter in loco quo degent moveatis iterum ex habundancia . . . quos eciam tenore presenci monemus primo secundo et tercio ac peremptorie ac sub excommunicacionis pena quatinus infra trium dierum spacium a die monicionis etc.

(p.138) **202**

Appellacio a revocacione predicta interposita

A. de E.[1] monk of Norwich propounds that until next Sunday, 12 June 1352, he has the prior's licence to be a scholar and student in the University of Oxford. He also says that he was not summoned when Fr. Laurence was elected prior[2] and has appealed against the subprior to the Holy See and also to W. bishop of Norwich. Moreover, since the bishop knew about this earlier appeal his mandate to return is irrational, and he now appeals against it to the Holy See.

203

Appellacio monachorum contemptorum in eleccione abbatis

Ex parte B., who was absent from the priory and not recalled for the election, and now appeals to the Holy See.

(p.139) **204**

Consensus prioris et conventus de Fridelstoke super appropriacione ecclesie de Essewater

J. Prior and the convent of F. agree to the ordination of Thomas bishop (i.e. Brantingham) and the dean and chapter.

---

[1] Adam de Easton, later a cardinal, was professed at Norwich, and sent from there to Oxford. He was recalled to Norwich c.1357 to act as a preacher. Emden,*Oxford*,i,620,Pantin,*English Church*,pp.175–81.

[2] Laurence de Leck was elected prior of Norwich 24 April 1352, *Le Neve Mon. Cath.*,25.

H

(p.140)   **205**

Forma procuratorii pro abbate et conventu (de Keynesham) ad Romanam Curiam
transmittenda. Aliam consimilem vide supra quaterno secundo[1]

W. abbot of K., O.S.A., dioc. Bath and Wells, and brothers Thomas de
Keynsham*[1] prior, Nich. Ro. subprior, R., W., R. de Tal. and many other
canons of the house, appoint Mr. J. L. Chichester dioc. and R. Drayton,
canon of Wells,[2] as their proctors in the business of the appropriation of
Burford.

(p.141)   **206**

Articuli propositi contra quendam capellanum diffamatum super heres.' Responsiones
suas vide i folium proximum in primo

Articles drawn up by Baldwin Shillingford for Robert Braybrooke, bishop of London,
against William Thorp, accusing him of heretical preaching at St. Martin Orgar and
elsewhere in London (c.1395).[3]

In dei nomine Amen. Nos Robertus permissione divina London' episcopus
tibi Willelmo Thorp capellano Ebor' dioc. pretenso ex officio nostro ad
meram anime tue correccionem et omnem alium effectum iuris qui inde
sequi poterit in forma iuris tibi articulando proponimus quod cum omnes
heretici et ceteri quicunque in sermonibus suis publice ecclesiarum prelatis
et ceteris viris ecclesiasticis detraxerunt aut qui devocionem populi a matrice
ecclesia quam ad eandem habuerunt seu qui debiti et nisi sui ecclesiastici
consuetudinarii solucionem scienter impediverunt sunt apercione maiore
sentencia a canone et sanctis patribus provide lata ipso iure dampnabiliter
involuti tu cum premissorum non ignarus tamquam filius perdicionis et
proprie salutis immemor sub specie sanctitatis satagend' splendorem solitum
fidei catholice tua dampnabili intoxicacione obfuscare necnon ecclesie iura
consuetudines et libertates penitus destruaverunt et erruerunt (?) infrascripta
hereticalia et enormia ac alia illicita et dampnanda in locis et temporibus
inferius designatis in nostra dioc' nobis penitus inconsultis predicasti in
anime tue grave periculum sancteque matris ecclesie enorme preiudicium et
scandalum valde grave nostreque iurisdiccionis ordinarii lesionem evidentem
super quibus inferius designatis laborat publica vox et fama in civitate nostra
London' et ceteris locis nostre dioc' eisdem convicinis unde ad anime tue
correccionem ac omnem effectum iuris qui inde sequi poterit contra te ex

---

[1] i.e. no. 24
[2] Drayton was a canon of Wells and official of Bath and Wells; in 1399 he was summoned to
advise Richard ii about the Papal Schism. Emdem, *Oxford*, i, 593.
[3] There is no evidence for this prosecution in the register of Braybrook (at Guildhall, London);
but it appears from an examination of the section of miscellaneous letters in the register, that
none survives from the period 1393–97.
*[1] Nota bene.

officio nostro intendimus procedere et tibi in premissis facere iusticie complementum super quibus tuum responsum congruum potimus exhiberi.

Primo in forma qua supra tibi obicimus quod in festo Corporis Christi
ultimo preterito in ecclesia sancti Mathei (sic) Orgar London' publice predicasti quod sacerdos in mortali peccato existens in missa corpus Christi non
conficit nec poterit magis conficere quam unus laicus pastor ovium. Item
quod sacerdotes et ceteri ecclesiastici ad horas canonicas astricti non tenebantur dicere horas canonicas sed tamen oracionem dominicam cum simbolo
et predicare. Item quod die et loco predictis publice predicasti quod sacerdos
non debet amplius dicere ad missa nec tenetur nisi oracionem dominicam et
verba sacramentalia. Item quod in octabis Trinitatis ultimo elapso in ecclesia
sancti Ben' London' publice predicasti quod laycis et temporalibus dominis
quibuscunque licet et licite poterunt contra ecclesiasticos et beneficiatos
gladium et ipsos duro carceri mancipare et ab eisdem decimas etc. iura
ecclesiastica propria auctoritate retrahere et auferre et quod mortaliter pecca-
rent qui aliquid ab ecclesiis vel ecclesiasticis conferrent et taliter easdem
conferentes videntur auctores et fautores. Item quod die et loco supradictis
in sermone tuo publice episcopis et ceteris ecclesiasticis prelatis nequiter
detraxisti asserendo quod alia talenta seu fructus in sancta dei ecclesia episcopi
modernis temporibus non asserunt seu faciant nisi sotulares rostratos et
liripipia incisa aliter daggrd tapitys in wlgari et quod ribaldos in vestibus
difformatis sumptuose mittebant et quod populum non convertebant ut olim
set pocius pervertebant Item quod in baptismo amplius dici non debuit nisi
verba illa docete omnes gentes baptisatos eos in nomine patris etc. et quod
missio (torn) et sputa etc. vel alia de solempnitate in ea parte per ecclesia
instituta non sunt nisi temporalia et invalida etc.

Baldo' Schill'.[1]

207

*Procuratorium ad concordandum cum aliquo qui iniuste occupavit beneficium super
relaxione et remissione eorundem Mapelderham. Schyllingford*

A. de B. is appointed by *talis*, rector, to treat with Mr. Bal Shill' who is
occupying such a church.

(p.142) **208**

*Forma renunciacionis relaxacionis et remissionis super predicto per dictum procura-
torem facienda in presencia notarii*

A. de B. renounces claim to the church to Mr. B.S.[2]

---

[1] Baldwin Shillingford, brother of John, held various benefices in dioc. Exeter, including a
canonry and prebend in the cathedral. Died 1418. Emden,*Oxford*,iii,1689.

[2] Baldwin of Shillingford was collated to Maplederham by the Bishop in 1384, *Reg.Wykeham*,
i,152, and John Elmer was also collated to it in Jan. 1389/90, *ibid.*,171.

(p.143)   **209**

Proposicio pro presbitero qui fuit vocandus coram episcopo super quosdam articulos
propositiones vide supra fol. presequent' in primo

Reply of William Thorp to Bishop Braybrooke's accusations (206 supra). Beginning of a mandate of excommunication against him.

Pauper locutus est et dicit quis est hic subvertent' illum ecclesiastici (sic)
13° c°. Hec ego et inscius Willelmus Thorpp presbiter indignus bene dicere
possum quia qui retribuunt mala pro bonis detrahebant mihi quam sequebar
bonitatem surgentesque testes que ignorebam interrogabant me et mentita
est iniquitas sibi psalmo xx° vi° [1] iudica me secundum iusticiam meam domine
deus et non supergaudeant mihi nec dicant in cordibus suis euge euge nec
dicant devorabimus eum psalmo 34° [2] propterea posui ori meo custodiam
cum consisteret peccatorum adversus me obmutui et humiliatus sum et silui
a bonis et dolor meus renovatus est psalmo 36° [3] obmutui inquam domini
reverendi et silui a bonis scilicet a predicacione verbi dei humiliatus coram
domino et patre meo London' episcopo ad cuius preceptum licet ob demeri-
tum meum a predicacionis officio quod ordini sacerdotali convenit unde
dolor meus renovatus est videns in populo famem verbi dei de qua scribit
Amos 8° c° [4] ecce dies venient dicit deus et emittam famem in terra non famem
panis nec situm aque sed audiendi verbum dei domini ad quem sensum
benedici potest illud trenorum 2° c° peruuli pecierunt panem et non erat qui
frangeret eas et infra melius fuit occasus gladio quam interfectus fame quoniam illi statim mortui sunt isti extabuerunt consumpti extilitate terre qui
autem ordini sacerdotali predicare pertinet verbum dei testatur decretum
Gregorii posicio 43d. [5] sit rector discretus in silencio utilis in verbo predicacionis quippe officium suscipit quisquis ad sacerdocium accedit ut ante
adventum iudicis qui terribiliter sequitur ipse qui clamando gradiatur qui
eciam ab illo officio presbiteri non debeat restringi nisi forsan in penam
peccati videlicet per processum de Heldad et Meldad non intervenientibus
tabernaculum et tamen prophanentibus ut patet numeri ii c° [6] ac eciam Marcii
9° c° [7] ubi Christus inhibuit Johannem et alios prohibere quendam eiecientem
Christi nomine demonia licet nec sequeretur illos patem eciam ex de cetero
beati Jeromi posicio x° v. [8] di ecce ego et aliis multis locis set hec domine
Reverende sint dicta sub correccione vestra. Protestor eciam publice et in
hiis scriptis quod volo esse obediens sancte matri ecclesie quamdiu vixero et
iam scilicet in quibuslibet fidei mihi dubiis vel occultis libentissime desidero si
deliraverimus scilicet per nullos et minimos informari et si quod absit quale
erroneum dixerimus vel predicaverimus revocare necnon me penitus submittere
distraccionibus illorum quorum interest corrigere sic errantes. Hiis premissis
quia dies mihi datus est ad hodie proponendum contra eos qui testificantur

---

[1] Ps.xxv,v.1.   [2] Ps.xxxiv,v.21.   [3] Ps.xxxviii,v.3.   [4] Amos,8.v.11.
[5] Decretum I,dist.43.   [6] Num.xi,v.26.   [7] Mark ix,v.37.   [8] Unidentified.

adversum me vel saltem in testimonium sunt recepti de quorum deposi-
cionibus ex huius curie gracia fuit sedula mihi data ne videar dum malum
velle pro malo reddere set pocius bonum pro malo iuxta doctrinam apostoli
ad Ro. 12º [1] si (blank) excepciones contra personas pro presenti ipsis tamen
excepcionibus versus illos si poposcerit opus mihi salvis et respondeo materie
contestate primo co' (blank) quantum ad hoc quod deponit primus testis
dominus Willelmus Cheser rector ecclesie sancti Martini Orgar in quibusdam
concedendo quod imponit mihi videlicet quod magis presbiteri tenentur et
precipue curati docere et predicare legem Christi quam dicere matutinas et
alias horas canonicas qui hoc sunt vᵐ patet exo qui sic docere legem Christi
ab ipsomet Christo presbiteris est preceptum cum dicit Luc. xº cº [2] septua-
ginta duobus discipulis quos misit ante faciem suam sic agnos in medio
luporum dicite inquid quia appropinquavit regnum celorum dicere vero
matutinas et alias horas canonicas est humanum preceptum seu tradicio
humanitus adinventa que post penenda in precepto dei sunt Pet' Actuum 4º [3]
cum sacerdotes et magistratus templi iniecerunt manus in Petrum et Johannem
et principes eorum et seniores et scribe et quotquot erant de genere sacerdotali comminabantur (p.144) et enunciaverunt non omnino loquerentur
neque docerent in nomine Jesu Petrus et Johannes responend' dixerunt ad
eos si iustum esset in conspectu dei vos pocius audire quam deum indicate
cum quo conc' canon beati Jeronimi posicio xi[4] quibus (?) non semper
malum in qui est non obedire precepto. Cum vero Dominus iubet qui sunt
contraria deo tunc obediendum non est et aliter ad hanc sentenciam que
obiciebatur mihi in secundo articulo videlicet quod sacerdotes et ceteri viri
ecclesiastici ad horas canonicas dicendas astricti non tenebantur dicere ipsas
horas non est sequens set repugnans. Quantum ad hoc quod deponit secundus
testis contra me videlicet dominus Ricardus rector ecclesie sancti Benedicti
iuxta Pauliswarf de eo quod asserit se audivisse me populo predicare quod
licet laycis etc. dico quod minus verus super addidit tociens quociens voluerunt pro eorum libito voluntatis constat asserere laycis ac dominis temporalibus non licere presbiteros quomodolibet delinquentes corrigere castigare ac
contra eos cum necesse fuerit gladium evaginare foret aufferre a domino
rege regaliam suam tam ad eius homines ad omnes legeos quam ad Scotos et
Franciginos hostes suos. Item quantum ad ea que dominus W. Stapleford
testis deposuit concedoque quod aliqua dixi finaliter que deponit dixi namque
in can' laicis et dominis temporalibus capere clericos et presbiteros delinquentes et eos castigare ac carceri mancipare ut in dictis superius est. Item
dixi quod si laycus sciverit presbiterum in mortali peccato ipsius post tunc
ubi audiretimissam sic docet decretum 32ᵃ[5] Nullus missam etc. ubi deposuit
me dixisse quod presbiter dum est in mortali peccato corpus Christi non
possit conficere summendo ly' post ut notet iuridica potestatem sic dicit hoc
possumus quod de iure possumus admodum tali ad verba debita licite sine
dingne (sic) conceditur ut docetur iiiiᵒʳ sentenciarum (blank) et quantum ad

---

[1] Rom.xii,v.17.   [2] Luke x,v.1.   [3] Acts iv,v.1.   [4] Unidentified.   [5] Decretum I,dist.32.

aliios articulos mihi impositos nihil per hos testes contra me productos est
testatum. Videre poteritis igitur Domine Reverende quia exacuerunt ut
gladium suas intendarunt aut arcum rem amaram ut sagitent in occult'
immaculatum scilicet me imponit mihi articulis innocentem et scrutati
iniquitates defecerunt scrutantes scrutinio psalmo c⁰ quia quantum ad articulos mihi impositos probandum dicti testes poto' quamobrem domini mei
dimitti cum difficultate accusator iuxta Christi legem Jo. c⁰ de muliere in
adulterio deprehensa quam difficientibus et abeuntibus eius accusatoribus
liberavit.

(Different hand) In dei nomine Amen Nos Robertus permissione divina
Londonien' episcopus[1] te Willelmum Thorp presbiterum[2] coram nobis de
heresi expresse convictum et huiusmodi heresim abiurare recusantem per
nos ad hec legitime monitum et huiusmodi monicionibus parere non curan-
tem propter tuam manifestam contumaciam excommunicamus in hiis
scriptis.

(p.145)   **210**

Appellacio magistrorum Nicholai Herford et Philippi socii sui hereticorum preten-
sorum contra archiepiscopum Cant' interposita

Appeal to the Roman court by N. Herford and P. Repingdon against proceedings
taken against them for heretical beliefs, by Archbishop Courteney (1382).[3]

In dei nomine Amen Anno ab incarnacione eiusdem secundum cursum et
computacionem ecclesie Anglicane millesimo ccc^mo lxxxii^do indiccione
quinta Pontificis sanctissimi in Christo patris et domini nostri domini Urbani
divina providencia pape vi^ti anno v^to iuxta domum Jo. Hampton in parochia
beate marie de Wollechirchehawe London' xxviii die mensis Junii circiter
primam horam post nonam eiusdem diei constituti personaliter in mei
notarii publici et testium subscriptorum presencia discreti viri magistri N.
Herford presbiter Hereford' dioc' et magister Phillippus de Repyndon
canonicus regularis ordinis sancti Augustini sacerdos et professus monasterii
Beate Marie de Pratis Leycestr' Lincoln' dioc' sacre pagine professores dixerunt et publice fatebantur et uterque eorum dixit et fatebatur quod certis de
causis et iniuriis subscriptis iniuste ut videbatur quocirca predicti magistri
N. et P. ad sacrosanctam sedem apostolicam et sanctissimum dominum
nostrum papam de subscriptis gravaminibus et ob ea et eorum quodlibet
appellaverunt et uterque eorum appellavit in scriptis sub ea que sequitur
forma In dei nomine Amen Nos N.H. presbiter Her' dioc' et Phus. de R.
sacerdos et canonicus regularis professus O.S.A. mon. B.M. de P. Leyc.

---

[1] Robert Braybrooke, Bishop of London, 1382–1404, a close friend of William Wykeham.
[2] William Thorpe 'that constant servant of God', J. Foxe, *Acts and Monuments*, ed. G. Townsend
and S. R. Cattley, 1837,iii,249–85,*D.N.B.*,lvi,325.
[3] For more detailed discussion of this document see Introduction p.10. It appears to be the
'frivolous appeal' referred to in Courteney's condemnation, Wilkins,iii,165.

Linc. dioc' s.t.p. coram vobis notario publico et testibus infrascriptis dicimus
allegamus et in hiis scriptis proponimus ac quilibet nostrum dicit allegat et
proponit quod cum dominus dominus Willelmus Courteney archiepiscopus
Cantuariensis nos predictos N. et P. et utrumque nostrum non citatos non
convictos non confessos absentes et nonper contumaciam a quibuscunque
actibus scolasticis et quacunque predicacione fidei Christiane et veritatis
evangelice suspendit perperam et iniquiter suspensosque sic per ipsum publice
nunciari fecit absque causa racionabili iuris ordine et cause cognicione
requisitis a parte iuris per ipsum penitus pretermissis et contra statuta consuetudines et privilegia venerabilis universitatis Oxon' per ipsum et nos spon-
tanee iurata et per sedem apostolicam confirmata et artando me Philippum
predictum cessare a lectura et quibuscunque actibus scolasticis ad quos prefata
universitate exercendos et continuandos iuramento meo spontaneo de
expressa licencia et obediencia prelati mei et consensu tocius conventus
fueram et sum legitime astrictus. Item idem dominus Archiepiscopus die
mercurii videlicet xviii° die mensis iunii anno supradicto in domo fratrum
predicatorum London' nos N.H. et P. tunc presentes coram eodem finxit
minus ver' suspectos fuisse et esse de heresi quam tamen nobis specificare non
curavit licet ad hoc sepius per nos et humilius fuerat requisitus Et cum ex
habundanti si et quatenus a parte iuris teneremur obtulissemus nos et quilibet
nostrum se optulit ad se purgandum canonice de quacunque heresi seu errore
quam aut quem alicui nostrum vellet obicere Idem dominus archiepiscopus
fatebatur tunc palam et expresse quod nemo nos in ea parte accusavit nostre
tamen purgacionis solacionem recipere recusavit nec a suo examine nos
dimittere voluit quamquam sepius et humilius rogatus per nos et requisitus
set terminum minus brevem et peremptorie videlicet tercium diem ex tunc
sequentem nobis et cuilibet nostrum assignavit et prefixit ad respondendum
et sibi exhibendum in scriptis clare distincte et plene quid sentiremus tene-
remus et quilibet nostrum sentiret et teneret de fide catholica in materiis
xxv certarum conclusionum seu proposicionum tangencium et continuen-
cium difficilima et arduissima disputabilia tam in facultate theologica quam
canonica quas quidem conclusiones et quamlibet earundem uterque nostrum
N. et P. tunc ibidem coram eodem domino archiepiscopo palam et publice
protestatus fuit et firmavit cum iuramento in scolis sermonibus aut alibi se
aut aliquem eorum nunquam doctrinasse predicasse publicasse seu pertinaciter
defendisse (p.146) aut velle defendere in futurum. Quarum quidem conclusionum seu proposicionum per eundem dominum Archiepiscopum tunc
nobis ibidem in quadam sedula traditarum prima est:

The conclusions set out in *Fasciculi Zizaniorum*, p.319, are now entered, 10 and 11
being reversed, and 16 being inserted before 10. The text continues:

Huius xxv conclusiones seu proposiciones per eundem archiepiscopum nobis
exhibite varios sensus et multiplices haberent dicerenturque ab aliquibus
fuisse dampnate per ipsum dominum Archiepiscopum alique tanquam heretice et alique tanquam erronee nosque ideo super ipsarum conclusionum seu

proposicionum et suorum sensuum declaracionem limitacionem et distinccionem ad quos sensus dampnabantur ipsum dominum archiepiscopum cum
instancia et diligencia debita et devota iteratis vicibus rogavimus ut nos
certificare et paternali affectu informare caritatis intuitu ac zelo fidei dig-
naretur ipse tamen suam gloriosam et debitam exaudicionem nobis in hac
parte expresse denegavit. Itemque predicto tercio die subsequente nobis
limitato idem dominus archiepiscopus suam presenciam et examen iudiciarum
detinuit observarique fecit in loco fratrum predicatorum London' sub tam
arta custodia quam nos cum nostro consilio et testibus nobis necessariis intra
nos valuimus sua huius arta custodia suorumque complicum nostrorum
emulorum nobis obstante et repulsum faciente. Et quamquam ad premissas
xxv conclusiones seu proposiciones responsiones nostras in scriptis indentatis
redactas predicto domino Archiepiscopo tunc sedente pro tribunali tradis-
semus ut filii sancte obediencie et fidei catholice et apostolice servatores in
omnibus sub melioribus formis (p.147) conceptas quantum nostri ingenii
imbellicitas ac dicti citati termini precipitata brevitas pleniorisque deliberacionis*¹ ac sapientum et librorum carencia permittebat protestantes eciam
palam et expresse nos et quemlibet nostrum firmiter credere et simpliciter
confiteri quicquid scriptura sacra seu approbata sanctorum doctorum
originalia necnon decreta apostolica et sacrosancta consilia generalia credunt
predicant tenent et docent credendum esse et confitendum maxime et
precipue in fide et sacramentis ecclesie connexisque et dependentibus ex
eisdem submittentes nos et quilibet nostrum submittens se dicta scripta et
facta nostra omnia determinacioni et correccioni sacrosancte Romane ecclesie
catholice et apostolice quod adhuc corde et ore pure et simpliciter facimus
et protestamur semperque facere et protestari consueti fruimus et in futurum
proponimus et speramus.*²

A summarised form of the replies printed in *Fasciculi Zizaniorum*, pp.328–8, then
follows.

(p.148) Quibus responsionibus nostris sic firmiter et eidem domino archiepiscopo in scriptis traditis subiunximus et adiecimus in hec verba. Hec
pater reverende et domine humiliter sunt dicta cum supportacione vestra
graciosa et correccione benigna quantum pro nostro modulo et exillitate
ingenii sufficimus per presenti minus plene delibanti honore tum divino
veritate fidei et consciencia recta in omnibus semper salvis humillius eciam
quo sufficimus supplicantes quod si aliud vel aliter vestre discrecioni et
excellencie videatur recte et catholice dicendum dignetur vestra graciosa
paternitas per scripturam sacram per determinacionem sancte ecclesie per
dictorum sanctorum doctorum nos ut filios informare et revera vestre
salubriori doctrine omnino promptissimo et obedientissimo voluimus consentire et parere. Placeat ergo vestre paternitati reverende hec dicta solita
benignitate more favorabili accipere cum conclusiones seu proposiciones

---

*¹ Protestacio.   *² Responsiones ad articulos.

supradicte nunquam erant nostre aut alicuius nostrum aut in scolis a nobis
asserte vel in sermonibus publice predicate istis tamen premissis de protestacionibus et supplicacionibus non obstantibus nec responsionibus nostris tunc
exhibitis in ullo impugnantibus tunc seu contradicentibus ad subdolas
procuraciones et instancias quorundam malignancium fratrum mendicancium
nostrorum manifestorum emulorum in multitudine onerosa dicto domino
archiepiscopo procaciter assidencium necnon novos sensus et extraneos ultra
predictas nostras responsiones ipsis xxv conclusionibus seu proposicionibus
imponencium ac quamplures aliquas novas conclusiones et difficultates
magnas innovancium tunc a nobis proponendas prefatus dominus Archiepiscopus commotus nos et utrumque nostrum monuit tunc simpliciter et
peremptorie quod incontinenti responderemus plenarie et expresse huius
novis sensibus proposicionibus et diffinitatibus per prefatos fratres nostros
capitales emulos manifestos tunc propositos et hoc idem Archiepiscopus sub
pena condempnacionis nostre de suspicione heretice pravitatis et quamquam
super premissis sensibus et diffinitatibus noviter contra nos tunc proponentes
tempus deliberandi ac (. . .) in scriptis nobis tradi diligencius petuissemus ac
sepius protestati fuissemus quod protunc respondere non valuimus sine
pleniore deliberacione copiam tamen ac tempus necessarium deliberacionis
nobis concedere denegavit expresse necnon sentenciam suam precipitando
necnon consilia et peticiones predictorum fratrum emulorum nostrorum
erroneas pariter et iniquas in (. . .) nos et utrumque nostrum suspectos de
heretica pravitate quem tamen non limitavit et expressit protunc pronunciavit declaravit et diffinivit procedens in omnibus minus iuste copiam huius
sentencie ac monicionum suarum licet instanter per nos requisitam tradere
no(. . .) seu tradi facere non curavit set distulit et differt in presente minus
iuste Item premissis gravaminibus idem dominus Archiepiscopus minime
satisfactus (?) set mala accumulans nos et utrumque nostrum monuit ac citavit
peremptorie ad comparendum personaliter coram eodem octavo die proxime
extunc subsecuturo ubicunque tunc foret in sua provincia Cant' et sic ad
locum incertum nimis generale seu vagum et non tutum necnon ad terminum peremptorie nimis huius termini abreviacionis nulla causa legitima nobis
expressata ad d(. . .) et propenendum coram eodem causam racionabilem et
peremptoriam quare non deberemus per eundem declarari et pronunciari
heretici per totam provinciam suam et penam subire hereticis condignam
nulla tamen causa racionabili seu vera huius monicionis seu citacionis per
eundem nobis assignata. Et quamquam ipso octavo die limitato adveniente
ipsum dominum Archiepiscopum ad locum remotum at nobis incertum cum
difficultate advenissemus et coram eodem humiliter comparuissemus iuri et
racioni in omnibus parituri nosque a sua examinacione dimitti aut aliqua
racionabili proponi contra nos petivissemus sepius et humillime nichil (p.149)
contra nos aut aliquem nostrum tunc obiecto a suo examine nos dimittere
noluit set magis aggravando ad quintum diem proxime extunc subsecuturum
ad comparendum personaliter coram eodem ubicunque foret in sua dioc'
Cant' nos et utrumque nostrum monuit et citavit modo et forma iniuriosis

proxime supradictis. Protestamur eciam et quilibet nostrum protestatur expresse et iuramus et quilibet nostrum per se iurat tactis sanctis evangeliis quod non audemus nec aliquis nostrum audet cum securitate vite nostre et membrorum cum spe obtinende equitatis categorice dictum dominum Archiepiscopum personaliter querere et visitare set illud credimus firmiter nobis periculosum et indebitum propter multas insidias corporales et diversis nostris emulis nobis intentas et informamur a fidedignis et verisimiliter ac firmiter credimus nec audemus coram eo aliqualiter comparere nec possumus iuris peritorum et testium copiam nobis necessariam habere vel ad presenciam dicti domini Archiepiscopi adducere propter ipsius potenciam et resistenciam sustentam et animum contra nos et nostrum quemlibet graviter commotos per nostros emulos capitales ac aliorum nobis insidancium capitalium (. . .) ac eciam quia idem dominus Archiepiscopus creditur et tenetur probabiliter periculosos sciencie materie laborare defectum precipue ad diffiniendum et determinandum in materia tam ardua utpote de fide et sacramentis ac connexis et dependentibus ex eisdem ut ipsemet alias palam et publice fatebatur sepius et expresse. Et quia huius ardue materie fidem catholicam et sacramenta ecclesie concernentes soli sedi apostolice reservantur auctentice determinando necnon periculosum est sub suspecto iudice litigare tristes solet sortiri effectus dictum dominum archiepiscopum tanquam iudicem in hac parte minus idoneum et insufficientem ex causis premissis et aliis legitimis cum qua decet reverencia recusamus et recusat quilibet nostrum. Et ne in premissis ulterius procedat antedictus dominus Archiepiscopus seu in preiudicium nostrum aut nostrum alterius quicquam attemptet seu faciat aliqualiter attemptari necnon a premissis gravaminibus et ob ea et eorum quodlibet ad sacrosanctam sedem apostolicam et sanctissimum dominum nostrum papam appellasse coniunctim seu divisim directe et immediate et uterque nostrum appellat in hiis scriptis ac appellantes petimus et quilibet nostrum petit primo secundo et tercio petimus et quilibet nostrum petit instanter instancius et instantissime nobis et utrique nostrum dari et exhiberi cum effectu supponentes nos et uterque nostrum supponens se necnon omnes et singulos alios nobis seu cuilibet nostrum adherere in hac parte volentes proteccioni tuicioni correccioni et defencioni dicte sancte sedis apostolice protestantes nos et quilibet nostrum protestans se velle istam appellacionem emendare eidemque addere et diminuere prout in futurum videatur expedire eisdem appellacioni et protestacionibus adherere ipsas prosequi necnon dicto domino archiepiscopo aliisque omnibus quorum intererit debite notificare quantum absque gravi periculo potentes et ausi fuerimus cessantibus legitime impedimentis iurantes eciam et uterque nostrum iurans tactis sacrosanctis quod premissa gravamina ad nostrum et utriusque nostrum noticiam perve- nerunt primo infra x diem et non ante a tempore ipsorum latorum grava- minum non artantes nos nec aliquis nostrum artans se ad omnia et singula premissa probanda set quacunque alia iuris via detectum legitime seu declaratum fuerit in premissis catenus optineat (. . .) petitis iuris beneficiis in omnibus nobis et utrique nostrum semper salvis. Acta fuerunt hec sub anno

mense die indiccione pontificatus et loco suprascriptis iuxta domum Jo. Hampton in parochia suprascripta presentibus tunc ibidem discretis viris Radulpho Whytgrove, Willelmo Wellis, Johanne Rog', Willelmo Bascote, Jo. Penyngton, London', Bath' et Wellen', Hereford', Linc', et Coventr' et Lich' dioc', testibus ad premissa vocatis specialiter et rogatis.
(Words omitted are lost in the binding.)

(p.150) **211**

Prima appellacio episcopi Norwycen' contra dominum Jo. Stratforde archiepiscopum Cant' interposita volentem suam dioc' Norwyces' visitare[1]

212

Littera credencie archiepiscopi Cant' missa episcopo Wynton' ad tractandum de provisione cuiusdam prioratus

John de B., the archbishop's chancellor, is sent to treat with the bishop on the matter of the 'provision' of the priory of Christchurch Twynham, about which he has written to the archbishop.

213

Alia littera deprecatoria pacis in negocio predicto

In reply to the advice brought by J. de B. the bishop now sends his own chancellor, Mr. J. de W., with full instructions about the dangerous prejudice to the bishop and the church of Winchester which will be caused by the provision mentioned in 212.

214

Littera deprecatoria directa archiepiscopo Cantuar' per episcopum Wynton' ut revocet quendam errorem suam

Request by the bishop of Winchester to Archbishop Stratford not to proceed with his attempt to collate a prior to Christchurch Twynham, which belongs to the patronage of the see of Winchester.

Reverende in Christo patri et domino carissimo domino Johanni dei gracia Cant' archiepiscopo tocius Anglie primati quicquid potest obediencie

---

[1] This attempted visitation is not known to Miss Churchill, *Cant.Admin.*,i,314, although she mentions a number made in other dioceses of the province. The bishop concerned is almost certainly Anthony Bek, 1337–43; see no.247 below.

reverencie et honoris cum testante beato Gregorio summum in rebus bonum
scilicet iusticiam colere ac sua cuique iura servare et in subditos non sinere
quod potestatis est fieri sed quod equum fuerit custodiri quod et vos diligere
et omnia confidimus studere non modicum admiramur quod ecclesie conventualis Christi ecclesie de Twy' nobis immediate subiecte nulla nostra
culpa vel mora seu desidia precedentem fratrem Rob. de L. canonicum
eiusdem quadam nobis penitus incognita quam ad vos pertinere dicetis
potestate perfecistis ut vestre nobis directe testantur littere in priorem in
nostrum et ecclesie nostre Wynton' preiudicium manifestum cum aper-
tissimi iuris et hoc vobis minime licere seu competere de con (? ventu) vel
de me. Quamobrem dominacionem vestram supplicante exoramus quatinus
quod in hac parte inordinate gestum saniori consilio reformetur ne cogamur
absque magnis laboribus expensis ad manus tribunalis pro congruo remedio
convolare nec pudeat vos pie pater errorem si quis forsitan intervenerit
corrigere qui positi estis ut aliorum corrigatis errores ad hec paternitatem
vestram incitare poterit sancti viri pastoris summi et doctoris eximii docu-
mentum qui honorem esse minime deputat in quo fratres suos honorem
perdere cognoscit aut enim meus honor est fratrum meorum solidus vigor
tunc ego honoratus sum cum singulis quibus que honor debitus non negatur
in omni prosperitate.

215

Appellacio a provisione predicta

Appeal by Adam (Orleton) bishop of Winchester to the Holy See against
the archbishop's inhibition to him in the matter of Christchurch Priory,
which belongs to his jurisdiction. [1334–45.]

216

Mandatum ad denunciandum excommunicatum infringentes libertatem ecclesie Cath
Wynton'

John etc. to the rural dean of Winchester: the secular power has seized
W. de T. from the soil of the Church of Winchester, and the dean is to
proclaim throughout the city and suburbs, within fifteen days of his receipt
of the mandate, the excommunication of those responsible for the action.

(p.170)   **217**

Littera prioris et conventus per quam instituitur inter eos perpetua cantaria

Notification by prior E. of St. Bartholomew,[1] London, and his convent that in return for the help given to them in a time of great need by Mr. Richard She,[2] they have instituted a chantry for him and certain of his friends and benefactors (David W., Nicholas S. and Juliana and Masters T.M. and S.), to pray for their good estate in life and for their souls after death. They bind themselves to provide a daily mass and *De profundis*, at the altar of St. Mary on the south and right side of the choir, where a cross stands, the celebrants to be canons of the priory who are priests, each taking his turn in order of seniority. The celebrant is to receive each week twelve pence sterling, for his clothing. If the chantry is discontinued they bind themselves to pay the weekly twelve pence to the fabric fund of St. Paul's church. They undertake to inscribe the promises they have made to Richard, David and Nicholas, in their *martilogium*, to be read at Corpus Christi.

(p.171)   **218**

Mandatum contra fratres mendicantes quod non possint nec debeant in ecclesiis parochialibus predicare vel confessiones audire absque rectoris licencia

Simon etc. to the dean of Boc' to expound this order, in all the churches of his deanery, in the vulgar tongue.[3]

219

Commissio pro vicario generali in spiritualibus

John Stratford to S. (Gravesend) bishop of London and others unnamed, commission to act as his vicars general during his absence abroad.[4]

... 'committentes vobis et cuilibet vestrum omnia et singula que ad vicariatus officium pertinere (p.172) noscuntur de consuetudine vel de iure et specialiter potestatem quoruncunque subditorum nostrorum excessibus inquirendi ipsorumque excessus quoscunque corrigendi et puniendi beneficiaque administraciones et officia ecclesiastica in dictis nostris civitate et diocesi Cant' super quibuscunque iurisdiccionibus nobis immediate subiectis habentes ab ipsis

---

[1] Edmund de Braughyngg, prior of St. Bartholomew 1350-55, *V.C.H.London*,i,479.

[2] A number of debts were contracted by the priory in this period and She may have helped to meet some of them. *Cal.Close Rolls,1354-60*,54,58,77,99. Dr. N. J. Kerling, the archivist of St. Bartholomew's Hospital, has suggested to me that She is probably Mr. Richard Shamelesford, who alienated land to the priory, in Theydon Boys and Theydon Garnon, in 1359.

[3] The mandate is printed in full by Wilkins, iii,64, Archbishop Simon Langham to the dean of his peculiar jurisdiction of Bocking, 1366.

[4] This commission belongs to the years 1334-38 and differs considerably, in the powers it confers, from those printed by Miss Churchill, *Cant.Admin.*,ii,1-8.

beneficiis administracionibus et officiis si ius id exegit amovendi decanosque
et alios ministros quorum profeccio ad nos de iure vel consuetudine pertinuerunt in ipsis civitate diocesi et iurisdiccionibus proficiendi et eorum com-
potos audiendi ipsosque quociens opus fuerit amovendi et penitenciarios
idoneos proficiendi et concedendi et licenciam ad eligendum prelatos in
singulis monasteriis locis nostri patronatus in quibuscunque visitacionibus
eorundem ad assensum huius electis prestandi elecciones ipsas et quascunque
alias eciam si episcopalem dignitatem facte fuerint examinandi confirmandi
vel infirmandi et ad appellaciones et querelas quoruncunque ad audienciam
nostram interpositas sive factas interponendas vel eciam faciendas iuxta iuris
exigenciam rescribendi causasque appellacionum et querelarum huius necnon
et quacunque negocia mota vel movenda tam de temporibus predecessorum
archiepiscoporum Cant' indecisa pendencia quam alia audiendi et plenam
faciendi iusticiam in eisdem causis ad nostram Curiam Cant' per appellaciones
vel querelas interpositas sive factas devolutas seu devolvendas dumtaxat
exceptis cum rectoribus ecclesiarum nobis qualitercunque subiectarum iuxta
formam constitucionis Bonifacii Cum ex eo dispensandi literasque dimissorias
huius nobis subditis concedendi permutua (?) etc.'

220

Supplicacio facta pape ut ecclesia parochialis erigi valeat in collegiatam pro Willelmo
Cary (1378–89)[1]

(p.173)   **221**

Mandatum executoris apostolici ad inquirendum de vero valore annuo ecclesie
predicte de Stipelmordon antequam vicariam ordinavit

Mandate of Thomas (Brinton) bishop of Rochester to A.B. and C., repeating
the papal mandate to unite the church of Steeple Morden to the warden
and scholars of New College, with power to create a vicarage there, and
commanding them to inquire into its annual value, and to return to him the
result of their inquest, with the names of the inquisitors.

---

[1] *Cal.Pap.Reg.*,iv,462, contains the papal mandate to the archbishop of Canterbury to grant
licence to William Cary to found a house of Poor Clares at Clovelly, where he has failed, owing
to the scarcity of priests, to found a secular college for which Pope Urban vi had given permission. Cary was appointed steward of all the episcopal manors in Devon on 4 Dec. 1374,
Reg.Brant.,i,147.

222

Appropriacio ecclesie parochialis de Stepelmorden collegio domini mei episcopi Wynton'

Undated.

(p.174)   **223**

Resignacio prioris B.M. de Southwerk dudum facte

Fr. J. de P., wishing to resign the office of prior,[1] does so in the hands of lord W. bishop.

224

Potestas conventus collata domino episcopo Wynt' ad providendum de priore

Brothers A.B. and C. of the convent of M., O.S.A., dioc. Winchester, resign the choice of a new prior, after the resignation of Rd. de C.,[2] to the bishop.

225

Profeccio prioris in prioratu predicto

i. Appointment by the bishop, with the assent of the Duke of Lancaster, patron or advocate, and of the abbot of Leicester abbey, of brother Richard, now of the Leicester house, as prior.

ii. Appointment of W. Bishop, etc. of R. de T. to the office of prior in the priory of M.[3]

(p.175)   **226**

Mandatum ad citandum rectorem pretensum intrusum ad exhibendum titulum beneficii per ipsum occupati

Mandate of W. etc. to A. de B. etc. to cite John de Lutton chaplain to appear before the bishop in the parish church of C., to exhibit the title by which he claims to occupy the church of C., to which, as frequent complaints by the parishioners there say, he has no right.

---

[1] John de Peckham resigned in 1359, *V.C.H.Surrey*,ii,111.

[2] Richard de Caneford resigned Mottisfont in 1352, *V.C.H.Hants*,ii,175.

[3] It is not clear whether both entries refer to Mottisfont, where Caneford was succeeded by Ralph de Thorleston, and no prior named Richard is known during the period. *V.C.H.Hants*, ii,175.

227

Mandatum formale contra questoribus in dioc' Wynton' nisi sub certa forma de cetero admittantur

Mandate of Wykeham to the officials of his archdeacons, condemning collectors who come into the diocese with false indulgences.

'abussiones nonnullas infra nostram diocesim in sua predicacione proponunt sicut ad nostrum ex fidedignorum relatibus sepius provenit auditum literas quas asseruerunt apostolicas et alias sub episcoporum nominibus et eorum siggillis fabricatas aliaque instrumenta signis pretensis notariorum signata errores varios et mendacia continent simplicibus animarum curatis exhibent indistincte per quas non sine multa temeritate audacia et deterpacione multi-plici animarum non suo proprio indulgencias de facto concedunt super votis dispensant a periuriis et aliis criminibus sibi quicquam conferentes absolvunt terciam aut quartam partem de penitenciis iniunctis relaxant necnon bene-factoribus locorum quorum questores existunt transmissionem plenariam peccatorum indulgent aliasque abussiones quamplures predicant publice sicque simplices fraudulenter decipiunt ut pecunia et alia bona subtili et fallaci ingenio extorqueant ab eisdem in subditorum nostrorum grave periculum animarum perniciosum exemplum et scandalum plurimorum nos igitur subditorum nostrorum huius animarum pericula et scandala via nobis possibili (p.176) precludere et dictorum questorum reprobis accisibus occurrere cupientes presertim cum per huius questores censura vilestas ecclesiasticas et clavium ecclesie auctoritas deducitur in contemptum vobis tenore presencium sub pena excommunicacionis maioris sive firmiter inhibemus et per vos omnibus et singulis nostrarum civitatis et diocesis rectoribus et vicariis et eorum capellanis parochialibus auctoritate similiter precipimus litteras nostras veras siggilli nostri ad causas una cum impressione siggilli nostri prenominati in dorso eiusdem cognatas (?) quas per vos et illos diligenter intueri et examinari precipimus ut omnis falsitas si que fuerunt detegatur in eisdem et super dictarum litterarum apostolicarum inspeccione eorundem questorum recepcione post datam litterarum presencium con-fectas exhibuerunt admittas nec admittant seu admittat aliquis quomodolibet eorundem nec permittas aut permittant aut permittat dicti rectores vicarii aut eorum capellani parochiales ipsos questores postquam litteras nostras huius ipsis exhibuerunt ullatenus suis predicare parochianis aut aliud ipsis exponere quam et quod expressus continebitur in litteris memoratis omnes insuper et singulos questores quicunque nego necnon litteras nostras qua-cunque sub quacunque forma verborum eis concessis ex certa nostra sciencia tenore presencium revocamus.'

228

Quod articuli fidei et sacramenta ac peccata mortalia debent annis singulis quater in anno parochianis exponi publice in vulgari

Mandate of Wykeham ordering the resumption everywhere of quarterly sermons in the vernacular, expounding the articles of the Christian faith etc., which his recent visitation revealed to have been long neglected.

W. etc. Nuper diocesim nostram Wynton' pro ut nostro incumbebat officio pastorali actualiter visitantes comperimus evidenter quod licet per constituciones provinciales sanctorum patrum veras rite factas et debite promulgatas salubriter fuit ordinatum quod ecclesiarum parochialium curati quater singulis annis in ipsorum ecclesiis dum in eisdem affuerit populi multitudo xiiii articulos fidei decem precepta decalogi duo precepta evangelii septem peccata mortalia septem ecclesie sacramenta septem opera misericordie vii virtutes principales necnon generales excommunicacionum sentencias sicut et pronunciatas in constitucionibus Oxon'[1] necnon dominorum J. de Peccham et Johannis de Stratford[2] quondam Cantuar' archiepiscoporum seriosius recitantur populo eis subdito exponere teneantur apercius in vulgari ne simplices oves Christi nebulose ignorancie cecitate percussi pernicia gradientes a lege devertit dei sui et propter defectum doctrine xiii hac parte debite in perdicionis foveam demergantur. Hoc tamen in nostris civitate et diocesi non sine gravi periculo animarum a multis ecclesiarum curatis nequaquam exitum observatum quo fit ut grex ille dominicus Christi redemptus dum desit sanguine prefate doctrine pabulum in errores varios prolabatur unde merito provocatur divina maiestas libertas ecclesiastica in immensum ledetur et clavium ecclesie gravitas deducitur in contemptum nos igitur predictorum sanctorum patrum ordinaciones quas multorum fertur temeritas digna emulacione sequentes animarumque subditorum istorum periculis occurrere ac dictam cupientes dissuetudinem revocare vobis in virtute obediencie ac sub maioris excommunicacionis sentencie pena firmiter iniungendo mandamus quatinus archidiaconatus Wynton' ecclesiarum parochialium singulis rectoribus et vicariis et aliis ipsarum curatis arcius iniungatis ut ipse premissa prout in dictis institutionibus plenius contineatur aliqua die dominica singulis quatuor quarteriis anni annis singulis imposterum parochianis suis et publice reciterunt et iuxta dictarum constitucionum exigenciam et tenorem et exponant sollempniter in vulgari vos nichilominus id ipsum in vestris capitulis generalibus annis singulis decetero celebrandis faciatis consimiliter recitari. Et ne curatorum quispiam predictorum ignoranciam pretendere poterit in hac parte omnia et singula in cedula presentibus annexa plenius inseri fecimus et conscribi ut ipsa singulis patiant manifeste vobis eciam arcius iniungentes quatinus eadem ad noticiam omnium curatorum archidiaconatus predicti absque more dispendio celeriter deducatis vel per alios faciatis deduci

---

[1] *Ignorancia sacerdotum*, Councils and Synods,ii,900–901.

[2] *Provinciale*, Constit.Prov.,p.48, *Seculi Principes.*

I

monentes preterea eosdem omnes et singulos quatinus premissa omnia citra instans festum pasche proximi iam futurum in eorum ecclesiis fideliter matriculari procurunt ad certam cognicionem veram informacionem presencium et memoriam perpetuam futurorum ipsosque ad id auctoritate nostra si opus fuerit per censuras ecclesiasticas canonice compellatis intimantes insuper omnibus rectoribus vicariis et curatis predictorum quod de ipsorum culpa seu negligencia si quam forsan circa premissa commiserit diligencius inquiremus et per alios faciemus inquiri et quos culpabiles seu negligentes invenimus in hac parte pena canonica feriemus ac contra eosdem quantum de iure poterimus legitime procedemus. Quid autem feceritis in premissis nos citra etc.

(p.177)   **229**

Sentencia generalis contra ingredientes loca et maneria virorum religiosorum[1]

                                     230

Principium alterius

W. etc. general address to all detaining a nun of the house of St. Mary de W. and with her some of the goods of the house.[2]

(p.178)   **231**

Forma submissionis alicuius publice in scriptis redacte

Formal document by which a suitor abandons all legal suits in which he is engaged, and especially an appeal for the tuition of Canterbury.

'In dei nomine Amen. Ego talis A. de B. etc. considerans et perpendens tales causas in tales etc. et ex primaria causa vel sic et sic informaciones ex causis premissis racionabiliter me moventibus omni lite cause processui et prosecucioni eiusdem contra me ex causa tali coram Reverendo patre domino W. tali episcopo ac eius commissariis quibuscunque et presertim coram tali dicti venerabilis patris in hac parte specialiter deputato inchoatis et diucius continuatis pendentibus indecisis necnon omnibus . . .' has appealed to the tuition of Canterbury and to the Holy See, but nevertheless submits and swears on gospels to observe the decision of the bishop, under penalty of paying one hundred shillings to the fabric of the Church of Winchester.

---

[1] Incomplete and without names.
[2] This is the mandate of excommunication of 24 Jan. 1369/70, *Reg.Wykeham*,ii,100–102.

232

Bona provocacio pro canonico vel monacho

Incomplete form of appeal suitable for a religious who engages in a law suit.

Cum ego A. de B. canonicus et confrater regularis ecclesie conventualis sive monasterii sancti Augustini Bristoll' eidem sancto fuerim et sim in eadem ecclesia sive monasterio ordinis regularium eiusdem sancti canonice et expresse in ordineque sacerdotali constitutus fuerimque et sim in toto statu religiose vite bone facie etc. ut in forma usque a citando etc. in causis seques-trande privande spoliande amovende graves et excessivas penitencias iniun-gendo vel infligendo molestando ut in forma etc. Subiciens me necnon omnes mihi adherentes et adherere volentes in hac parte etc. Pro testibus insuper cum iuramento ad hoc sacrosancta dei evangelia per me corporaliter tacta hic coram vobis notario in testibus publice et palam prestito quod si contingat me de dicta domo mea sive monasterii portu exire sive habitum religionis mee dimittere voluntarie hoc animo apostandum seu per mundum discur-rendum et vagandum voluntarie non facio nec faciam set propter motum mortis et cruciatum corporis et pro prosequendo appellacionem meam non aliter nec alio modo sicut deus me adiuvet in hiis etc.

(p.179) ## 233

Provocacio pro decano et capitulo ecclesie Exon' pro monacho vel canonico vide supra folio proximo

Public instrument, witnessed by an unnamed notary, in which J. de B. proctor of the chancellor, treasurer, precentor and canons of Exeter, declares that for the last forty, fifty or sixty years his lords have exercised the right of disposing of every farm belonging to the church of Exeter as it fell vacant.

234

Bonum mandatum subexecutoris gracie aggravatorium pro appellacione

Renewed mandate addressed by Adam Moteron[1] chancellor of Bishop Courteney of London, and sub-executor of a papal grace obtained by Mr. R. Broke, to the precen-tor, chancellor, and various canons and residentiaries of Exeter, ordering them to put Broke into possession of the fruits and daily distributions of the prebend which was formerly of Mr. R. and now belongs to the dean. They have so far refused to do this on the grounds that a case relating to the prebend has been taken by the dean, R. Tregrisiou, to the Roman court and remains undecided. (c.1378–80.)

Adam Moteron licenciatus in decretis ac reverendi in Christo patris et domini domini W. dei gracia L. episcopi cancellarius necnon eiusdem gracie

---

[1] Adam Mottram was commissary general of the bishop of London (Courteney) in 1376, chan-cellor of the archbishop of Canterbury (Courteney) in 1381, was present at the Blackfriars Council etc. Emden, *Cambridge*, 415.

apostolice venerabili viro Mr. R.H. de canonicatu et prebenda quos bone
memorie M.R. sumpto decanato ecclesie Ex' obtinuit in eadem dum vixit
per felicis recordacionis Gregorii pape undecimi facte una cum aliis collegiis
meis cum illa clausa convincti et dimissi subexecutor deputatus venerabilibus
viris decano et capitulo et singulis (canonicis) et personis ecclesie Exon'et
precipue in eadem ecclesia residentibus et capitulum in eadem facientibus
salutem in domino et mandatis nostris ymmo verius firmiter obedire dudum
licet dicte gracie executor principalis auctoritate apostolica sibi commissa in
hac parte vos et singulos vestrum sub pena suspensionis excommunicacionis
et interdicti ut in processibus apostolicis inde confectis quorum copiam
credimus vos habere ad plenum continentur auctoritate apostolica monuisset
et maiore excommunicacione in singulis personis vestrum si monicionibus
suis infra tempus per eundem assignatum non paruissetis et in capitulum
Exon' suspensionis et in ipsam ecclesiam interdicti sentencias in forma
exnunc prout extunc (p.180) rite et recte submissetis et vestrum quilibet ea
fecisset sufficienter intimari mandasset ut eidem Mr. R.B. infra dictum tempus
de fructibus et proventibus de eadem prebenda et eius occasione qualitercunque provenientibus et eidem magistro Roberto Brok debitis faceritis
integre responderi et faceret quilibet vestrum vos tamen Reverendi domini
et magistri J.S. precentor, J.W. cancellarius, H.B., H.W., W.T., N.C., W.B.,
W.P., H.B., C.S., R.V., W.F., N.T., W.D., alii canonici prebendarii et resi-
dentes in ecclesia Exon' memorata capitulum facientes antedictum scriptis
monicionibus ipsius domini executoris quin verius ap' et contemptis distribuciones cotidianas prefato M. R. Brok faciendo residenciam suam in eadem
ecclesia per vos admisso et racione residencie sue in eadem ecclesia actualiter
facte de fundatoris statuto et consuetudine eiusdem Exoniensis ecclesie notorie
debitas absque causa racionabili quacunque voluntarie penitus subtraxistis ab
eodem et in dies subtrahitis prout vobis placet asserentes minus veraciter
quod idem M.R.B. litem habuit in Romana Curia super dicta prebenda
et eius occasione per venerabilem virum M.R. Teg'[1] legum doctorem contra
ei mota que pendente asseritis vos ad solucionem distribucionis huius nullatenus obligari cum notorii apud vos et vestrum singulos atque verum quod
idem magister Radulphus aliam prebendam in eadem ecclesia in Romana
Curia sibi impetravit collacionemque et corporalem possessionem eiusdem
ac stallum in choro et locum in capitulo ad (. . .) obtinuit et obtinet pacifice
et per undique in quantum ad vos pertinet admitti ad eandem sicque clare
liquet vos et quilibet vestrum dictas distribuciones prefato M.R.C. debitas
contra vim formam et effectum permissionis (. . .) supradicte et monicionis
dicti domini executoris principalis de qua supra dicitur in casu vobis non
permisso (. . .) et detinuetis usurpatas licet ad restitucionem earum distri-
bucionum debitarum ut prefertur per partem ipsius magis debite fuissetis
sicut estis requisiti vosque et quemlibet vestrum de quo debemus sentencias

[1] *Le Neve, Exeter*, p.41. Tregrisiou had an expectancy Oct. 1366 and claimed John de Shareshull's prebend in 1381; Broke already had a prebend in 1376. See 267 below.

antedictas suspensionis incurristis in quibus diu perseverastis ut dicitur in
vestri scandalum et prefati M.R.W. preiudicium curie apostolice contemptum manifestum unde per partem dicti domini Roberti fuimus et sumus
eadem auctoritate pluries instanter requisiti ut ad ulteriorem execucionem
dicte gracie contra vos dominos et magistros canonicos prebendarios residen-
ciarios antedictos dictas distribuciones ut prefertur occupantes et eundem
magistrum R.B. in percepcione eorundem et effectum gracie supradicte
impedientes auctoritate apostolica nobis in hac parte commissa procedere
dignaremur igitur volentes mandatis apostolicis et perceptis in omnibus
reverenter obedire sicuti tenemur ac vobis cuilibet vestrum et prefate ecclesie
percentes ista vice iterato et ex habundanti tenore presencium peremptorie
vos et vestrum quemlibet monemus sub penis et censuris in dictis processibus
alias vobis intimatis contentis quatinus infra (blank) dierum spacium a tempore noto vobis monicionis nostre huius continue numerandum prefato
domino Roberto C. canonico prebendario et residenciario antedicto de
omnibus et singulis distribucionibus occasione residencie et ex causis antedictis quocunque nomine censeantur seu nuncupentur aut procuratori eiusdem potestate s(. . .) centem ad hoc habenti in ecclesia Exoniensi prout est
de more eiusdem solvatis in omnibus et satisfaciatis simulata excusacione alias
per vos preficta seu quocunque legitimo impedimento cessantibus in futurum
alioquin presencium tenore vos citamus et quemlibet ut compareatis coram
nobis aut alicui gracie subexecutore quocunque in ecclesia cathedrali Well'
die Lune proximo post festum sancte Lucie Virginis (. . .) canonicum si quod
habeatis vel habeat aliquis vestrum pro se quare vos et dictum capitulum in
prefato censura incidisse munimine auctoritate qua supra declarari debeatis
coniunctim et divisim prout expedit et de iure valeat debit' propositur' et
fidem super propositur' factur' et receptur' ulterius quod ad ulteriorem
execucionem processuum apostolicorum et graciam poterit pertinere. Et
quid in premissis feceritis seu duxerit vestrum quilibet faciendum si debita
obediencia qua sedi apostolice tenemur supradicte nos aut alium predictum
gracie et processus subexecutorem que ad dictos diem et locum debita
certificetis presencium cum tenore autentico cum sigillo seu sub instrumento
et auctoritate satis nota super autem (sic) tradicione presencium vobis
faciendum nuncio nostro in hac parte iurato adhiberemus nobis referente et
plenam fidem Dat. etc.

235

Appellacio ab iniuriosis litteris et mandato executoris gracie Lideford

John Inhelfyet priest, dioc. Exeter, as proctor of J.S. and other canons
involved in no.234, protests against the despatch of mandate 234, at a time
when they had already appealed to the papal court and for the tuition of
Canterbury.

(p.181)   **236**

Alia appellacio de eadem materia Schill'

John Friseby clerk, proctor of John Saxton, precentor, John Wiliot, chan-
cellor, Hugh Bridham, Henry Whitefield, William Trevelles, Nicholas
Braybrok, Walter Gimpton, William Pil', Henry Blakebourne, Baldwin of
Shillingford, R. Vaggescombe, William Fereby, Nicholas Teriors, William
Doubrig, and John Lidford, prebendaries, protests against the mandate
(no.234) in favour of Mr. Robert Brook.

(p.183)   **237**

Copia presentacionis ex causa permutacionis

The prior and convent of Bedune O.S.A. announce to T. (altered to
Edmund) bishop of Exeter, that they have presented R.V., former canon in
the collegiate church of St. Thomas the Martyr, Glasney, to a prebend in
the parish church of St. Endellion (Endelient'), which he has acquired by an
exchange[1] with Mr. William Tregoys.[2]

                            238

*Bonum mandatum et formale quod presbiteri Hibernici et alii alienigene decetero in
dioc' Wynton' admittantur ad curiam animarum*

William bishop of Winchester, mandate to the archdeacons of Winchester
and Surrey to forbid 'tales alienigenos hibernicos vel alios parcium exterio-
rum' to celebrate divine service anywhere within the parishes in their
archdeaconries until they have received the order of priesthood.

(p.184)   **239**

Verba pro questoribus

Exhortation addressed generally, by a bishop, urging the giving of alms for
the support of the blind, lame, and diseased in such a hospital.

---

[1] This exchange was committed to Mr. W. Trevellys and J. Lydford, canons of Exeter, by
Brantingham, 27 Oct. 1380: *Reg.Brant.*,i,156; Lydford executed it, using the seal of his officiality
at Exeter, 20 Dec. 1380, *ibid.*,i,69.
[2] William Tregos was canon of Glasney and had licence for non-residence in Nov. 1405,
Reg.Staff.,353.

240

Mandatum ad compellendum parochianos ad reficiendum ecclesiam

Mandate of the official, addressed to the parishioners of B., to repair the nave of their parish church, which lacks roofs, and to remedy the defective walls of the cemetery.

241

Bona verba in mandato ad denunciandum certos malefactores excommunicatos. Pro Bentele

Mandate of the official, addressed generally, to denounce as excommunicate certain satellites of Satan who had seized and led away a prisoner who had taken refuge in the churchyard of B.[1]

(p.185) ## 242

Mandatum contra ingredientes mansum alicuius viri ecclesiastici et ibidem usurpantes et contra infringentes sequestrum episcopi

Mandate of the official of Winchester to J. de W. to denounce as excommunicate R. de T. who claims to be the chaplain of R. de C., and who has broken into the rectory house of Philip Kelsey, rector of N., and has also infringed the sequestration placed upon the benefice of N. by the bishop of Winchester.

Officialis Wynton' discreto viro J. de W. etc. salutem in domino. Sanctorum patrum constituciones et presertim sancte memorie dominorum archiepiscoporum Cant' suffraganeorumque suorum qui pro tempore fuerant rite et legitime edite ac debite publicate (. . .) esse recitum quo quicunque et qualescunque qui bona prelatorum rectorum et vicariorum ac aliorum virorum ecclesiasticorum ad ipsos et beneficia sua pertinencia de ipsorum domibus grangiis sive mansis asportaverint seu subtraxerint et contra voluntatem ipsorum virorum ecclesiasticorum aut illorum qui huius bonorum sunt custodiis deputati atque illicite disposuerunt de eisdem quodque frangentes seu temere violantes sequestrum dominorum episcoporum vel officialium suorum in bonis quorunque subditorum suo rite et debite interpositum sunt maioris excommunicacionis sentencia in eisdem constitucionibus contra huius presumptores rite lata ipso facto dampnabiliter involuti Nuperque ex facti notorietate et fama publica referente ad nostrum pervenit auditum quod quidam dominus R. de T., capellanum se pretendens ac R. de C. laici

---

[1] *Reg. Wykeham*,ii,428 has a commission addressed to the official, to inquire into the circumstances in which one Bentele, who had taken sanctuary in the churchyard of Overton, had been dragged out.

domum mansum sive rectoriam domini Philippi Kelsey rectoris ecclesie parochialis de N. preter et contra voluntatem ipsius rectoris temere sunt ingressi et ibidem contra sacros canones cum ipsorum inhonesta familia continue commorantes de domibus et manso predictis nonnulla bona ad ipsum et ecclesiam suam pertinencia necnon et de ipsa ecclesia sua quod magis est auditui horribile oblaciones et alios proventus spirituales ad ipsorum manus recipientes eciam preter et contra voluntatem rectoris predicti ut premittitur ac contra prohibicionem suam expressam necnon et illorum qui custodie et gubernacioni dictorum bonorum per dictum Rectorem deputati extiterant asportaverunt et subtraxerunt ac in usus nepharios et illicitos multipliciter disposuerunt temere de eisdem necnon impediverunt et eciam impediunt quominus Rector predictus de bonis ecclesiasticis et spiritualibus ad ipsum et dictam ecclesiam suam spectantibus libere disponere valeat ut debet in libertatis ecclesie lesionem dampnumque dicti rectoris preiudicium et gravamen insuper et hiis finibus non contenti sequestrum venerabilis patris domini nostri episcopi Wynton' in omnibus et singulis fructibus redditibus et proventibus rectoris predicti ad ipsam et dictam ecclesiam suam spectanti- bus ex causis legitimis per eundem dominum nostrum episcopum nuper rite interpositum pertinaciter violarunt eciam et fregerunt in animarum suarum grave periculum et aliorum perniciosorum exemplum sentenciam maioris excommunicacionis in dictis constitucionibus latam dampnabiliter incurrendo. Quocirca vobis et utrique vestrum in virtute obediencie et sub excommuni- cacionis maioris pena firmiter iniungendo mandamus quatinus prefatos A. de B. etc. omnes et singulos occasione premissa sic excommunicatos fuisse et esse etc. publice et solempniter denuncietis donec*[1] absolucionis beneficium in forma iuris invenerunt optinere.

243

Mandatum formale ad compellendum parochianos ad contribuendum ad fabricam ecclesie

Mandate of Wykeham to the parishioners of such a place, ordering them to contribute, in accordance with the ancient custom of the realm, to the repair of the belfry and nave of their parish church.[1]

W. permissione divina etc. rectori talis loci etc. salutem etc. Ex parte quorun- dam parochianorum ecclesie tue predicte intelleximus quod licet ipsius navi ecclesie et campanili magna notorie pacientibus ruinam nonnulli parochia- norum tuorum facta prius de communi assensu eorundem assidacione sive

---

[1] Cf.Reg.Wykeham,ii,216, 7 June 1375, a similar mandate to the rector of Lambeth.
*[1] Addition in hand of J.L.: non cessantes donec premissa illicite et temere ut prefertur ablata plenarie restituerunt vel alias satisfaccionem condignam facerint pro eisdem ac ad quam restitucionem seu satisfaccionem celeriter et plenarie faciendam ipsos ut prefertur moneatis et efficaciter moneatis Et quid in premissis feceritis nos eum per etc.

agistacione omnium terrarum et tenementorum parochie predicte velut vere
dileccionis filii et matrem suam debite diligentes ad onus reparacionis huius
ad quod de more et consuetudine laudabili regni Anglie teneantur necessarie
subeundum magnas et graves fecerunt expensas quidam tamen parochiani
terras et possessiones infra predictam parochiam obtinentes tanquam filii
degeneres ad reparacionem huiusmodi ecclesie necessariam solvere seu contribuere recusant et contradicunt in debite minus iuste in ipsorum animarum
periculo et predicte ecclesie dispendium manifestum. Quocirca tibi (p.186)
committimus et mandamus in virtute obediencie firmiter iniungentes
quatinus omnes et singulos predicte ecclesie parochianos ad predictam
ecclesiam contribuere recusantes die aliquo dominico et festivo in ecclesia
predicta et alibi ubi tibi videbitur faciendum moneas auctoritate nostra
publice et inducas monerive sic facias et induci quod infra mensem monicionem tuam immediate sequentem ad reparacionem huius campanilis et
navis ecclesie saltem pro porcione ipsorum singulos iuxta assidacionem seu
agistacionem predictam concernente contribuant et tibi aut dicte ecclesie tue
custodibus de porcione eadem satisfaciant sub pena excommunicacionis
maioris debite ut tenentur et prout canonicam effugere voluerint ultionem
alioquin si quos infra predictum terminum inveneritis non solventes cites
eosdem seu citari facietis peremptorie quod coram nobis aut certo nostro in
hac parte commissario decimo die iuridico citacionem tuam immediate
sequenteubicunque tunc fuerimus in nostra civitate vel diocesi causam dila-
cionis seu retardacionis et quare ad predictam reparacionem compelli non
debeant legitime propositurum facturumque ulterius et recepturum quod
iustum fuerit in hac parte. Quibus die et loco huius nos aut commissarium
predictum de omni eo quod feceritis in premissis una cum nominibus huius
per te citandorum distincte certifices et aperte litteris tuis patentibus habentibus hunc tenorem.

244

Incomplete mandate of a bishop,[1] without heading, inhibiting the canons of
a royal chapel from leasing their prebends to anyone, and especially to
laymen, and ordering them to reside and maintain hospitality in their
prebendal houses.

(p.187)   **245**

*Notabilis confirmacio apostolica super ecclesiis porcionibus et pensionibus alicui
monasterio appropriatis   Hertlande*

Urban (vi) confirms a *sentencia diffinitiva* of Walter (Stapeldon) bishop of
Exeter as to the legality of the acquisition by the priory of H. of churches

---

[1] Perhaps addressed by a bishop of Exeter to the canons of Bosham.

formerly appropriated to them, which had been queried during his visitation. At the end J.L. adds: Et insertus fuit totus tenor in bulla confirmatoria Et tunc sequebatur Dat' Roma' Et tenorem eiusdem sentencie episcopi reperies supra in eodem quaterno. [1378–89.]

246

Bona protestacio in dimissione alicuius beneficii propter aliud incompatibili

Protestation before a notary by R. rector of Q.,[1] in the diocese of Exeter, that despite the suit now pending between himself and Mr. T. Walkington[2] for possession of the deanery of Exeter, he does not propose to resign the benefice of Q. unless he obtains firm possession of the deanery.

In dei nomine Amen coram vobis discreto viro auctoritate publica et testibus fidedignis R. utriusque legis doctor rector ecclesie parochialis de Q. Exon' dioc' ac subsequenter decanatum ecclesie Exon' qui est dignitas curata in eadem ecclesia canonice assecutus de et super cuius decanatus iuribus et possessionibus lis inter me et quendam Magistrum T. Walk' (Thomas Walkington) in Romana Curia per nonnulla tempora pendebat et pendet maioremque litem mihi moveri deferri seu inferri per eundem M.T. verisimiliter timeo in hac parte protestor publice palam et expresse in hiis scriptis et actis in nostro ad hoc sancta dei evangelia per me corporaliter tactis quod non est intencionis mee dictam ecclesiam meam de Q. dimittere nec a iure quod habeo in eodem aliqualiter recedere per aliquam assecucionem seu possessionem decanatus predicti nisi in eventu illo dumtaxat quod dictum decanatum canonice retinere et illius possessione plena et pacifica congaudere et de ipsius decanatus fructibus et proventibus libere disponere ac ipsum a me non evictum effectualiter retinere valeam in futurum. Et protestor insuper atque iure modo et forma predictis quod non est intencionis mee predictam ecclesiam meam cum predicto decanatu insimul illicite minus canonice retinere set cum habuero pacificam et indubitatam et minime turbatam possessionem ipsius decanatus de iure vel de facto quod extunc volo et intendo predictam ecclesiam meam de Q. cum suis iuribus et pertinenciis eiusdem iuxta iuris exigenciam dumtaxat et non aliter. R. (sic) et verbo dimittere cum effectu quodque si contingat me R. ipsam ecclesiam de Q. pretextu et occasione assecucionis decanatus predicti dimittere quovismodo ac quod postea idem decanatus a me qualitercunque absque culpa mea (p.188) evictus fuerit vel mihi non debeat de iure inposterum doctum probatum declaratum et pronunciatum fuerit seu quod de possessione pacifica ipsius decanatus gaudere et de ipsius fructibus et proventibus disponere non valuero ut

---

[1] Q. appears to be Quethiock.
[2] Mr. Thomas Walkington was engaged in a long dispute with R. Tregrisiou for the deanery of Exeter after 1378. *Le Neve, Exeter*,p.4.

deberim protestor ut supra me velle et revera intendo ad ecclesiam de Q. predictam libere redire ac de eadem fructibusque et proventibus eiusdem disponere iuxta iuris beneficium editum in hac parte dimissione huius dicte ecclesie de Q. alicuius non obstante.

Vide aliam supra v^{to} quaterno fol.ix^{o}.

247

Mandatum formale quod non teneantur mercata diebus dominicis

Mandate of William bishop of Winchester to the official of the archdeacon of Winchester and the dean of Southampton ordering them to gather together all having cure of souls in the deanery at the town of Southampton on a Sunday before the feast of All Saints, and to lead them, surpliced, in a solemn procession to the people of the deanery, who have been summoned to a convenient place to hear them. There they are to announce to clergy and people, in the vulgar tongue, a strict prohibition of Sunday markets, except in harvest time (in tempore autumpnali necessitate tunc cogente ne pereat commoditas celesti provisionis), lest they miss the reading of banns and the publication of episcopal mandates.[1]

248

(p.190)

Mandatum et commissio ad absolvendum corpus defuncti

Mandate of William (*rectius* John) Stratford archbishop of Canterbury to the prior of Norwich to absolve the corpse of Anthony Bek bishop of Norwich, who has recently died,[2] from the sentence of excommunication formerly laid on him. (c.1343.)

William etc. to the official of the archdeacon of Canterbury. Vacat hic. William etc. to the prior of the cathedral church of Norwich: 'ut de penitencia domini Antonii nuper Episcopi Norwyc' suffraganeii nostri defuncti causis legitimis diversarum excommunicacionum maiorum sentencias dum adhuc viveret per nos canonice involuti vos informari possitis et per evidencia iudicia et sufficiencia signa penitenciam latem dicti Episcopi fuisse inveneritis et de ea vobis constiterit que secundum canonica instituta in hac parte sufficere debeat per absolucionem a dictis excommunicacionis sentenciis facienda post mortem et per dictum defunctum non fecerat quominus dictam absolucionem receperit sed pocius per humane sortis eventum a predictis sentenciis et earum qualibet dictum episcopum defuncti valeatis absolvere in

---

[1] Cf.*Reg.Wykeham*,ii,520, for general prohibitions of Sunday trading in 1400.

[2] Anthony Bek, bishop of Norwich, died in 1343, when the archbishop was John Stratford, whose mandate this seems to be. See 211 above.

forma iuris que requiritur in hoc casu. Vobis per presentes committimus vices nostras firmiter iniungendo quod de modo informacionis huius ac reperta per eandem necnon de absolucione predicta et eius forma si ipsam absolucionem vobis facere contigerit nos citra festum sancti Hillarii plene et distincte per vestras patentes litteras harum continentes seriem certiores reddatis Dat' etc.'

(p.191) **249**

Forma composicionis inter reverendum patrem dominum Will' Wynton' episcopum at archidiaconum Surr' super exercicio iurisdiccionis archidiaconalis Surr'

Announcement by Archbishop Stratford of a sentence of arbitration between Bishop William Edingdon of Winchester and Richard Vaghan, archdeacon of Surrey, in disputes between them about intestacy, rural deans, probates, administration accounts, correction of crimes, sequestration of vacant benefices, collection of St. Swithin's farthings etc. 1348.

Jo. permissione divina Cant' archiepiscopus tocius Anglie primas et apostolice sedis legatus quibuscunque Christi fidelibus has litteras inspecturis salutem et perpetuam memoriam rerum gestorum. Plena periculis exorta discordia multociens facit excandescere patrem in filium et filium in parentem ac exurgere servum in dominum et subditum in maiorem Huic verum consumpcio provenit labores importabiles prosiliunt necnon et odia suscitantur. Quamobrem venerabilis frater noster dominus Willelmus dei gracia episcopus Wynton' ac discretus vir Magister Ricardus Vaghan archidiaconus Surrey pro bono pacis volentes a lite et discordia antiquitus suscitatis super articula infrascripta in eos tangentibus ipsorumque occasione dispendiosa excitatis summo desiderio recedere in nos prefatum Jo. Archiepiscopum tanquam in arbitratorem compromissarum diffinitorem et amicabilem competitorem in et super premissis omnibus et singulis in ea tangentibus ac dependentibus emergentibus et quolibet eorundem compromiserunt ac eciam consenserunt seque ordinacioni nostre super hiis alte et basse sub certa forma simpliciter submiserunt in scriptis ac bona fide promiserunt se velle ordinacioni et pronunciacioni nostris parere ordinataque pronunciata statuta diffinita atque dicta per nos in ea parte perpetue in omnibus observare. Unde nos prefatus archiepiscopus in nos onus submissionis huius admittentes iuxta illarum exigenciam in effectum super premissis omnibus et singulis processimus in eadem audivimus et examinavimus et de illis cognovimus diligens. Et domum iuxta eas ipsis dominis episcopo et archidiacono coram nobis personaliter existentibus et pronunciacionem ac ordinacionem in ea parte fieri postulentibus Christi nomine invocato ad ipsas pronunciacionem et ordinacionem processimus in eosdem per discretum virum Johannem de Usk clericum tunc ibidem presentem quem constituimus organum vocis nostre legi et recitari fecimus in hunc modum: In dei nomine Amen cum inter venerabilem fratrem nostrum W. dei gracia episcopum Wynton' ex parte una et discretum virum magistrum R.V. archidiaconum archidiaconatus Surr' Wynton' dioc' ex altera super articulis infrascriptis et eos tangentibus eorumque occasione orta sit materia questionum et discordie que inter ipsum dominum episcopum ex una parte et magistrum Willelmum Inge defunctum dicti archidiaconatus quondam archidiaconum ex altera fuerat primitus suscita videlicet super★¹ ordinacione et disposicione bonorum quoruncunque decendencium ab intestato in archidiacono predicto. Item super prefeccione et amocione decanorum ruralium et apparitorum ac subrogacione aliorum loco eorum in archidiaconatu predicto.★² Item super insinuacionibus probacionibus et approbacionibus testamentorum ac improbacionibus eorum cum de iure fuerint improbanda omnium et singulorum in dicto archidiaconatu decendencium seu alibi bona tamen immobilia habencium in eodem tempore mortis ipsius.★³ Necnon super commissione administracionis bonorum spectancium ad testamenta predicta audicionem compoti seu ratiocinii administracionis executorum testamentorum huius decedencium facte in bonis eorundem et liberacione eorundem ac ceteris premissa monia contingentibus quovis modo.★⁴ Item super modo exercendi iurisdiccionem ecclesiasticam predictam.★⁵ Item in inquisicione correccione et punicione excessuum criminum seu delictorum quoruncunque subditorum dicti archidiaconi et delinquencium in eodem ac vocacione seu citacione eorundem quorum cognicio correccio et punicio ad forum ecclesiasticum pertinere noscuntur.★⁶ Item super colleccione percepcione custodia disposicione vel administracione quoruncunque fructuum reddituum et proventuum et obvencionum quarumlibet ecclesiarum secularium ac vicariarum et porcionum in dicto archidiaconatu vacancium ad dominum episcopum Wynton' et archidiaconum Surr' qui pro tempore fuerant de consuetudine antiqua pertinencium pro equalibus porcionibus pro toto tempore vacacionum earundem.★⁷ Item super profeccione seu deputacione sequenti archidiaconatu predicto.★⁸ Item super annua pensione viginti marcarum quam idem dominus (. . .) sinodalibus ac denariis sancti Petri et quadrantibus sancti Swythini dicti archidiaconatus per archidiaconum qui pro tempore fuerit et esse asseruit ab antiquo.★⁹ Item super eo quod prefatus Magister Ricardus archidiaconus mendacius asseruit et asserit quod ad archidiaconum Surr' qui pro tempore fuerit pertinuit et ad ipsum pro toto tempore pertinet ac sibi super eo quod dictus magister Willelmus nuper archidiaconus Surr' asseruit quod ad ipsum et predecessores suos huius pertinuit (sic) omnes denarios et quadrantes sancti Swythini vulgariter nuncupatos ab ecclesiis et earum parochianis annuatim secundum antiquam consuetudinem infra dictum archidiaconatum colligendos et exigendos ab earundem ecclesiarum rectoribus vicariis et parochianis quantuncunque concernerunt et ab antiquo consueverunt concernere secundum modum antiquum annuatim libere colligere et exigere seu colligi et exigi facere et in usus suos pro tempore suo et predecessores sui memorati

---

★¹ Primus articulus.   ★² secundus.   ★³ tertius.   ★⁴ quartus.   ★⁵ quinque.
★⁶ vius.   ★⁷ viius.   ★⁸ octavus.   ★⁹ nonus.

pro temporibus suis in suos usus convertere hoc (. . .) quod de dictis denariis
sancti Petri sic collectis nuncio sedis apostolice in partibus Anglicanis degente
quadrantes sancti Swythini sacriste ecclesie cathedralis Wynton' annuatim
secundum summam consuetudinem a dicto archidiaconatu seu ecclesiis archidiaconatus predicti et eius archidiacono debitam tenetur sicut archidiaconus
Surr' qui erat pro tempore solvere consuevit.[1] Item interposicione et
relaxione sequestri et fulminacione quaruncunque censurarum ecclesiasti-
carum super premissis et ea tangentibus seu eorum occasione in archidiaconatu[2] predicto. Tandem dominus episcopus et Ricardus archidiaconus in
nos Johannem permissione divina Cant' archiepiscopum[3] Anglie primatem
et apostolice sedis legatum tanquam in arbitratorem compromissorem
diffinitorem amicabilem compositorem super premissis omnibus et singulis
et ea tangentibus ac dependentibus et emergentibus a quolibet eorundem
compromiserunt consenserunt ac nostre ordinacioni alte et basse submiserunt
sicut in nostris super hoc factis plenius continetur Unde idem archiepiscopus
supradictus iuxta formam submissionis huius in prefato negocio procedentes
et intellectis informacionibus allegacionibus ac iuribus parcium predictarum
super premissis int' eciam et discussis omnibus supradictis ac ceteris omnibus
et singulis que dicte partes in presencia personaliter constitute coram nobis
proponere et dicare voluerunt.

Forma sentencie compromissi:
Nos Johannes archiepiscopus supradictus ponderatis huic inde omnibus
ponderandis pronunciamus ordinamus diffinimus et dicimus quod dictus
dominus episcopus et ipsius successores in episcopatu Wynton' qui pro
tempore fuerint de bonis quoruncunque decendencium abintestatorum
clericorum[4] quam laicorum (p.193) in dicto archidiaconatu per se et suos
ministros libere ordinent et disponant ita quod etc.[5] Ita quod archidiaconus
Surr' qui pro tempore fuerit vel successores sui de bonis huius absque mandato episcopi nullatenus intromittant. Et quod archidiaconus predictus et
ipsius successores in archidiaconatu Surr' qui pro tempore fuerint omnes et
singulos officiales commissarios decanos rurales et apparitores in archidiaconatu predicto pro quacunque iurisdiccione archidiaconali exercenda et
exequenda infra archidiaconatum predictum per se et suos solum et insolidum
preficiant et amoveant ac loco eorum alios subrogent quociens viderunt
expedire prout archidiaconus Surr' qui pro tempore fuerat facere consuevit
et statim post profeccionem huius iidem ministri archidiaconi Surr' coram
officio episcopo Wynton' seu episcopi aut officialis eiusdem commissario
generali prestent solitum iuramentum videlicet quod mandata episcopi
Wynton' qui pro tempore fuerit et ministrorum suorum canonice diligenter
et fideliter exequentur quodque iurisdiccionem episcopalem Wynton'
nullatenus usurpabunt. Nullusque apparitor alius in dicto archidiaconatu de
officio apparitoris aliqualiter intromittat, dicti domini episcopi et successorum
suorum huius generali apparitore equidem unico consistorii diocesis Wynton'

---

[1] decimus.   [2] undecimus.   [3] post data domini archiepiscopi.   [4] nota.   [5] Io'.

unicoque apparitore generali pedite cons' et diocesis Wynton' dumtaxat exceptis. Licebit clericum ius dicto domino episcopo et eius successoribus cum voluerint sequestratores in dicto archidiaconatu habere pro bonis abintestato decedencium sequestrandis et administrandis et brevibus regiis exequendis et ineditate quoruncunque fructuum reddituum proventuum et obvencionum qualibet ecclesiarum secularium et vicariarum et porcionum quaruncunque vacancium que in dicto archidiaconatu pertinent ad dictum dominum episcopum et eius successoribus colligendum et custodiendum. De alia autem immediate ad archidiaconum Surr' qui pro tempore fuerit de antiqua consuetudine pertinente faciant idem archidiaconus et eius successores memorati sicut eis placuerit de eadem et in quibuscunque casibus vacacionis huius ex quibuscunque causis contingentibus. Licebit eciam eidem domino episcopo et eius officiali ac commissario unico dumtaxat generali pro tota Wynt' diocesi deputato consultis presidente eorumque successoribus decanos in dicto archidiaconatu per dictum archidiaconum aut eius successores huius profectos propter eq' inobediencias et alias quascunque causas legitimas cum com . . . fuerint legitime amovere sed archidiaconus et eius successores predicti per se et suos solum et insolidum loco sic amicorum alios preficiant idoneos prout eis videbitur expedire. Ordinamus insuper et statim quod insinuaciones probaciones et approbaciones testamentorum seu improbaciones eorundem cum de iure fuerint improbanda omnium et singulorum laicorum non familiarium nec commensalium domini episcopi Wynt' qui pro tempore fuerit et ministrorum consistorii Wynton' infrascriptorum in dicto archidiaconatu decedencium seu alibi bona immobilia huiusmodi in eodem tempore mortis ipsorum coram dicto archidiacono et eius successoribus memoratis ipsorumque ministris libere favor ac commissio administracionis bonorum spectancium ad testamenta predicta et cetera omnia premissa contingencia ad ipsos pertineant quodque ipsi compotum seu ratiocinium administracionis executorum dictorum defunctorum et bonorum audiant et litteras acquietancie eisdem faciant prout eis visum fuerit expedire extra tempus visitacionis episcopi et inquisicionis faciendi in actuali visitacione officialis dicti domini episcopi seu commissarii antedicti ubi executores dictorum testamentorum et bonorum ad dictum dominum episcopum ipsiusve officium aut commissarios antedictos vel eorum successores. (p.194) Nota quod archidiaconus Surr' habet provenciones ut est in casibus hic expressus. Libere adiequit in premissis ante addicionem huius bona huius testamenta contingencia auctoritate dicti archidiaconi seu successorum suorum predictorum fuerunt sequestra' executoresque testamentorum et bonorum huius fuerint eadem auctoritate citaturi et preconizaturi canonice coram dicto archidiacono et eius successoribus predictis eorumque ministri fiant predictas insummaciones autem et approbaciones et reprobaciones testamentorum rectorum vicariorum capellanorum et aliorum clericorum in sacris ordinibus constitutorum necnon ministrorum consistorii Wynton' videlicet commissarii generalis registrariorum sequencium eorum advocatorum et procuratorum dicti consistorii ac dicti sequestratoris domini Wynton' qui pro tempore fuerit in archidiaconatu Surr' et apparitorum predictorum★¹ ac familium commensalium domini episcopi Wynton' qui pro tempore fuerit eciam si laici existant ac cetera omnia contingencia approbacionem testamentorum huius commissionem administracionis bonorum spectancia ad testamenta predicta ad dominum episcopum Wynton' et eius successores vel ipsius ministros et non ad dictum archidiaconum pertineant in futurum.★² Omnes cause vero testamentarie occasione testamentorum quoruncunque movendo coram dicto domino Episcopo officiali suo aut commissariis supradictis vel coram dicto archidiacono et eius successoribus seu eorum officialibus aut commissariis eorum vel eorum alterius prout huius eas movere volentes libere duxerint eligendum tractentur et terminentur nisi via appellacionis vel querele seu alias legitime ad audienciam dicti episcopi seu ipsius successoris aut eorum officialium seu commissariorum predictorum legitime devolvant. Item ordinamus et statuimus quod super criminibus excessibus seu debitis quoruncunque subditorum dicti archidiaconatus seu delinquencium in eorundem quorum cognicio correccio et punicio ad forum ecclesiasticum pertinere noscuntur dictus archidiaconus et eius successores memorati seu eorum officiales aut commissarii vel eorum alterius inquirant corrigant★³ et puniant et super hiis procedant libere et pro dictis criminibus excessibus seu delictis ipsos subditos et delinquentes in archidiaconatu predicto corrigant et puniant secundum canonicas sancciones seu consuetudines in eodem archidiaconatu hactenus usitatas prolis oppressione parentum percussione familiaribus commensalibus domini episcopi Wynton' qui pro tempore fuerit et ministris dicti consistorii Wynton' suprascriptis et aliis ad dictum archidiaconum de iure consuetudine minime spectantibus dumtaxat exceptis Archidiaconus tamen predictus et successores sui seu eorum ministri de correccionibus excessuum subditorum★⁴ in visitacione domini episcopi Wynton' aut officialis sui vel commissarii generalis unici domini episcopi aut officialis ipsius semel archidiaconum dumtaxat annis singulis faciendum compertorum coram archidiacono Surr' qui est vel fuerit vel ministris suis prius sub correccione non pendencium se nullatenus intromittant dependencie assercioni officialis dicti archidiaconi qui est★⁵ seu pro tempore fuerit aut ipsius commissarii sub debito iuramenti ipso domino episcopo Wynton' qui est seu pro tempore fuerit officiali aut commissario supradictis per ipsos presisti credatur omnino nec aliquos subditos corrigant vel puniant quovis modo ordinantibus visitacione domini episcopi Wynton' qui pro tempore fuerit et inquisicionibus generalibus in huius visitacione officialis episcopi vel commissarii generalis faciendis★⁶ testamentaque singula durantibus huius visitacione domini episcopi qui pro tempore fuerit et in inquisicionibus generalibus insinuanda vel probanda coram hiis visitantibus et non coram archidiacono vel ministris suis insumantur et probentur et cetera sequentia ut superius est expressum. Recepto autem mandato citatorio pro visitacione

---

★¹ nota duorum apparitorum.   ★² quid iuris sit de aliis causis et ad quem debeant pertinere.
★³ nota.   ★⁴ lo' hic de criminibus.   ★⁵ nota.   ★⁶ lo'.

domini episcopi (p.195) qui pro tempore fuerit aut successorum suorum
suorum predictorum seu officialium suorum aut commissariorum generalium
supradictorum in dicto archidiaconatu facienda archidiaconus Surr' qui est
et pro tempore fuerit et sui ministri ab exercicio cuiuscunque iurisdiccionis
quiescant donec visitacio domini episcopi Wynton' qui pro tempore fuerit
et generales inquisiciones faciende sint complete et mandatum officialis seu
commissarii huius super compertis in inquisicionibus huius eciam continens
nomina quorum crimina excessus seu delicta detecti fuerunt vel delati in
eisdem ad dictum archidiaconum vel successores suos memoratos vel aliquem
ex ministris suis emanaveritque recepto in illo decanatu dictus archidiaconus
et successores sui predicti suam libere iurisdiccionem archidiaconalem
exerceant sicut prius et idem in ceteris dicti archidiaconatus decanatibus
observetur dilacione citacionis huius inquisicionum generalium facienda ac
publicacione facienda compertorum inquisicionibus huius spacium sex septi-
manium non excedentibus quovis modo. Inquisicionibus antedictis finitis
dominus episcopus seu eius successores predicti aut eorum officiales vel
commissarii ipsorum vel alterius eorundem seu quicunque alius eorum
auctoritate vel nomine de insinuacionibus probationibus seu approbacionibus
testamentorum et pertinenciis ac subsequentibus ut premittitur ad eosdem
seu dependentibus et emergentibus a qualibet earundem al' ad dictum archidiaconum spectantibus illo anno nullatenus intromittant alio modo quam
superius est expressum. Proviso quod visitacio domini episcopi Wynton' qui
pro tempore fuerit et inquisiciones generales huius eodem anno non con-
currant ordinarie. Insuper et statuimus quod idem dominus episcopus et eius
successores seu eorum officiales aut commissarii eorum aut alterius eorundem
unicus dumtaxat generalis per totam diocesim Wynton' deputatum crimina
excessus seu delicta quoruncunque in dicto archidiaconatu delinquencium
mandatis citatoriis literatoriis nomina delinquencium seu excedencium
exoresse continentibus citacione super eisdem non proventorum per archidiaconum Surr' qui est seu erit pro tempore aut suos ipsius archidiaconi
officiales seu decanis aut aliis obedientiariis beneficiatis ad citandum delinquentes huius primitus directis corrigant et puniant ubi et quando ipsis vel
eorum alicui videbitur expedire. Dictus autem dominus episcopus et successores sui memorati duos apparitores dumtaxat unum equitem et alium
peditum per totam Wynton' dioc' habeant deputatos quorum alter dumtaxat
per dictum archidiaconatum inter singula consistoria faciat discursum pro
suo officio exercendo et citacionibus super criminibus et excessibus seu delictis
coram dicto episcopo et successoribus suis predictis officialibus aut commissariis memoratis faciendis per eosdem episcopum officiales vel commissarios
corrigendum. Ita tamen quod ambo simul nunquam preterquam in
visitacione domini episcopi qui pro tempore fuerit et in inquisicionibus
generalibus predictis in dicto archidiaconatu discursum faciant aliqualem nec
moram faciant continuam in eodem. Insuper ordinamus et statuimus quod
pro denariis sinodalibus dicti archidiaconatus et emolumentis que exi'
denariis sancti Petri et sancti Swythini quadrantibus ultra id quod sedis

apostolice nuncio et ecclesie cathedrali Wynton' per dictum archidiaconum
annis singulis solvi debet suis usibus applicantur per ipsum archidiaconum
pro tempore suo et quemlibet archidiaconum Surr' qui erit pro tempore per
se et suos colligendis et levandis et pro omnibus aliis pensionibus annuis eidem
domino episcopo et successoribus suis debitis ab archidiacono supradicto et
successoribus suis racione archidiaconatus predicti. Idem archidiaconus et eius
successores dicto domino (p.196) episcopo et successoribus ipsius viginti
marcas sterlingorum pro denariis predictis et aliis prestacionibus quibuscunque ad festum Pasches in ecclesia cathedrali Wynton' singulis annis
persolvant dictus vero archidiaconus et successores ipsius omnes denarios
sinodales et paschales vocatos et eciam martinales ac eciam sancti Petri
denarios et quadrantes sancti Swythini vulgariter nuncupatos a singulis
ecclesiis et earum parochianis annuatim secundam antiquam consuetudinem
infra dictum archidiaconatum colligendos et exigendos ab earundem ecclesiarum rectoribus vicariis et parochianis quatinus unumquemque concernunt
et ab antiquo etc. consueverunt et secundum modum consuetum annuatim
libere per se et suos colligi exigant et in usus suos convertant absque dicti
domini episcopi et successorum ipsius vel suorum impedimento vel contradiccione aliquali. De quibus vero denariis sancti Petri sic collectis denarii
sancti Petri nuncio sedis apostolice in partibus anglicanis degenti et quadrantes
sancti Swythini sacriste ecclesie cathedralis Wynton' annuatim secundum
summam consuetam a dicto archidiaconatu seu ecclesiis archidiaconatus
predicti et eius archidiacono debitam persolvent sicut archidiaconus Surr'
qui erat pro tempore solvere consuevit. Quod si dictus archidiaconus aut
eius successores in solucione dictarum viginti marcarum[*1] aliquo anno
cessare contigerit die et loco suprascriptis volumus et ordinamus quod
dominus episcopus Wynton' qui pro tempore fuerit per censuras ecclesiasticas et per sequestracionem fructuum archidiaconatus predicti archidiaconum Surr' qui pro tempore fuerit coherceat et compellat quousque
predictarum viginti marcarum solucio plena fiat. Item ordinamus et statuimus
quod dictus archidiaconus et eius successores predicti eorumque ministri
omnia et singula superius designata in suis casibus suprascriptis domino
archidiacono et eius successoribus memoratis ut premittitur compet' seu
attributa necnon omnia et singula necessariam seu optimam expedicionem
eorundem concernencia libere facere et exercere eciam cum censuris quibuscunque sequestracionibusque[*2] bonorum fructuum proventuum et obv-en
cionum quoruncunque ibi quociens et quando opus fuerit pro premissorum
expedicione non sine execucione prout ipsi archidiacono et eius successoribus
predictis seu eorum locum tenentibus videbitur expedire. Nolumus autem
nec intendimus per ea que superius pronunciavimus ordinavimus statuimus
diffinivimus seu diximus iuribus quibuscunque ad episcopum Wynton' qui
pro tempore fuerit seu ad archidiaconum Surr' qui est vel erit pro tempore
qualitercunque spectantibus de consuetudine vel de iure super quibus non

---

[*1] lo'.   [*2] nota quod arch. potest sequestrare.

est superius per nos specialiter pronunciatum ordinatum statutum diffinitum seu dictum aliqualiter derogare sed ea volumus dicto episcopo et archidiacono predicto et eorum successoribus predictis in (. . .) in suo robore firmiter permanere quocirca tam domino episcopo vel eciam de eorum successoribus quam archidiacono memorato virtute submissionum predictarum et omni iure quo poterimus melior (?) in virtute promissionis bona fide per vos in hac parte facte iniungimus et mandamus quod pareatis suprascriptis omnibus et singulis cum effectu et ea emolgetis et observetis in omnibus et singulis in futurum prout per nos sunt superius diffinita statuta ordinata et dicta et ut (p.197) ea fiant realia perpetuo observanda pro viribus dumtaxat testamentarias igitur alie cause de iure communi pertinent ad episcopum (ut scripsi supra folio proximo ii col.: hand of J.L.) procuretis reservamus nobis insuper plenariam potestatem si que sint dubita in premissis declarandi et ea interpretandi sicut nobis videbitur oportunum quibus quidem sic paratis statim dicti domini episcopus et archidiaconus in nostra presencia constituti personaliter pro bona pacis ordinata pronunciata statuta diffinita atque dicta huius acceptarunt et emologarunt expresse eaque omnia et singula uterque eorum bona fide sua promisit se velle firmiter observare. In quorum testimonium presentes litteras per Nicholaum de Yscole notarium publicum infrascriptum scribi et publicari mandavimus easque nostro sigillo fecimus communiri act' et dat' in capella nostra de Maydestan' nostre Cant' dioc' die xxiiii^to mensis maii anno domini millesimo ccc^mo quadragesimo octavo indiccione prima sanctissimi in Christo patris et domini nostri domini Clementis divina providencia pape sexti anno septimo et translacionis nostre quintodecimo presentibus tunc ibidem discretis viris magistro Laurencio Fastolf canonico ecclesie London' et Johanne de Wolveys de Atheste at Herton Wynton' ac dominis Ricardo de Swynerton de Cherryng Cant' Johanne Riges de Illegh Monachorum Norwyc' et Willelmo Serle de Badesle Clynton Coventr' et Lich' dioc' ecclesiarum rectoribus ac magistris Johanne de Beautre Ricardo Dorsete et Nichola Swyt de Rothewell notariis publicis testibus ad premissa vocatis specialiter et rogatis.

250

Sentencia generalis contra interficientes apparitorem generalem domini episcopi Wynton'

Mandate of W. bishop of W. to the official of the archdeacon of Winchester to denounce as excommunicate those responsible for the beating and illtreatment of the apparitor general John de Molynton on the previous day, while he was carrying despatches from the bishop. Highclere 15 March, 1373.[1]

---

[1] *Reg.Wykeham,*ii,186–7.

(p.198)   **251**

Citacio et sequestrum contra viros citatos non exhibentes titulos super beneficiis pensionibus et porcionibus que possident

Mandate of W. bishop of W., addressed to the vicar of Twyford, the chaplains of Merewell, and William Pullon, to sequestrate the goods of Roger de Cloune, master of the hospital of St. Cross, and of the hospital, because of his failure to exhibit at the recent personal visitation by the bishop, the titles of the hospital to the churches of Twyford, Whitchurch, Hurstbourne Fareham, and to portions in Alverstoke, Upham, Waltham, Woodhay, Millbrook, Bentworth, Havant, Michelmersh, and Chilbolton. Waltham, 6 Sept., 1373.

252

Monicio generalis sive mandatum contra omnes violantes sequestrum episcopi Wynton' in bonis hospitalis sancti Crucis interpositum et denunciens excommunicatos[1]

(p.201)   **253**

Mandatum ad denunciandum excommunicatos presbiterum verberantes

Mandate of W. bishop of Winchester to —— to denounce as excommunicate, in the parish church of Ce', those who set upon John Veel priest, as he was passing through Chiddingfold on his way to execute an episcopal mandate, on the 25 Sept. last.

254

Mandatum formale ne quis alienos parochianos recipiat ad divina

Inhibition of W. etc. to a religious house, forbidding them to administer the sacraments to the parishioners of Reigate on Sundays and feast day.[2]

255

Bona et formalis submissio vicarii de Ichenstok super frivolis appellacionibus interpositis et aliis excessibus per eum commissis[3]

---

[1] For the scandalous state of St. Cross, and the documents in this and other incidents in the Cloune affair, see *V.C.H.Hants*,ii,196 and *Reg.Wykeham*,ii,28–59.
[2] *Reg.Wykeham*,ii,220–1, 14 Oct. 1374.
[3] *Reg.Wykeham*,ii,222–3.

256

Mandatum ad compellendum parochianos ad refeccionem ecclesie

'W. etc. ad refeccionem et construccionem cuiuscunque ecclesie infra nostrum dioc' predictam constitute parochiani eiusdem contribuere teneantur ex constitucionibus sanctorum patrum in ea parte rite editis et legitime promulgatis necnon ex consuetudine in premissis legitime prescripta et per nostram dioc' universaliter hac tenus observata . . .' commands the recipients to admonish and induce certain parishioners of Lambeth whose names are included in the annexed schedule (not copied by J.L.) to contribute to the rebuilding of the church and steeple there, which they have so far refused to do.[1]

257

Mandatum de bona forma ad denunciandum excommunicatos impedientes iuris- diccionem ecclesiasticam et execucionem mandatorum ordinariorum

Mandate of Wykeham excommunicating, in accordance with a statute of archbishop Stratford, certain inhabitants of Coneham(?) who injured messengers going there on ecclesiastical business.

W. permissione divina etc. licet omnes et singulos qui episcopos iuris- diccionem suam in civitatibus seu locis aliis eis subditis debite exercere volentes in et super hiis que spectant notorie ad eosdem seu pro exercicio iurisdiccionis ecclesiastice mandata sua licita et canonica destinantes execu- ciones eorum debite faciendas impediunt vel impediri procurant iniuste ac nuncios huius mandata deferentes et facere debite iustas execuciones nolentes capere verberare et male pertractare iniuriose presumunt qui ne ad hec vel eorum aliqua consensu dederint consilium auxilium vel favorem aut ea vel eorum aliqua in suis facta negociis nominibus eorundem rata vel accepta habuerint sint auctoritate constitucionis felicis recordacionis domini Johannis quondam archiepiscopi Cantuar' tocius Anglie primati et apostolice sedis legati in ea parte rite edite et debite promulgate que incipit *Accidit novitate*[2] (. . .) maioris excommunicacionis sentencia innodati absolucione eorundem in causis locorum diocesanis specialiter reservatis fama publica referente ad nostrum pervenit auditum quod cum nos iurisdiccionem nostram in locis notorie subditis et subiectis exercere volentes in et super hiis que spectant notorie ad nos et pro exercicio iurisdiccionis ecclesiastice mandata nostra licita et canonica dicte ville de Coneham nostre dioc' destinaverimus ad execuciones eorundem debite faciendum quidam tamen iniquitatis filii quorum nomina ignorantur et persone nuncios nostros mandata huius licita et canonica ad ecclesiam de Coneham predicta pro exercicio iurisdiccionis

---

[1] *Reg.Wykeham*,ii,217, 18 April 1375.
[2] Stratford's constitution *de immunitate ecclesiarum Provinciale*,p.260.

nostre ecclesiastice deferentes ac iustas execuciones eorundem debite facere
volentes male pertractaverunt et iniuriose nequiter presumpserunt execu-
cionesque eorundem mandatorum nostrorum debite faciendas impedie-
verunt vel impediri procurarunt iniuste sentenciam maioris excommunicacionis supradictam dampnabiliter incurrendo in animarum suarum grave
periculum perniciosum exemplum et scandalum plurimorum iurisdiccionis
nostre ecclesiastice et nostri insuper contemptum manifestum.

258

Incomplete entry, without heading

Experiencia docente didicimus quam sit exuberans contra viros ecclesiasticos
presertim religiosos malicia plurimorum dum suis finibus non contenti ad
illicita frena relaxant nec attendunt quam sit gravis eis in clericos sive
ecclesiasticas personas et bona ecclesiarum interdicta potestas hoc sancti
patres prudenter intelligentes provide statuerunt quod si quis de dominibus
maneriis grangiis aut locis aliis ad archiepiscopos etc.

(p.204)   ### 259
Procuratorium pro compericione in visitacione archiepiscopi vel episcopi

John Ayllemer canon of Exeter nominates John Podesdon subdean, William
Hildersley and Matthew Stoke, chaplains, to appear and answer for him at
the visitation[1] of William (Courteney) archbishop of Canterbury, Farnham
Castle, 4 . . . (1382/3).

(p.205)   ### 260
Copia sentencie diffinitive in causa decimarum

Lata est sentencia x^{mo} kal. Nov. anno d.m^o ccc^{mo} lxxx^o.

The official of Winchester decides, in a case of subtraction of tithe of calves,
milk and milk products from Picholt in King's Sombourne, between John
Cole, *pars actrix*, and William Huldeweye, layman of Farley, *pars rea*, that
the tithes, and all arrears, are to be paid to the vicar and his successors.

---

[1] For this visitation see J. P. Dahmus, *op.cit.*,71-139.

261

Excommunicacio generalis super quandam querelam

Mandate of the official of Winchester to the rural dean of Southwark and to the priests of Saints Olave and George, Southwark, and St. Mary Magdalene, Bermondsey, to denounce as excommunicate the unknown sons of iniquity who stole a pair of old swans called eyrers from the watery ditches next the priory of Bermondsey, besides five cygnets.

(p.206) ## 262

Supplecio ad ordinacionem vicarie de Kyngeston

Incomplete ordination of the vicarage of Kingston on Thames, the rectory of which was appropriated to Merton Priory by William Edendon, bishop of Winchester, in 1352. Dispute has arisen about the vicar's portion, and other matters between Robert de Wyn' the present prior and Robert de B. the vicar, and Wykeham therefore makes a fresh ordination.[1]

(p.207) ## 263

Bonum et formale mandatum contra sollempnizantes matrimonium clandestinum et interessentes eidem

J. bishop of Exeter to all readers, announcement of the proposed excommunication of T., and C. daughter of R., who caused a marriage to be celebrated between them, by an unknown priest, in the parish church of C., with the connivance of John A. and of the keeper of the church keys.

264

Commissio ad absolvendum excommunicatum

No entry under this heading.

---

[1] *Reg.Wykeham*,ii,285–9, Robert de Bokenhulle, vicar, 28 Feb. 1376/7.

(p.208)   **265**

*Bona littera ac bona commissio executoris trium sentenciarum diffinitivarum ad
taxandum et estimandum fructus alicuius beneficii*

Mandate by an unknown judge to certain men ordering them to implement three
sentences of the auditors of causes of the sacred palace relating to the return of an
account of the revenues of a certain hospital which is in dispute between W. de W.
and Mr. T.[1]

Venerabilibus et discretis viris talibus abbatibus prioribus rectoribus vicariis
et notariis etc. talis etc. in dignitate tali trium sentenciarum diffinitivarum ac
condempnacionum fructuum et expensarum per venerabiles viros dominos
R. Str., A. de B., ac C. de F., sacri palacii causarum auditores in causa que
coram eisdem dominis auditoribus in dicto palacio apostolico suc. sive
vertebatur inter talem ex una parte et talem ex altera parte super tali beneficio
seu tali hospitali reus accione lata a sede apostolica deputatus salutem in
domino et mandatis nostris ymo verius firmiter obedire. Noveritis quod nos
in sentenciarum et condempnacionum predictarum execucione auctoritate
apostolica debite procedentes processus fecimus moniciones et mandata
censuras ecclesiasticas vel videlicet excommunicacionis suspensionis et interdicti contra dominum W. de W. antedictum ac quosdam alios in dictis
processibus nostris nominatos qui huius mandatis et monicionibus apostolicis
nostris non paruerint et qui illas contravenerunt continentes quo ad ulteriorem
premissorum excommunicacionem faciendam vobis et quibusdam aliis in
dictis processibus nostris nominatim coniunctim et divisim et cuilibet vestrum
in solidum commisimus vices nostras donec eas ad nos duxerimus revocandum. Verumque ex relacione dicti magistri Thome ad nostram devenit
noticiam quod fructus per ipsum dominum Willelmum a dicto hospitali
receptos in quibus ipse W. per dictos dominos auditores extitit iudicialiter
condempnatus inestimati et non taxati censentur remanere. Nos ne super
satisfaccione fructuum predictarum nova litis materia possit suscitari monemus vos omnes et singulos supradictos quibus presentes littere diriguntur
coniunctim et divisim et quemlibet vestrum insolidum primo secundo et
tercio et peremptorie et sub pena excommunicacionis quam dicta canonica
monicione premissa in vos et quemlibet vestrum qui in mandatis et monicionibus nostris non parueritis seu paruerint cum effectu in hiis scriptis
proferrimus districte percipiendo mandamus quatinus infra triginta dierum
spacium post presentacionem presencium vobis factam computandarum
quorum decem pro primo decem pro secundo et relinquos decem pro tercio
et peremptorio termino ac monicione canonica vobis et cuilibet vestrum ad
infrascripta facienda assignamus qui pro (blank) eiusdem M.T. requisiti seu
requisitus fuerit super valore fructuum predictorum probaciones et informaciones quas dictus M.T. in hac parte vobis duxerit faciendum recipiatis
et admittatis et secundum informaciones et probaciones huius ipsos fructus et

---

[1] This document appears to relate to the dispute about St. Cross in which Wykeham was engaged.

valorem ipsorum estimare et taxare curetis et secundum condempnacionem taxacionem et estimacionem ipsum dominum W. de W. de ipsis fructibus in quibus ut premittitur condempnatus extitit et existit infra terminum in dictis processibus nostris sibi ad hoc assignatum eidem M.T. vel eius procuratori satisfacere moveatis et inducatis per censuras ecclesiasticas compellatis movere inducere et compellere curetis et curet quilibet vestrum qui super hoc fuerint vel fuerit requisiti vel requisitus et omnia alia faciatis et faciat quilibet vestrum coniunctim et divisim que in premissis et circa premissa necessaria fuerit vel oportuna contradictores et rebelles in hac parte per censuras ecclesiasticas compescendum ad que omnia et singula vobis omnibus et singulis coniunctim et divisim et cuilibet vestrum insolidum commissionem alias per nos super execucionem predicte sentencie ut premittitur vobis et aliis factis nullatenus revocantes set ipsum in suo robore perdurare volentes committimus vices nostras per presentes donec eas ad nos duxerimus revocandum In quorum etc.

(p.209) **266**

Appellacio pro archidiacono Cornub' interposita ad Romanam curiam a decano de Arcubus a sentencia diffinitiva per ipsum lata

Appeal by Mr. J. H(arewell) to the Roman court from a decision of the dean of Arches. Harewell claims that he acquired a papal provision of the archdeaconry of Cornwall, which was vacated in the papal court, after the election of John of St. Paul to the see of Dublin, but that William de C(usantia) also claimed it and successfully appealed to the court of Canterbury against Harewell's installation in it by the bishop of Exeter. c.1349.[1]

In dei nomine Amen Ego John H. etc. dico et in hiis scriptis propono quod pro provisione sedis apostolice ac sanctissimi in Christo patris et domini nostri domini Clementis etc. pape vi^{ti} ad quem solum spectabat ea vice dicti archidiaconi collacio seu provisio racione reservacionis spectantis de dicto archidiaconatu quem tunc tenuit venerabilis in Christo pater dominus Johnannes de Sancto Paulo electus in archiepiscopum Dublin' per eandem sedem factam cum talibus inhibicionibus et decretis et aliis consuetis prout in litteris apostolicis et processibus inde factis ad que in presenti me refero plenius continetur dictum archidiaconatum in ecclesia predicta per munus consecracionis eidem electo ex curia Romana auctoritate dicte sedis impensum vacantem fui et sum cum suis iuribus universis canonice assecutus et ipsum sic assecutum possedi aliquamdiu pacifice et quiete. Quidam tamen

---

[1] John of St. Paul acquired this archdeaconry by exchange in 1346, *Reg.Grand.*,iii,1353. The next institution after this is that of Nicholas de Neuton, who acquired the archdeaconry by exchange with William de Cusancia in 1357; *ibid.*,1447. *Cal.Pap.Reg.*,iii,341, reservation of the archdeaconry of Cornwall to John de Harewell B.C.L., who subsequently appears as archdeacon of Worcester, Le Neve, *Monastic Cathedrals*,62.

W. de C. nullum in dicto archidiaconatu ius obtinens vel ad ipsum, ad dictum archidiaconatum se procuravit contra iusticiam indebite presentari ac pretextu et occasione huius presentacionis invalide quem nullam de iure firmitatem habuit vel habet provisionem et assecucionem meas prefatas indebite impugnavit ac multipliciter impugnat et in dies impugnare non desistit eciam in presenti vos insuper domino officiali et eiusdem curie presidenti predicto ad importuniam instanciam W. etc. cui nullum ius in dicto archidiaconatu meo vel ad eum compeciit vel ad eum competere potuit quovismodo ut predicitur obstante supradicto asserentis minus veraciter eidem venerabili patri domino Exoniensi episcopo ad dictum presentatum et se ad eundem admittendum fore debere et occasione admissionis eiusdem que propter premissa et alia per eundem venerabilem patrem nec fieri debuit nec potuit quovismodo ad curiam Cant' metropolitanen' licet frivole appellasse ac ex hoc et aliis ius meum provisionem et assecucionem meas predictas ut predicitur indebite inpugnantem multipliciter et indebite iniuste me J. predictum vero eiusdem archidiaconatus archidiacono et in possessione eiusdem ut premittitur existente non vocato absente non per contumaciam et alio iure ordinario in omnibus pretermisso ad varios actus in dicta non admissionis causa et tandem vos domine T. commissarius ad hoc ut dicitur specialiter ad diffinitivam sentenciam ut dicitur processitis dictumque W. diffinitive pronunciasti ad dictum archidiaconatum admittendum et de facto realiter ut dicitur admisisti propam (sic) et inique. Item dico quod dictus W. et complices sui de suis mandato et assensu quoruncunque factum ratum habuit et acceptum possessionem mansi et stalli in choro et alia ad dictum archidiaconatum pertinencia in quorum tamen possessione pacifica ut premittitur existebam donec sua propria temere sunt ingressi et ea occupant et detinent occupata possessione mea predicta spoliando ex quibus omnibus et singulis etc. (1349).

(p.210) **267**

Appellacio R. Brok thesaurarii Exon' contra Tregresyou

Appeal to the Roman court by R. Brok, treasurer of Exeter, against Mr. Ralph Tregrisiou, alleging that T., although already possessed of the prebend once of David Cal', had claimed that once held by Robert Sumpter, despite B's provision to it.[1]

In dei nomine Amen. Ego R. Brok in hiis scriptis propono quod licet fuisset et sit mihi R. predicto de canonicatu ecclesie Exon' et prebende quos quidam R. Sumpt' ipsius ecclesie canonicus dum viveret optinebat per ipsius Roberti obitum qui extra Romanam curiam diem clausit extremum vacatos canonice provisus quidam tamen magister R.T. canonicatus et prebende quos magister David Cal' dudum in eadem ecclesia canonice obtinebat canonicus possessor

---

[1] For another document in this case see 234 above. R. Brok was treasurer 1377–88; Sumpter died in 1378 but was succeeded by T. Walkington and Tregrisiou did not get a prebend until 1384. Le Neve, *Exeter*, pp.11,36,41; *Cal.Pat.Rolls* 1377–81, p.276.

qui quidem Radulphus eos canonicatum et prebendam per mensem et
menses ultime preteritos pacifice possidebat et sic possidet notorie de presenti
et nichil iuris habuit seu habet in dictis meis canonicatu et prebenda aliqualiter
vel ad eos asserens eosdem ad se pertinere licet minus vere titulum ius meum
canonicum quem habui et habeo in canonicatu et prebenda meis predictis
nullatenus impugnavit vel impugnat ac me per quandam procuratorem eius
nomine et cognomine mihi penitus incognitis subexecutorem pretensum
duarum sentenciarum diffinitivarum pretensarum in Romana curia pro parte
dicti magistri Radulphi de et super dictis meis canonicatu et prebenda contra
me in possessione iudiciali dumtaxat ut asserit latarum pro termino peremptorie moveri procuravit et fecit iniuste sub penis gravibus et censuris quatinus
eidem magistro Radulpho infra terminum minus breve eciam peremptorie
dictos meos canonicatum et prebendam prefatos cum canonicatu et prebenda
quos prefatus magister Radulphus tempore dicte monicionis a diu ante et
citra continue pacifice possidebat et sic possidet presenti notorie imcompas-
sibiles dimitterem liberos vacuos et omnino expeditos necnon ut xl^{ta} Florenos
nomine expensarum per ipsum ut asseruit factarum ac eciam fructus medio
tempore pro me perceptos ac percipiendos restituerem (cum revera) ex dictis
summis pretensis ullum commodum potuit aut debuit reportare ex eo quod
eisdem tacite (per assecucionem) canonicatus et prebende de novo per ipsum
ut premittitur ademptorum renunciavit sicque et alius prefatus magister
Radulphus (diu) postquam dictorum canonicatus et prebende quos dictus
magister David quondam ut premittitur obtinebat possessionem pacificam
(fui) adeptus et quos pacifice possidet de presenti me canonicatum preben-
datum predictum quominus dictos meos canonicatum et prebendam quos
prefatus R.S. dum viveret ut premittitur obtinebat libere valeam et pacifice
possidere ut deberem impedivit et impedit sine causa racionabili seu legitima
quacunque temere et iniuste et sic impediri procuravit mandavit et fecit seu
huius impedita nomine suo illicite facta rata habuit et habet pariter et
accepta in mei Roberti Brok canonici et prebendarii predicti preiudicium et
gravamen Unde ego Ro. canonicus et prebendarius predictus senciens me
ex premissis gravaminibus omnibus et singulis indebite gravatis ab eisdem et
eorum quolibet et que ex eis colligi potuerit et eorum occasione ad sedem
apostolicam et dominum nostrum papam in hiis scriptis appello et apostolos
peto primo secundo et tercio instanter instancius instantissime mihi dari et
fieri cum effectu.

268

Appellacio contra commissarium episcopi citantis beneficiatos ad exhibendum titulos[1]

Appeal against Mr. W. commissary of R. bishop of Exeter, by the proctor
of a canon and prebendary of Exeter who had been required to exhibit his

---

[1] Much faded.

titles without due warning, despite the fact that he had recently exhibited
them in the bishop's own visitation.

(p.211)   **269**

Littera manumissionis decani et capituli Exon' pro quodam ipsius nativo

Manumission of Roger and Walter Cogg, literates, and villeins of the demesne farm
of the cathedral church of Exeter at St. Mary Church, at the request of Bishop
Brantingham, with the proviso that on reaching suitable age they should take
orders.

J. de S. ecclesie cathedralis Exonie precentor[1] decanoque eiusdem ecclesie in
remotis agente capituli eiusdem ecclesie presidens ac ipsius ecclesie capitulum
dilecto nobis in Christo Rogero Cogge literato nativo tamen prefate ecclesie
Exon' atque nostro filio Walteri Cogg' nativi eciam nostri in dominio
firme nostre de Seyntmarychurche oriundo salutem in domino sempiternam.
Attendentes et considerantes probitatis et (. . .) tue merita ac alia in te urgencia
dona virtutum volentes igitur huius meritis tibi suffragantibus personam
tuam favore prosequi gracie specialis ac te fratres carnales et sorores super-
stites habentem servilis condicionis existentes et in dominio firme nostre
predicte permanentes libertatis insigniis decorare prehabito inter nos in hac
parte una cum venerabili in Christo patre et domino nostro domino Thoma
dei gracia episcopo nostro Exon' pro manumissione tua et libertate tibi
donanda instante ac ad hoc suum consensum prebente pariter et assensum
tractatu diligenti eciam et solempni premissorum meritorum tuorum intuitu
tenore presencium manumittimus ac libertati donamus intuitu caritatis huic
manumissioni nostre ac libertatis donacioni hunc modum adicientes nihilominus atque formam ut te clericali caractere facias cuius quo comode poteris
insigniri die postmodum ad legitimam etatem pervenire statutis et debitis
temporibus ad sacros ordines et sacerdocium promoveri quodque extunc in
ordinibus sic susceptis in dicta ecclesia Exon' vel dicte firme de S. firmario
qui pro tempore fuerit de cuius dominio extiteras ut prefertur aut alteri
dicte ecclesie canonico in ipsa ecclesia residente si ad hoc requisitus fueris pro
salario statui tuo et ordini competenti deserviri tenearis et debeas in divinis
ecclesiam tamen predictam huius firmarie ipsumque firmarium uteris ipsius
ecclesie canonicis proferri volumus in huius obsequio seu servicio tuo que
requisitum fuerit obtinendo. In quorum omnium testimonium atque fidem
manumissionis vestre et libertatis tue cartam tibi fieri fecimus hanc patentem
sigillo nostro communi ad perpetuam rei memoriam consignatam quam
cartam in custodia venerabilis patris domini nostri episcopi supradicti
quousque ad sacerdocium promotus extiteris volumus remanere extunc per
eundem venerabilem patrem libere tibi tradendam ac eciam liberandam dat'
in domo nostro capitulari xii kal. maii anno domini etc. lxxxi (1381).

---

[1] John de Saxton was precentor of Exeter 1372–82.

270

Littera formalis ad compellendum presbiterum annualiarum ad deserviendum cure

John bishop of Exeter orders J.L., chaplain celebrating in the church of St. Keron, Cornwall, to serve Mr. R. rector of T., for a whole year from the receipt of this letter, which despite the constitutions of Archbishop Simon and his suffragans, ordering chaplains celebrating anniversaries of laymen to assist the rectors and vicars of parish churches when needed, he had refused to do.[1]

(p.212) ## 271

Bona et notabilis forma (littera) per quam constituitur clerici beneficium dimittendi annuam pensionem de eodem beneficio dimisso. Pro Roberto Herwarde rectore sancte Columbe[2]

Assignation by Grandisson of an annual pension of £20 to Mr. Ralph de Arundelle after he had resigned the rectory of St. Columb Major, to which Mr. Robert Hereward has been instituted. [1353]

Universis ad quos presentes littere pervenerint quorumve interest vel interesse poterit quomodolibet futurum J. miseracione divina Exon' episcopus salutem in auctore Salvatoris (sic) Nuper dilectus filius dominus Radulphus de Arnald presbiter rector ecclesie parochialis et curate sancte Columbe Maioris in Cornubia nostre diocesis in nostra presencia constitutus volens ut asseruit ex certis causis consciam suam racionabiliter moventibus ab animarum cura et regimine eiusdem ecclesie resignare nobis humiliter supplicavit quatinus resignacionem suam de ipsa ecclesia sua acceptare et admittere dignaremus unde nos auditis ac plene discussis et intellectis causis resignacionis huius faciende que manifeste comperimus causas veras et sufficientes resignacionem eandem in scriptis redactam ac per ipsum R. coram nobis lectam et nobis traditam reservandi et assignandi eidem Radulpho de fructibus et proventibus facultatem eiusdem ecclesie competentem pro vite sue succuriis pariter (. . .) Duximus admittendum vacante dicta ecclesia S.C.M. per spontaneam resignacionem prefatam in manibus nostris factam et per nos taliter acceptam dilectoque filio magistro Roberto Hereward clerico ad presentacionem dilecti filii domini Johannis de Arundell militis veri eiusdem ecclesie patroni premissa inquisicione diligenti super vacacione et aliis

---

[1] Grandisson transmitted to his archdeacons in 1352 Archbishop Islep's constitution concerning parochial and anniversary chaplains, which is given in full in *Reg.Grand.*,ii,1115-19. Cf. 43 above.

[2] Mr. Robert Hereward, clerk, was instituted to the rectory of St. Columb Major, vacant by the resignation of Mr. Ralph de Arundell, 27 Sept. 1352, the bishop reserving the power to provide suitable sustenance from the fruits for Mr. Ralph. *Reg.Grand.*,iii,1424,ii,1123-4. It seems improbable that this R. Hereward can possibly be the archdeacon of Taunton who figures above, no.96, and it should perhaps be supposed that two canons of Exeter of the same name were active during the first half of the fourteenth century.

articulis consuetis in talibus ut est moris concurrentibus eciam omnibus de
iure in hac parte de requisitis ad (. . .) per nos admisso et instituto canonice
in eadem Nos attendentes prefati domini Ra. cuius (. . . .) proprio compaciens
affectu ne humano destitutus suffragio in opprobrium cleri ordinisque sacer-
dotalis (. . .) compellatur ad instantem peticionem dicti domini Johannis
patroni eiusdem ecclesie ac de expresso volente et consensu memorati
Magistri Roberti tunc rectoris necnon dilectorum in Christo filiorum decani
et capituli ecclesie Exon' cum quibus super premissis tractatum fecimus et
habuimus diligentem prefatisque Johanne et Roberto nostris in hac parte
decretis pure sponte simpliciter et absolute se primitus submittentibus★¹ ac
subsequenter se statur' nostris huius ordinacioni voluntati et decreto iuratis
deliberacione prehibita diligenti decrevimus et assignavimus et per presencium ordinamus decernimus et assignamus eidem domino Radulpho dictam
ecclesiam taliter resignanti causis et aliis veris et legitimis nos ad id perpensius
excitantibus fore per modum qui sequitur succurrendum dominus Radulphus extunc toto tempore vite percipiat et habeat nomine puri et simplicis
beneficii sustentacionis vel dum studeat in fi. nota de iure pat' et pastoralis
de prefata ecclesia Sancte Columbe Maioris (fructibus et proventibus eiusdem)
ac de M. Roberto Hereward eiusdem ecclesie nunc rectore eiusque successoribus ipsius ecclesie rectoribus seu possessioni incumbentibus unam
pensionem annuam viginti librarum sterlingorum singulis annis in festis
sancti Michaelis archangeli, Natalis Domini, Pasches et Nativitatis Sancti
Johannis absque diminucione contradiccione seu difficultate aliqua persolven-
dum memoratum M. Robertum rectorem nunc (. . .) in solucione pensionis
huiusmodi (. . .) ipsam spontaneam confessionem ac de suo consensu expresso
(. . .). In quorum omnium et singulorum testimonium sigillum nostrum una
cum sigillo dictorum decani et capituli Johannis patroni et Magistri Roberti
rectoris predictorum presentibus est appensum Dat' in capitulo nostro (—)
die mensis Iunii anno domini liii et consecracionis nostre anno xxvi⁰. Et nos
decanus et capitulum et Robertus supradicti premissis omnibus et singulis
quantum ad nos attinet consencientes sigilla nostra apposuimus die et loco
mense et anno domini supradictis. Et vide quod licet se noᵃ in centum de
prebenda in anno. Et vide meliorem litteram super istam pensionem et
optime conceptam in nono quarterno circa medium.

(p.215) **272**

Commissio seu mandatum ad exequendum sentenciam pro aliquo latitante

Renewed mandate (*viis et modis*) of an official for the execution of a sentence in a case
between R. rector of F. and Ric. G., layman, concerning tithe of brush-wood.¹ It had

---

¹ An archiepiscopal mandate of 1377 relating to the payment of tithe of *silva cedua* may be related
to this document; Wilkins,iii,113. Cf. also the Fawley tithe dispute of 1385, *Reg.Wykeham*,ii,367.
Lydford was commissioned to hear and determine a case of subtraction of tithe of *silva cedua* in
the parish of Mickleham: *Reg.Wykeham*,ii,270.
★¹ dicatur per verba dispositiva.

been impossible at first to find R.G., as the recipient of the first commission certifies, and after an inquest into his concealing himself, the official orders the present mandate to be served on him by any means possible.

Officialis etc. cum in causa occasione subtraccionis occupacionis et detencionis decimarum de silvis inferius descriptis proveniencium ad dictam curiam legitime devoluta que in eadem curia vertebatur inter quendam R. rectorem ecclesie parochialis de F.—dioc' actricem ex parte una et R.G. laicum eiusdem dioc' partem ream eiusdem curie auctoritate rite et legitime procedentes sentenciam diffinitivam pro dicto domino R. rectore et ecclesia sua predicta et contra predictum R.G. protulerimus ac per eandem sentenciam nostram que iam in anteriori rei transcripto indicato decimas in libello per partem dicti rectoris et contra partem eiusdem R.G. in dicta causa et curia proposito ut inferius descriptas de silvis ceduis et locis de A.B.C. etc. infra fines et limites eiusdem ecclesie de F. constitutis et situatis necnon et in loco de T. pro parte illa illius loci que infra eosdem fines limites eciam consistit succisis et prostratis qualitercunque proveniunt per ipsum R.G. subtractas et detentas ac ius percipiendi easdem decimas ad eosdem dominum R. etc. et ecclesiam suam de F. pertinuisse pertinere et pertinere debere pronunciaverimus eundemque R.G. ad solvendum dicto domino Ric. etc. ecclesie sue de F. nomine decimas easdem subtractas et detentas si extent alioquin si non extent ad satisfaciendum eidem R. de earum estimacione seu valore in hac parte sufficienter probata videlicet xx lib' usualis et in regno Anglie currentis monete condempnaverimus non comprehendo in estimacione seu valore probacione aut condempnacione huius arbores grossas et antiquas non ceduas*1 ipsumque Ric.G. ad solucionem seu satisfaccionem predictam sic ut premittitur faciendum effectualiter compellendum fore decrevimus quod eundem R.G. in xxi marcis monete predicte nomine expensarum per partem dicti Ricardi in dicta causa factarum iuratarum et moderate taxatarum parti dicti Ricardi solvendarum condempnaverimus iusticia suadente cuius quidem libelli tenor talis est. In dei nomine Amen . . . Quocirca vobis coniunctim et cuilibet vestrum divisim dicte curie auctoritate committimus et mandamus firmiter iniungentes quatinus dictam sentenciam sic per nos ut premittitur latam diebus locis et horis quibus magis expedire videritis per partem dicti domini R. rectoris fuerit super hoc congrue requisiti publice et sollempniter nuncietis seu faciatis per alios nunciari moneatis insuper seu moneri faciatis peremptorie prefato R.G. quod infra duorum mensium spacium a tempore monicionis vestre huius continue numerandum parti dicti domini Ric. rectoris de dictis decimis si extent alioquin de earum vera estimacione seu valore ut premittitur videlicet de xx libris monete supradicte necnon de xxi marcis eiusdem monete nomine expensarum de quibus premittitur parti dicti domini R. rectoris satisfaciat ut tenetur quod si monicionibus vestris huius non pervenerit cum effectu ipsum R.G. ad hoc faciendum per censuras

---

*1 ceduas in dicta silva crescentes.

ecclesiasticas canonice compellatis ad que omnia et singula ut premittitur
facienda vobis coniunctim et divisim vices nostras committimus cum cohercionis canonice potestate de diebus vero recepcionis etc. dat' etc.[*1] Cuius
auctoritate mandati dictum R.G. diligenter quesivi et queri feci set ipsum
personaliter invenire non potui pro eo quod Ric.G. reg' adm' fraudulenter
latitavit et latitat et seipsum maliciose ocultat fecitque et facit procuravit
procurat in ea parte quominus possit personali monicione apprehendi et
execucio dicti mandati vestri fieri contra eum In cuius rei etc. Dat' etc.
Verum quia huius nostra sentencia quoad monicionem premissam nullatenus
extitit executa prout per dictas litteras certificatorias liquet evidenter idcirco
ipsam sentenciam exequendam sicut prius et an dictus R.G. ut huius execucionem monicionem evitet latitet vel se occultet inquirendum fore decre-
verimus iusticia suadente.[*2] Quocirca vobis etc. dicte curie auctoritate
committimus et mandamus firmiter iniungentes quatinus dictam nostram
sentenciam iuxta ipsius vim formam et effectum dicti prioris mandati nostri
debite execucioni demandetur inquirentes nichilominus an dictus R.G. latitet
vel se ocultet ut prefertur quominus personaliter moneri possit dictaque
(p.216) sentencia nostra execucioni debite demandari. De diebus vero etc.
Cuius auctoritate mandati dictam sentenciam diffinitivam sic ut premittitur
diebus horis et locis competentibus iuxta requisicionem dicti domini R.
michi in hac parte factam publice et sollempniter nunciavi et sic feci per
alios nunciari prefatumque R.G. diligenter quesivi et queri feci set ipsum
personaliter invenire non potui[*3] Inquisicionem insuper feci diligentem iuxta
omnem vim et formam dicti vestri mandati an dictus R.G. latitet seu se
occultet ut prefertur quominus personaliter moneri possit dictaque sentencia
vestra execucioni debite demandari per quam inquisicionem inveni quod
dictus R.G. a diu fraudulenter latitavit et latitat et seipsum maliciose occul-
tavit et occultat fecitque et facit procuravit et procurat in ea parte quominus
personaliter moneri possit dictaque sentencia vestra execucioni debite
demandari ut deberet. In cuius rei testionium etc. Dat' etc. Verumque
dictus R.G. latitavit et latitat quominus possit personaliter apprehendi prout
per dictas litteras certificatorias liquet manifeste huius nostra sentencia
execucioni non potuit neque potest debite (valeat) demandari.[*4] Unde nos
in hac parte legitime procedentes eundem R.G. viis et modis quibus de iure
poterit quod dicte sentencie nostre pareat monendum fore et in casu quo
monicionibus huius sibi viis et modis quibus potuerit ut prefertur faciendum
infra terminum inferius descriptum non paruerit cum effectu ipsum R.G.
viis et modis quibus de iure poterit ad iudicium evocandum fore decrevimus
iusticia suadente. Quocirca nos etc. dicte curie auctoritate committimus et
mandamus firmiter iniungentes quatinus moneatis et efficaciter inducatis seu
moneri et induci peremptorie faciatis prefatum R. personaliter si valeat

---

[*1] certificatorium de latitacione.
[*2] commissio ad inquirendum de latitacione.
[*3] inquisicio et certificatorium super latitacione.
[*4] nota bona verba et necessaria.

inveniri alioquin in dicta ecclesia parochiali de F. et aliis ecclesiis convicinis
publice intra missarum solempnia cum maior fuit populi multitudo in eisdem
necnon ad locum seu domicilium ubi moratur morarive consuevit coram
notis vicinis et amicis suis quod infra spacium duorum mensium monicionis
vestre huius continue numerandorum parti dicti domini R. rectoris iuxta
omnem vim formam et effectum dicti prioris mandati nostri satisfaciat ut
tenetur quod si monicionibus vestris huius infra dictum terminum non
paruerit cum effectu citetis seu citari faciatis peremptorie eundem R.G.
personaliter si valeat inveniri suos autem procuratores se quem vel quos
dimiserit alioquin citacionis edicto in dicta ecclesia de F. et aliis ecclesiis
convicinis predictis publice ut prefertur proposito necnon ad locum seu
domicilium suum predictum coram notis suis vicinis et amicis et familiaribus
quod compareat coram etc. (xx°) die post lapsum dictorum duorum mensium
si iuridico etc. parti dicte domini R. rect. super premissis de iusticia responsurus prefateque sentencie nostre saltem tunc efficaciter pariturus ulteriusque
facturus etc. De diebus vero recepcionis presencium ac monicionis citacionis
et execucionis vestrarum huius modo et forma cuiuslibet earundem necnon
quid feceritis feceritque dictus R.G. in premissis dictum dominum officialem
etc. Dat' etc.

(p.217) **273**

Alia forma mandati ad exequendum sentenciam cum narracione facti

Certificate by William Blakeson, rector of Catfield, Norfolk, of his performance of a
mandate from the dean of Arches in a case of subtraction of tithe of the chapelry of
Helsthorpe (Helstrop), between G. de Arcubus rector of Drayton Beauchamp and
John Fessines prior of Wing and proctor of St. Nicholas of Anjou. The case had been
transferred from Lincoln to Arches where the dean had found in G's favour and had
ordered the payment by the opponent of costs of £51 10s 5½d and the restoration to
him of the tithe. The executor of the sentence had failed to induce the persons
concerned to appear before him and hear this sentence, and therefore excommunicated
them. 1377.[1]

Reverendi discrecionis viro domino officiali curie Cant' aut dicte curie
presidenti suus humilis et devotus Willelmus Blakeson rector ecclesie
parochialis de Catesfeld Norwic' dioc' obedienciam reverenciam pariter
cum honore. Mandatum vestrum Reverende vi kal. marcii reverenter recepi
sub eo qui sequitur tenore Decanus ecclesie beate Marie de Arcubus London'
domini officialis curie Cant' in ipsius absencia commissarius generalis discretis
viris magistris Johanni Stanesby et Willelmo Blakesone de Potenham et de
Catesfeld ecclesiarum parochialium rectoribus ac dominis Ricardo et Johanni
ecclesiarum eciam parochialium de Wendovere et de Aylesbury perpetuis

---

[1] The chapel at Helsthorpe was annexed to Drayton Beauchamp in 1388, *V.C.H.Bucks.*,iii,345;
for Wing priory, see *ibid.*,i,396.

L

vicariis necnon Roberto Hallynge Thome Attewode Johanni Stacy Johanni Bernewell et Symoni Lynam capellanis London' Lincoln' Sarum' Elien' et Norwic' dioc' salutem in auctore salutis. Cum dicte curie presidens in causa molestacionis inquietacionis et perturbacionis circa ius et possessionem decimarum et obvencionum spiritualium inferius descriptis que in dicta curia vertebatur inter dominum Gilbertum de Arcubus rectorem ecclesie parochialis de Drayton Bewchamp dicti Lincoln' dioc' partem actricem ex parte una et religiosos viros Johannem Fessines priorem de Weng' eiusdem dioc' procuratorem religiosorum virorum abbatis et conventus monasterii sancti Nicholai iuxta Andegaviam generalem in Anglia se pretendentem ac ipsos religiosos partem ream ex altera rite procedens sentenciam pro parte dicti domini Gilberti rectoris et ecclesia sua predicta et contra partem ream predictam tulerit diffinitivam ipsamque partem ream in expensis et aliis condempnaverit sub hac forma In dei nomine Amen Cum nuper ad querelam domini Gilberti de Arcubus rectoris ecclesie parochialis de Drayton Bewchamp Lincoln' dioc' curie Cant' querelantis super eo quod venerabilis pater dominus Johannes dei gracia Lincoln' episcopus quendam Johannem Fessynes priorem de Weng' procuratorem abbatis monachi sancti Nicholai iuxta Andegaviam generalem in Anglia se pretendentem in quadam causa molestacionis inquietacionis et perturbacionis circa possessionem certarum decimarum et obvencionum spiritualium ad capellam de Helpstrop dicte ecclesie de Drayton' annexam et dependentem ab eadem ad ipsum rectorem ut suggeritur pertinencium eidem rectori de iusticiam responsurum ad iudicium coram eo non fecerat evocari ex parte eiusdem rectoris congrue requisitis fuisset dicta causa de consensu dicti rectoris et dicti reverendi patris ad eandem curiam legitime devoluta ac per partem dicti rectoris parti ipsius prioris et procuratoris predicti in eisdem curia et causa, porrectus erat libellus iudicialiter sub hac forma In die nomine Amen coram vobis domino curie Cant' presidente quocunque ad quam quidem curiam infrascriptum negocium est legitime devolutum dicit et in iure proponit Ricardus de Drayton procurator et procuratorio nomine domini Gilberti de Arcubus rectoris ecclesie parochialis de Drayton Bewchamp Lincoln' dioc' contra Johannem Fessynes priorem de Weng' dicti dioc' procuratorem abbatis monasterii sancti Nicholai iuxta Andegaviam generalem in Anglia se pretendentem et contra quemcunque comparentem in iudicio legitime pro eodem quod ipse dominus Gilbertus fuit et est dictam ecclesiam de Drayton Bewchamp predicto cum capella de Helpstrop vulgariter nuncupata ecclesie eidem annexa et dependente ab eadem cum suis iuribus et pertinenciis universis canonice assecutus quodque ius percipiendi et habendi quascunque decimas de terris aut locis infra limites parochialis ecclesie predicte et decimaciones eiusdem constitutas necnon et obvenciones spirituales quascunque ad predictam ecclesiam et capellam spectantes ad rectores dicte ecclesie pertinuit pertinet ac pertinere debet in futurum fuerunt quod omnes et singuli dicte ecclesie rectores ipsius domini Gilberti predecessores sui successivis temporibus ac ipse dominus Gilbertus pro tempore suo in possessione vel quasi iuris dictas

decimas et obvenciones spirituales percipiendi et habendi a tempore et per
tempus cuius contrarium memoria hominum non existit pacifice et quiete
usque ad tempus gravaminum subscriptorum set prefatus Johannes Fessynes
procurator abbatis predicti generalis in Anglia se pretendens et falso asserens
omnes et omnimodas decimas et obvenciones spirituales ad predictam capellam provenientes non ad prefatum dominum Gilbertum rectorem sed ad
ipsum priorem et monasterium sancti Nicholai predicti spectare cum non
spectent dominum Gilbertum circa ius et possessionem sua predicta auctoritate et mandato dicti domini abbatis expresse multipliciter molestavit in-
quietavit et perturbavit molestarive inquietari et perturbari mandavit et fecit
seu huius molestacionem inquietacionem et perturbacionem nomine suo
factam ratam habuit et habet pariter et acceptam in ipsius domini Gilberti
preiudicium et gravamen super quibus omnibus et singulis laborabant et
laborant publica vox et fama et que predictus Johannes Fessynes ex sua certa
sciencia pluries in presencia domini Gilberti rectoris extitit confessatus quare
petit dictus procurator nomine quo supra probatis in hac parte probandis seu
quamvis via iuris detecta vel declaratis hiis vel eorum aliquo que vel quod
sufficiere debeat vel debeant in hac parte dictas decimas et obvenciones spirituales ac ius percipiendi et habendi easdem ad dictam ecclesiam de Drayton
Bewchamp et ad prefatum dominum Gilbertum ipsiusque successores dicte
ecclesie rectores ipsius ecclesie nomine pertinere et pertinere debere per vos
dominum iudicem spiritualiter et diffinitive pronunciari et declarari dictoque
Johanni Fessynes et prefatis religiosis viris abbati monasterii sancti Nicholai
predicti suisque successoribus eiusdem loci abbatibus si (. . .) perpetuum
inponendum fore decerni et cum effectu inponi ac eosdem Johannem
Fessynes et abbatem ab huius molestacionibus inquietacionibus et perturbacionibus cohibendos fore decerni in forma iuris et ut ab eisdem molestacionibus inquietacionibus et perturbacionibus cessent et omnino (p.218)
desistent effectualiter cohiberi ipsosque Johannem et abbatem ad interponen-
dum caucionem de non molestando ulterius in premissis (. . .) exigenciam et
huius negocii qualitatem cum effectu compelli prefatosque Johannem et
abbatem ad dampna que hac occasione prefata ecclesia de Drayton Bewchamp et prefatus dominus Gilbertus rector eiusdem ecclesie saltem pro
tempore sustinuerunt necnon ad interesse ecclesie et rectoris predictorum
prout iustum fuerit condempnari et condempnatos ad satisfaccionem debitam
in premissis faciendum compelli ulterius statim et decerni in premissis et ea
contingentibus quod iustum fuerit et racionis premissa proponit et petit
dictus procurator (no . . .) coniunctim et divisim iuris beneficio in omnibus
semper salvo factaque subsequenter per partem prefati prioris litis contesta-
cione ad eiusdem (. . .) cum quadam iustificacione admissa sub certa tamen
forma ad pon (. . .) et primo producendum partibus huic inde et de consensu
earundem per dicte curie presidentem certo termino competenti assignato et
quo termino posicionibus et articulis propositis ac quibusdam testibus huic
inde productis necnon ad secundo producendum dictis partibus certo termino
competente per curie presidentem postmodum assignato in quo quidem

termino quibusdam testibus per utramque partem productis decretaque (. . .)
pro recepcione et examinacione testium tot quot utraque parcium predictarum pro sua tercia produccione in partibus producere voluerit ad peticionem (. . .) admissis iuratis et examinatis ac earum attestacionibus dicte
curie transmissis et postmodum publicatis assignato insuper utreque parti
predicte termino competenti ad dicendum contra testes huius et eorum dicta
et in eodem termino quibusdam excepcionibus propositis ac litteris exhibitis
antedictas et hiis postea publicatis et postmodum ad proponendum omnia in
(. . .) consistencia partibus predictis alio certo termino competenti affix'
quoquidem termino exhibitis huic inde in subsidium probacionis quibusdam
litteris et instrumentis et eisdem publicatis ac ad dicendum (. . .) exhibita
partibus predictis alio certo termino competenti assignato in quo quidem
termino contra prefata exhibita nichil dicto vel proposito per (. . .) parcium
predictarum subsequenter prefate curie presidens cum parte dicti prioris in
dicta causa concludente in pena contumacie parte rectoris concludere non
curatis concludebat et assignavit partibus predictis certum terminum competentem ad audiendum sentenciam in dicta causa diffinitivam commissione
et prorogacione sequencium tunc dierum.*1 Nos igitur officialis curie Cant'
solum deum pre oculis habentes ipsiusque nomine primitus de consilio
iurisperitorum nobis assidencium investigato per nos toto dicto processu
diligencius et rimato ad sentencie diffinitive inter partes probacionem procuratoribus dictarum parcium coram nobis in iudicio constitutis et sentenciam
in dicta causa ferre postulantibus procedimus in hunc modum. Auditis et
plene intellectis cause meritis antedicte que per acta et actita producta et
exhibita et probata in dicta causa invenimus partem rectoris de D.B. libellum
suum quo ad infrascripta sufficienter probasse decimas quascunque de tribus
campis videlicet Northfeld Southfeld Estfeld vocatis hamelecte sive capelle
de Helpstrop adiacentibus et ius percipiendi et habendi easdem (exceptis)
decimis de tribus virgatis inferius memoratis provenientibus de quibus dicti
religiosi viri et vicarii ecclesie de Weng' de (. . .) percipere consueverunt ad
dictam ecclesiam de D. et rectorem eiusdem ecclesie predictum ipsius successores dicte ecclesie in ecclesie nomine pertinere at pertinere debere sentencialiter et diffinitive pronunciamus et declaramus dictoque Johanni Fessynes
et prefatis viris abbati et conventui monasterii sancti Nicholai iuxta Andegaviam eorumque successoribus silencium in hac parte perpetuum imponendum volumus et imponimus ac ipsis religiosis viris et Johanni Fessynes ab
huiusmodi inquietacionibus et perturbacionibus in forma iuris (. . .) fore
decernimus decimas vero provenientes de duabus virgatis predictarum trium
virgatarum quarum quelibet ipsarum viginti quarentenas continet vel circiter
infra dictos tres campos iacencium ac oblaciones et obvenciones spirituales
ad dictam capellam de Helpstrop spectantes ad prefatos religiosos viros iuxta
effectum libelli reconvencionalis eorum predicti in hac parte sufficienter
probati pertinere et simili modo pronunciamus et declaramus in hiis scriptis

---

*1 forma sentencie.

ac utramque partem predictarum parcium in expensis dampnis et interesse
earum prout in libellis earum predictis plenius est petitum solvendum et ut
iustum fuerit insuper condempnamus earum taxacione (. . .) alii dicte curie
presidenti reservata iure vicarii ecclesie de Weng' predicta in decimis de
tercia virgata predicta provenientibus in suo robore duratur' ac subsequenter
presidens predictus dictas expensas in quibus partem ream predictam con-
dempnaverat ut prefertur ad quinquaginta unam libras duodecim solidos
quinque denarios et obolum moderate taxaverat prout per litteras eiusdem
presidentis patentes actaque in dicta causa et curia habita liquet et liquere
poterit evidenter cumque eciam postmodum per partem dicti Gilberti
rectoris de exequendo dictam sentenciam diffinitivam ac condempnatoriam
in expensis pro parte eius iuxta iuris exigenciam fuissemus instanter et sepius
requisita Nos tandem (. . .) nobis primitus et legitime vocand' in hac parte
ad certum et peremptorium terminum competentem si quid canonicum
habuerunt quare predictam sentenciam diffinitivam et condempnatoriam non
deberent execucioni debite demandari quia nichil canonicum huius invenimus
quod execucionem huius posset seu deberet aliqualiter impedire.*¹ Ulterius
in premissis legitime procedentes predictam diffinitivam sentenciam ac
condempnatoriam ut premittitur latam contra partem dictorum religiosorum
virorum abbatis et conventus memorato Johanne Fessynes nuper priore et
procuratore ut prefertur ab luce subtracto execucionem debitam fore
decrevimus demandandum quocirca vobis coniunctim et cuilibet vestrum
divisim dicte curie auctoritate committimus et mandamus firmiter iniungentes quatinus prefatam sentenciam sic latam ac condempnacionem in
expensis factam ut prefertur necnon omnia alia et singula premissa sic ut
premittitur gesta facta et habita fuisse et esse presensque mandatum nostrum
diebus horis et locis quibus expedire videretis et per partem dicti domini
Gilberti rectoris congrue fueritis requisiti publice et solempniter nunucietis
seu faciatis per alium seu alios publice nunciari moneatis insuper canonice et
efficaciter inducatis seu moneri et induci consimiliter faciatis partem dictorum
religiosorum virorum abbatis et conventus monasterii sancti N. iuxta A.
quod de quinquaginta una libris duodecim solidis quinque denariis et obolo
sterlingorum nomine expensarum ut premittitur factarum infra duorum
mensium spacium a tempore monicionis vestre huius continue numerandum
parti prefate domini Gilberti rectoris competenter satisfaciat prout decet ac
eciam aliunde prefate nostre sentencie diffinitive in omnibus iuxta iuris
exigenciam pareat ut tenetur presertim quo ad decimas quascunque de dictis
tribus campis Northfeld Estfeld et Suthfeld nuncupatis parti ipsius rectoris
ad indicatis decimis de tribus virgatis terre in dicta sentencia superius plenius
descriptis prout in eadem sentencia declaratur exceptis ut prefertur alioquin
partem ipsorum religiosorum virorum abbatis et conventus ad premissa
faciendum extunc arcius per censuras ecclesiasticas canonice compellatis ad
que omnia et singula faciendum et expediendum ut premittitur vobis

---

*¹ certificatorium et forma processus executoris sentencie.

coniunctim et divisim dicte curie auctoritate vices nostras committimus cum
qualibet cohercionis canonice contradictores et rebelles per censuras ecclesiasticas compescendi potestate; de die vero recepcionis presencium et quid
in premissis feceritis dictum dominum officialem nos aut alium dicte curie
presidentem cum per partem dicti domini Gilberti rectoris congrue vos
requiri contigerit certificetis per vestras seu certificet ille vestrum qui presens
mandatum receperit exequendum per suas litteras patentes harum seriem
continentes sigillo autentico consignatas. Dat' London' vii kal. marcii anno
domini millesimo ccc^{mo} lxx^{mo} sexto. Cuius auctoritate mandati prefatam
sentenciam diffinitivam ac condempnacionem in expensis facta ut prefertur
necnon alia et singula premissa sic ut premittitur gesta acta et habita fuisse
et esse diebus horis et locis quibus expedire videbatur publice et solempniter
nunciavi ac per alios nunciari feci meum insuper canonice et efficaciter induxi
ac moneri et indici consimiliter per partem religiosorum virorum abbatis et
conventus monasterii sancti N. iuxta A. videlicet procuratores ac bonorum
administratores et occupatores eorundem videlicet dominos Johannem
Podilbury, vicarium ecclesie parochialis de Weng', ac Robertum Morle
capellanos, Robertum Chapman de (. . .), Willelmum Rolfe de Burcotes,
Johannem Webbe de Weng', Henricum de Helpistrop, Ricardum Bolt de
Weng', Willelmum Broun de Leygton Busard, Dionisium servientem quondam Johannis Fessynes prioris de Weng', Johannem (.)ippyng de Mentemor',
Ricardum Attewold de Weng', Johannem Coste, et Emberton (sic) de
Croffton, personaliter inventos quod de dictis quinquaginta una libris
duodecim solidis quinque denariis et obolo ac eciam de decimis maioribus
et minoribus provenientibus de illis tribus campis Northfeld Estfeld et
Suthfeld et decimas animalium decumbancium et depascencium in eisdem
que se extendunt ad decem libras sterlingorum singulis annis a diebus scilicet
cathedra sancti Petri et sancti Mathei apostoli anno domini millesimo ccc^{mo}
lxx^{mo} sexto ac aliis diebus feriatis et non feriatis in ecclesiis parochialibus de
Drayton Bewchamp et Weng' ac aliis ecclesiis convicinis infra spacium
duorum mensium a tempore recepcionis (littere) mee huius continue
numerandorum parti dicti Gilberti rectoris satisfaciant ut tenentur. Verum
quia prefati Johannes et Robertus ac alii superius nominati cum eis monicionibus meis predictis infra tempus predictum in ullo (,) pervenerunt nec
eorum aliquis per (. .) de dicte pecunie summa seu de decimis maioribus et
minoribus sic per eos ut premittitur perceptis parti eiusdem domini Gilberti
rectoris aliqualiter satisfecerunt seu eorum aliquis satisfecit prout per partem
dicti Gilberti rectoris post lapsum duorum mensium mihi hac parte sufficienter
et legitime extitit facta fides prefatos dominum Johannem Robertum et
ceteros superius nominatos secundo die mensis maii anno domini millesimo
ccc^{mo} lxx septimo in dictis ecclesiis de Drayton et Weng' personaliter inventos
peremptorie citavi ad comparendum coram me proximo die iuridico post
festum sancti Dunstani archiepiscopi proxime tunc futurum causam racionabilem si quam haberent quare ad solucionem dicte pecunie et ad restitucionem dictarum decimarum sic per eos perceptarum si extarent aliquam

earum estimacionem parti dicti domini Gilberti ipsos dominos Johannem et
Robertum et alios cum eis superius nominatos per censuras ecclesiasticas
compellere minime debere ut michi superius demandabatur proposituros et
allegaturos quatinus iura permitterent probaturos ulteriusque facturos et
recepturos in eadem parte quod iusticia suaderet. Quo die adveniente videlicet vicesimo die mensis maii anno domini m.ccc.lxx septimo prefati domini
Johannes Robertus et certi superius nominati in dicta ecclesia de Drayton
coram me pro tribunali sedente comparuerunt et iudicialiter ac in presencia
dicti Gilberti publice recognoverunt se parti eiusdem G. rectoris de dicta
pecunie summa minime satisfecisse. Quocirca ipsos dominos J. Robertum
Rob. Will. Joh. Ric. Willelmum Joh. Ric. Joh. et Joh. iterato monui et
efficaciter induxi quatinus parti dicti Gilberti de dictis pecunie summa et
decimis sic ut premittitur per eos perceptas satisfacerent quod facere non
curarunt si tunc publice recusarunt inde ipsos Joh. . . . et Johannem manifestam offensam (et rebellionem) et contumaciam in non parendo monicionibus supradictis et in non satisfaciendo de dicta pecunie summa et decimis
supradictis contraxisse pronunciavi et ipsos Johannem . . . et Johannem
propter ipsorum manifestas offensas rebellionem et contumacias predictas in
scriptis excommunicavi iusticia suadente Et sic mandatum vestrum etc. In
cuius rei restimonium sigillum decani decanatus de Berkyngg presentibus
apponi procuravi. Et ego decanus antedictus sigillum officii mei ad specialem
rogatum dicti domini Willelmi mandatarii presentibus apposui Dat'
London' . . . die Iunii anno domini m.ccc.lxx septimo.

(p.220) **274**

Mandatum formale contra rectorem privandum ecclesia sua propter non residenciam

Mandate of W. bishop of Winchester to the archdeacon of Winchester or
his official, ordering them to cite, either personally or in public, William
rector of Bell', who has so far ignored repeated monitions to return to his
cure, from which he is absent without licence, to appear in the cathedral
church of Winchester before the bishop himself or his commissary, on the
first court day after the feast of St. Margaret the Virgin, to show cause why
he should not be deprived.

(p.221) **275**

Articulus proponendus contra rectorem predictum propter non residenciam

Articles propounded by Wykeham against William rector of Bell' in a cause of
correction brought against him because of his prolonged absence abroad without
licence, although his benefice has a cure of souls and residence is therefore required.
He is also accused of allowing the rectory houses and the chancel to become
dilapidated.

At the end: part of a commission (perhaps in a similar cause) addressed by J. L. official of W. to R.C. incumbent of Wentyng.

In dei nomine Amen nos W. permissione divina Wynt' episcopus tibi Willelmo rectori ecclesie parochialis de Bell' nostre dioc' ex officio nostro ad omnem iuris effectum qui ex infrascriptis sequi poterit (et debebit) dicimus proponimus et obicimus quod tu prefatam ecclesiam que parochialis est et per se curata suo (proprio) sacerdoti sufficiens competenter (te ut asseris) esse assecutus et que residenciam domini rectoris personalem requirit tenuisti (et occupasti) iam diu fructusque redditus et proventus provenientes ex ea seu spectantes ad ipsam libere et integre longis retroactis temporibus percepisti et in usus quos volueras convertisti pro tuo libito voluntatis (nichilominus) post premissa et eis sic se habentibus ut prefertur sine (absque) ut ipsius onus in hac parte requirebatur licencia te a prefata ecclesia et eius parochia per te qualibet voluntarie (nulla necessitate cogente) per sex menses et longe amplius fraudulenter (et contumaciter) absentasti et deservisti eandem (pastoris solacio destitutam) absque licita vel honesta seu racionabili (iam) quascunque (ad) partes exteras transtulisti et ibidem discurrendo vagari minime verebaris nec vereris propter que dicta parochia ecclesia debitis obsequiis divinis defraudata extunc iam est diu et ad huc existit ac parochianorum eiusdem cura necgligitur et neglecta et destituta extitit et permansit absencie tue temperie supradicte (cancellusque ac domus alie) eiusdem rectorie ruinis patentur diversis et in suis iuribus iactur' tuque ad residenciam in ipsa ecclesia personaliter faciendum (prout te sancciones canonice legitime per nos) monitus vice mandato et auctoritate (dicti reverendi patris et nostra) iteratis vicibus tempore[1] publice citacionis ac monicionis edicto in forma iuris prout requirunt tradiciones canonum (publice ac) solempniter (in ecclesia tua predicta proposito seu facto) ipsam tamen ecclesiam post et contra citaciones et moniciones huius per sex menses et amplius notorie deservisti et residenciam in ea (facere) prout ipsius cura requirit tenere distulisti absque quacunque causa(racionabili) sive iusta in anime tue animarumque parochianorum grave et evidens periculum et aliorum perniciosum exemplum) unde contra te procedere statuere ordinare et diffinire teque a dicta ecclesia amovere et ipsa te privare ulteriusque in hac parte facere et exequi intendimus prout de iure poterimus et tenemur premissa tibi dicimus proponimus et obicimus ex officio nostro ad salutem anime sue correccionem et ad omnem effectum qui ex inde de iure sequi poterit prout facti promittitis possibilitas commune seu divisim iure beneficio in omnibus semper salvo.

In dei nomine Amen Nos Jo. Lyd. reverendi in Christo patris domini W. episcopi W. officialis necnon eiusdem ad infrascripta commissarius specialiter deputatus tibi R.C. ecclesie parochialis de Wentyng' Wynt' dioc' ex officio dicti reverendi patris et nostro ad omnem etc.

---

[1] Cancelled.

(p.222) **276**

Mandatum formale pro bonis surreptis recuperandis

Mandate of the official of Winchester for the excommunication and discovery if possible of unknown persons who have stolen jewels, plate, linen and woollen cloth, charters and muniments, from William de B., of the parish of Warberi.[1]

Officialis Wynton' etc. Querelam Willelmi de B. de parochia de Warberi predicta nuper gravem recepimus continentem quod quidam iniquitatis filii quorum ignorat ut asserit nomina et personas nonnulla bona sua videlicet iocalia et vasa aurea et argentea pannosque lineos et laneos necnon cartas ac alia munimenta ius suum hereditarium concernentes et concernencia preter et contra voluntatem suam detinent concelant et occupant minus iuste in ipsius Willelmi grave preiudicium atque dampnum animarum ipsorum sic detinencium et occupancium grave periculum et aliorum perniciosum exemplum. Volentes igitur salutem animarum dictorum detinencium et concelancium saluti ac prefati Willelmi indempnitati remedio opportuno debito prospicere ut tenemur vobis omnibus et singulis committimus ac in virtute obediencie firmiter iniungendo mandamus quatinus omnes et singulos huius bona cartas litteras et munimenta prefati W. et ad ipsum qualitercunque pertinentes detinentes concelantes et occupantes in ecclesiis vestris predictis et vos decani predicti in aliis commonis quibus per partem predicti W. cogere fuerint requisiti diebus dominicis et festivis intra missarum solempnia cum in eisdem ecclesiis maius affuerit ad audiendum divina cleri et populi multitudo moneatis monerive faciatis publice et solempniter in genere primo secundo et tercio ac peremptorie concelatores et occupatores iniustos quod huius bona cartas litteras et munimenta prefato W. infra xx^ti dies a tempore monicionis vestre huius legitime eis facte restituant seu restitui faciant absque mora aut eidem alterum competentem satisfaciant pro eisdem alioquin ipsos omnes et singulos in premissis culpabiles atque reos mora et culpa ipsorum procedentibus post lapsum dictorum xx^ti dierum servato processu legitime in hac parte excommunicetis in genere ac ipsos sic excommunicatos fuisse et esse in locis predictis publice et solempniter denuncietis ab huius denunciacione non cessantes donec debite paruerint in premissis. Et de nominibus insuper huius detentorum concelancium et occupancium diligenter inquiratis et quos inquisicionem huius culpabiles reperietis seu diffamatos personaliterve suspectos citetis etc.

277

Mandatum formale ad rogandum pro Rege Regno et pace

Mandate of W. bishop of W. to the archdeacon of Winchester to order all abbots, priors, rectors, vicars, and others serving churches to offer prayers,

---

[1] This apparently secular cause is dealt with as a case of office because the soul's health of the guilty parties is endangered.

celebrate masses, and make processions, each Wednesday and Friday, begging God to avert from the realm the pestilences, wars, and disturbances now threatening and offering an indulgence of forty days for all using the prayer included in the mandate, the text of which is incomplete.[1]

(p.224)   **278**

Appellacio domini Rogeri Walden archidiaconi Wynton' contra Lincoln' a non admissione ad prebendam de Thame

Appeal by Roger Walden archdeacon of Winchester in the person of his proctor, David Kynwardle, against the failure of Bishop Buckingham to admit him to the prebend of Thame in the cathedral of Lincoln, despite his presentation by King Richard ii. The appeal was made to Archbishop Courteney during his metropolitical visitation of the see of Lincoln. 1389.[2]

In dei nomine Amen coram vobis autentica persona ac testibus fidedignis hic presentibus ego David Kynwardle aliter dictus M. procurator et procuratorio nomine venerabilis viri domini Rogeri Walden archidiaconi Wynton' dico allego et in hiis scriptis propono quod dictus dominus meus fuit et est ad canonicatum et prebendam de Thame in ecclesia Lincoln' notorie vacantes per excellentissimum in Christo principem et dominum nostrum dominum Ricardum dei gracia regem Anglie et Francie illustrem dictorum canonicatus et prebende hac vice verum patronum et in possessione presentandi ad eosdem bona fide hac vice existentem Reverendo in Christo patri ac domino domino Johanni dei gracia Lincoln' episcopo loci dyocesano canonice presentatus prefatusque reverendus pater vigore presentacionis predicte tam super iura et possessionem dicti presentantis quam vacacione dictorum canonicatus et prebende ac habilitatem persone presentate predicte aliisque articulis in ea parte necessariis et consuetis in pleno loco capitulo vocatis in hac parte de iure vocandis per suum certum commissarium in ea parte legitime deputatum in forma iuris inquiri fecit diligenter quodque huiusmodi inquisicio tam pro iure dicti domini nostri regis presentandi quam pro presentato predicto deposuit et fecit nichilque prefato domino meo in hac parte obviant aut obviat de canonicis institutis quominus ad dictos canonicatum et prebendam admitti debet et institui in eisdem dictosque canonicatum et prebendam sibi conferri necnon idem dominus meus in corporalem possessionem dictorum canonicatus et prebende in cuiuscunque et pertinenciarum eorundem universorum induci et installari cum plenitudine iuris canonici doceret deberet cum

---

[1] This seems to be a repetition of Archbishop Courteney's mandate for prayers for peace, fine weather and safety from pestilence, which was received by Wykeham, 4 June 1382, *Reg. Wykeham*,ii,344-5.

[2] Roger Walden was archdeacon of Winchester 1387-95; he received a royal grant of the prebend of Thame in 1389, *Cal.Pat.Rolls*,1388-92,p.118, but was ousted by Henry Beaufort, who was collated and installed in the same year, Le Neve, *Lincoln*,p.116.

effectu; prefatus tamen Reverendus in Christo pater cui de iure dicti domini nostri regis presentantis (. . .) persone ad dictos canonicatum et prebendam ut premittitur presentate aliisque articulis in hac parte debitis ac consuetis sufficienter constabat atque constat quodque idem reverendus pater quatinus dictum dominum meum in forma iuris ad dictos canonicatum et prebendam admitteret ac sibi in premissis instituat complementum ministraret ceteraque ageret que in hac parte officio pastorali incumbebant instanter per me in forma iuris legitime requisitus hec seu eorum aliquid facere non curavit set expresse recusavit seu plus debito distulit et differt absque causa racionabili seu legitima quacunque temere et iniuste in dicti domini mei preiudicium et gravamen unde ego procurator predictus senciens dictum dominum meum me eius nomine ex premissis gravaminibus et eorum quolibet indebite pergravari ad reverendissimum in Christo patrem et dominum dominum W. dei gracia Cant' archiepiscopum tocius Anglie primatem et apostolice sedis legatum in sua visitacione metropolitica in dioc' Lincoln' notorie existentem in hiis scriptis appello et apostolos peto primo secundo et tercio instanter instancius et instantissime et iterum peto nomine quo supra michi fieri et dari cum effectu.

(p.225) **279**

Summaria peticio pro parte decani et capituli contra Thormerton ditione arreragiorum firme sue de Doulysshe

Petition of the proctor of the dean and chapter of Exeter to the president of the capitular jurisdiction there, asking for a sentence to enforce the payment by Mr. R. Thormerton of arrears of £115 due by him to them as a pension for his farm of Dawlish.

In dei nomine Amen coram vobis presidentem iurisdiccionis capitularis ecclesie Exon' quocunque dicit et in iure proponit procurator dictorum decani et capituli ecclesie antedicte nomine procuratorie pro eisdem contra magistrum R.H. (sic) in ecclesia antedicta nuper firmarium ecclesie de D. dictis dominis decano et capitulo canonice appropriate et contra quemcunque in iudice legitime comparent quod idem magister R. eisdem dominis decano et capitulo in centum et xv li. sterlingorum residue pensionis pro dicta firma ipsis ab eodem debite et terminis statutis et competentibus non solutis que omnia dictus magister R. in presencia dictorum dominorum pluries est confessus sicut eciam premissa adeo publica manifesta et notoria quod nulla potuit tergiversacione celari. Quare petit dictus procurator nomine quo supra probatis etc. dictum magistrum R. in huius pecuniarum summis per vos domine iudex dictis dominis suis condempnari et in presenti negocio similiter et de plano procedi petit sine strepitu et figura iudicii prout omni tempore in huius negocio in dicto iure dictus capitulari fieri consuevit.

280

Appellacio Thormerton a privacione firme sue predicte. Sentencia privacionis
sequitur infra

Appeal to the Roman court by R. de Thormerton against his deprivation by the dean
and chapter of Exeter, because of arrears of pension, of the farm of Dawlish.

In dei nomine Amen. Licet ego R. de T. canonicus Exon' perpetuusque
firmarius seu pristionarius (sic) firme perpetue de D. Exon' dioc' predicte
fuerim et sim dictam firmam seu pristionum cum omnibus suis iuribus et
pertinenciis universis tunc vacans seu vacantem per mortem T. etc. canonice
assecutus et post assecucionem huius et ipsius virtute et occasione ipsum
obtinuerim et possiderim per non modica tempora pacifice et quiete salvo
eo quod inferius dicitur tamen venerabilis vir dominus R. de B. decanus
Exonie asserens quoddam statutum ecclesie Exonie quo cavetur quod firmarii
non solventes certas pensiones seu mercedes pro suis firmis ad hoc certis
assignatis sunt suis firmis privati ipso facto auctoritate pretensi statuti memorati et pretendens sic salva sui reverencia contra veritatem quod ego sine
omni causa racionabili et iusta cessavi in solucione pensionis sive mercedis
debite ut asseruit dictis decano et capitulo a dicta firma de D. in terminis ad
hoc debitis et consuetis et ob hoc me privatum auctoritate statuti predicti et
me non citatum non monitum legitime non confessum non convictum
libello seu articulo non dato et me omnino non indefensum et omni iuris
ordine qui in hac parte requirebatur pretermisso et contra solitum cursum
carnium die veneris proxime preteriti tempore messium notorie feriato
p(. . .) et ex arrupto procedens pronunciavit decrevit et declaravit me R.
antedictum incidisse in pena statuti supradicti pretensi et me fuisse et esse
privatum dicta firma seu pristitio ipsam seu ipsum vacasse et vacare nosque
ab eo fuisse et esse amovendum meque per suam sentenciam amovit perperam et iniquam a qua quidam sentencia tanquam iniqua seu verius ipso
iure nulla et qualibet eius parte ad sedem apostolicam legitime appellavi et
apostolos pecii ab eodem et tandem appellacionibus non datis dictam firmam
seu (blank) meum de D. sequestravit et idem decanus et capitulum dicte
ecclesie Exon' mandarunt domino R. perpetuo vicario de D. predicta et aliis
ut ipsius sequestrum publicaret publice sic interpositum esse bonis quibuscunque et nominibus debitorum ad ius nuper ut asseruit firmarium firme seu
pristionis predicte nunc vacantis ut dixit qualitercunque spectans eidemque
vicario custodiam dicti sequestri commisit etc. Ideoque vicarius fidem dicti
mandati secutus ipsum sequestrum solempniter in ecclesia publicatum per-
hibuit et inhibuit prout in dicto mandato et aliter continetur sicque et al'
provisionem michi factam in iure molestarunt perturbant et provisionem
meam predictam inpugnarunt impediverunt et impediunt indebite et iniuste
que quidem sentencia dicti decani tanquam iniquam seu verius ipso iure
nulla et omnibus et singulis in ea contentis et ab ipso decano et contra ipsos
decanum et capitulum a dicto sequestro et mandato et ipsius publicacione et
inpugnacione provisionis mee et omnibus et singulis gravaminibus supra-

dictis in hiis scriptis. Et nihilominus idem R. vobis domino decano vestroque capitulo et cuilibet quorum interest et sibi ipsi prefigit et assignavit proximum diem iuridicum post festum conversionis sancti Pauli proxime futurum per terminum peremptorie ad comparendum in Romana curia coram domino nostro Papa seu auditore ab ipso deputando in causis huius appellacionis et negocii principalis per vos vel procuratorem sufficienter instructum in causis ipsis cum omnibus actis iuridicis et munimentis causas huius appellacionis et negocii principalis quoquomodo tangentibus ad procedendum debite in dictis causis et in dicta curia donec per diffinitivam sentenciam fuerint debite terminate. Et iurat idem Ricardus ad sacrosancta etc. quod nescit ubi dictum decanum vel eius procuratorem specialem in hac parte posset reperiri quia noticie seu intimacie presentis appellacionis faciende idem quodque si sciret ubi posset ipsum vel ipsos apprehendere non auderet eandem appellacionem eisdem personaliter intimare propter iustum metum qui cadere posset in constantem virum. Et ideo eandem appellacionem appellatorum petitencium in ecclesia cathedrali Exon' productam infra terminum iuris publice intimare volebat ut dixit ad effectum quia ad ipsius decani vel procuratores sui posset verisimiliter provenire.

(p.226) **281**

Sentencia privacionis Thormerton de firma de Doulyssch

Sentence of the dean and chapter of Exeter depriving R. de T. of the farm of Dawlish.[1]

In dei nomine Amen quia vos M.R.T. canonicus et confrater ecclesie nostre Exon' ac firmarius firme nostre de D. in temporalibus et spiritualibus censum annuum per vos dicte ecclesie nostre debitum pro dicta (firma) seu alios de se satisfacere pluries et per longum temporis intervallum verbaliter et literaliter ac legitime requisitus existens et monitus et diu expectatus contra iusticiam et contumaciter non curastis nec curetis conveniens et adhuc adaucta contumacia et contemptis recusastis expresse in grave preiudicium dicte ecclesie nostre et status universalis eiusdem depressionem miserabilem et manifestam Nos R. decanus dicte ecclesie cogente consciencia de consilio et assensu concanonicorum nostrorum presencium et capitulum faciencium vos Ricardum predictum penam contentam in statuto eiusdem ecclesie nostre contra non solventes debita laudabiliter edito ea occasione incurrisse et incurrere senciando pronunciamus et declaramus in hiis scriptis etc.

---

[1] For a discussion of the system of farming, and its drawbacks, see Erskine, *op.cit.*,p.258.
Richard de Thormerton was a prebendary of Exeter 1334–1361, Le Neve, *Exeter*,p.29.

282

Appellacio ab iniusta peticione pensionis ab ecclesia de Waltham

Appeal to the Holy See by A. de B. proctor of Mr. Gilbert David, rector of
Waltham, dioc. Winchester, against the attempt by the warden of the
hospital of St. Cross, aided by W. bishop of Winchester and J. official of
Winchester, to claim from him an annual pension of twenty marks.
Incomplete.

(p.227)   **283**

Questio num quid sit merito in appropriare collegiis ecclesias parochiales

A discussion by Henry Stapeldon,—Danby, Roger Page, and '*Augustinensis*' on the
merits and demerits of the appropriation of parish churches to collegiate institutions.[1]

Creditur a quibusdam viris sapientibus iuris consultis et aliis quod si collegiati
seculares et religiosi starent et viverent absque proprietate beneficiorum
ecclesiasticorum sicut in primitiva ecclesia steterunt et vixerunt quod tunc
staret ecclesia virtuosius et operosius in officio clericali quam stat modo.
Videtur satis meritoria cum iustis paribus ecclesiarum et aliorum temporalium
appropriacio licet in hiis diebus malis sit periculosa et utrique non secura
reale igitur consilium foret pios dominos temporales ad iniusta attendere in
ista materia. Primo debent cavere de propria supervidere fama perpetua
celebranda que ex huius appropriacionibus insurgerent valde cito. 2º principaliter attenderent quod in talibus appropriacionibus non obviarunt legi
Christi spoliando scilicet fideles simplices ditendo discolos sed quod elemo-
sina sua perpetua donetur pastoribus nomine etc. et dicit illis quibus xᵉ
lac. ixº limitavit. 3º prudenter previdere pericula et peccata que occasione
appropriacionis huius possunt contingere unde ut communiter ex super-
habundancia temporalium per appropriaciones elemosinati qui ex officio
ferent pastores spirituales pascunt seipsos corporaliter minus laute et ex hinc
sunt inhabiliores ad evangelizandum populo pro aliis exorandum nec deo-
bligantur ut fingunt per vicarium residentem quia sic essent in casu Caym
dicente gen' xº [2] num quid custos fratris mei ego sum? Alii ex simili causa
cum ecclesiis sic appropriatis habent capellas annexas specialiter de bonis
pauperum sustentas et aliis ex eadem causa contempta lege Christi dictant de
bonis pauperum propriam parentelam ut videantur non (. . .). Et quo peius
est alii ex huius cumulacione bonorum non ex hinc sunt humiliores set plus
cum avericia et superflua huius mundi sunt infecti ut hii necessitate ut
asserunt pascere de bonis pauperum viros reprobos petentes divites et

[1] Henry Stapeldon was fellow of Merton, and died before 1387; Emden,*Oxford*,iii,1766. Roger
    Page, president of the consistory of Exeter, 1377, and dean of Arches, 1389 to 1393; *ibid.*,iii,1418.
    Danby has not been identified. *Augustinensis* may be T. Aysshebourne,O.S.A., who is so
    described in Wilkins,iii,161.
[2] Genesis 4.9.

(. . .ones) ut se et sua defendant ac ipsos proclament in populo dapsiles atque
largos ut hii quamvis sacerdotes ex adiacencia talium temporalium tenent
canes venaticos equos pingues et superfluos talia namque peccata cum
innumeris aliis tam in ornamentis quam edificiis ex propinqua occasione
talium appropriacionum ornunt et ducunt predictos elemosinatos et omnes
illis consencientes ad iehennam et cum defensus sic valde multiplex lenissime
peccat eciam dominus temporalis in hac parte criminum consentire et si hic
forte obiciatur ab aliquo elemosinaque fundatore quod suas elemosinas non
tribuit perversis hominibus supradictis set deo principaliter tribuit et ideo
numquid caveat talis perversus de peccato proprio quia ego facio quod statui
meo spectet set sic obiciens primo cognosceret quod deus habet omnia bona
tanquam dominus capitalis ideo deus non sensum (?) requirit quod det sibi
sua set quod det illa secundum formam quam ipse ordinavit ad utilitatem
ecclesie potiorem. Et propterea habeant temporales domini in huius elemo-
sinis fundandis piam intencionem et humilem ad (salutem?) venerabilis
ecclesie et sicut oculum ad pericula predicta occasiones emergencia et
indubite deus dabit instinctus suaves ad meliorem partem in talibus per-
sequendum Per Henricum Stapeldon.

Alii iuris periti et theologi

Dicunt quod estimacionem dummodo cum talis appropriacio sit simpliciter
magis ad honorem dei et subvencionem pauperum in locis et collegiis quibus
sit appropriacio quam in patriis et parochiis ubi originaliter emolumentum
consurgit. Et una cum hoc quod sic approprians taliter modo appropriando
disponat quod propter translacionem fructuum ecclesiarum nec cultus divinus
in ipsis parochiis nec opera caritatis notabiliter minuantur. Si vero habetur
(p.228) observata non fuerit causa in tali dotacione seu appropriacione quarum
est iudicandum. Item sic dotare collegia sit valde denunciandum longe cum
magis meritorium est quod qui hoc proponit facere faciat illud de suis
propriis redditibus salvo tamen semper iure regis et regni in taxis et talliagis
et ceteris consimilibus rempublicam concernentibus. Si vero de bonis
ecclesiasticis voluerit omnino collegia sic dotare faciat tunc hoc de bonis
ecclesiarum quarum fructus transeant extra regnum in quarum parochianis
senectute ad tantam donaverunt inopiam quod de iure divino possunt a
dictis ecclesiis subtrahere vel exigere pro quanto tales ecclesie tam racionabiliter quam proporcionabiliter pauperibus indigentibus possunt sufficere
quibus ad minus supplere pro indigentibus x^a pars debetur et aliqua ipsa
medietas pena peccati mortalis prout clare deduci potest ex doctrina beati
Thome 2^a d.g.18[1] h. articulo a^o iii pede ubi queret an ipsi peccent mortaliter
bona ecclesiastica pauperibus non errogando.

Cum omni humilitate et reverencia salvo semper iudicio meliori dico primo
quod appropriaciones ecclesiarum sunt meritorie in multis casibus quando
huiusmodi appropriaciones sunt ex caritate principaliter propter amplia-
cionem divini cultus scrutatis circumstanciis debitis ad hoc quod huiusmodi

---

[1] Aquinas Summa 2d.g.18.

appropriaciones sunt meritorie requisitis quia multi dicti tam temporales quam alii prelati ecclesie sic appropriaverunt ecclesias quos ecclesia Romana approbat meritorie sic egisse.

2º dico quod (...lenti) meritorie appropriare ecclesias monasteriis vel collegiis preter alias circumstanciis sunt (...) x^{or} specialiter ponderande primo quod hospitalitas et alia opera pietatis tam quove parochialia alias per huius appropriacionem non diminuantur vel penitus auctantur dico quod cultus divinus ecclesia appropriata non diminuatur nec quo ad numerum ministrorum ecclesie vel quo ad sub (...) commendabilem qualitatem officii divini aut alicuius alterius ad decorem divini officii notabiliter pertinentis.

3º quod parochiani quantum ad temporalia vel spiritualia per huius appropriacionem non graventur x° quod porcio assignanda vicario sit porcio competens curato venerabili tam moribus quam literatura ydoneo ad docendum vel regendum parochianos in hiis que eis pertinent ad salutem et porcio sufficiens secundum quantitatem beneficii appropriandi ad faciendum opera pietatis et supportandum alia onera que solent contingere sic curatis.

3º (sic) dico quod pensatis diminucione operum pietatis et destruacione vel mutilacione divini cultus que accidunt ex appropriacione multitudinis ecclesiarum modernis temporibus sic experimenta puplica manifestant periculum conscien' est appropriare ecclesiam alicui collegio habenti aliunde honeste vivere competent' quia sic approrians habet ex verisimilibus coniecturis credere vel dubitare se in hoc agere ad diminucionem divini cultus et detrimentum tam cleri quam ecclesie multiforme. Per Danby.

Minori bono magis bonum est merito proponendum 'vii, q. prima scias cum similibus[1]. Illud autem ex quo plura bona perveniunt et est verisimile pervenire est factum utilius et maius meritorium iudicandum unde hac racione vita activa maius meritoria reputatur licet contemplativa securior censeatur cii, q.i, iiq. prima sancta[2] quippe viii, q. prima[3] in scripturis exempla ieiunia nisi cum predicte parum dum finem constat autem quod quarto amplius abundaverint ecclesia perventribus (sic) et redditibus tanto ulterius clerici poterunt pinguiori cum personas literatos maioribus deceat titulis honerari de prolem de multa nisi et diminucione seu divisione provencium ecclesie accidit sepius imperitis et ydiotis committi regimen animarum de prolem exstirpande sic quod evenerit quod ecclesiis ceco ducatum presbiterum ambo in foveam dilabuntur xxxviii[4] dicitur ut itaque unum predicandi officium quod in ecclesia dei sine me utile ac necessarium esse dinoscitur omittetur deficiente in eo qui preerit pericia literarum: ex. de off. ordinare inter cetera, xxxvii di.c.post C.[5] cum igitur predicandi et docendi officium sit maxime privilegiatum de statu monachorum quod dei in tamen quod ille qui vitam prius elegerit contemplativam ne populo dei pabulum spirituale deficiat ecclesie possit prefici declarari ut ibi et xviq. a prima c.doctos[6] etc. cum pro utilitate multiforcius est laborandum quod sic ecclesie in suo statu pristino

---

[1] Decretum c.xvi,q.i,c.xxxv, scias.   [2] Ibid., cii,q.i,c.xxi.   [3] Ibid.,c.viii,q.i,c.ix in scripturis.
[4] Ibid.,d.xxxviii.   [5] Ibid.,d.xxxvii.   [6] Ibid.,c.xvi,q.i,c.xxi.

conserventur quatinus secularis clerici ydonei et periti eis prefici seculari valeant et preesse quod quidem vix sequetur proventibus ecclesie totaliter diversis et abinvicem separatis prout experiencia rerum indies manifestatur. Prima tales annexiones seu appropriaciones fieri non deberent nisi causa necessitatis vel utilitatis notorie subsistente set non videtur necessarium vel utile in hoc casu ut antiquus status ecclesiarum fundatoris intencio optato frustetur effectu cum hic non loquamur de primis religiosis nec aliis miserabilibus unde vivere non habentibus quibus de rebus ecclesiarum esset subveniendum xviq. p^a [1] quam quicquid prima mutaciones personarum vel rerum seu ecclesiarum sunt odibiles et propterea nisi utilitas evidens subsum non sunt regulariter faciende viiq. a prima[2] mutaciones xviq. prima et[3] temporis qualitas ff. de const' prium in rebus ubi dicitur quod in rebus novis constituendis evidens utilitas esse debet.' Per Rogerum Page doctorem decretorum.

Responsio Augustinensis sacri theologii professoris
Videtur tertium quod talis appropriacio parochialium ecclesiarum foret magnum deterimentum hospitalitatis ibi per rectores continuande et in minuacionem cultus divini per substractacionem bonorum que huius rectores ibi expenderent ad ornamentum illarum ecclesiarum at alios pios usus foret titulis appropriati dampnosa clericis nostris qui essent ad illa beneficia promovendi ymmo videtur pluribus quod modernis temporibus titulis appropriatus sic superfluus et inutilis exquo ecclesia anglicana est sufficienter dotata in bonis etc.

(p.230) **284**
Copia presentacionis ad ecclesiam vacantem

John Paslewe presents J.D. chaplain, to the parish church of H. dioc. Exeter, Crediton, 30 Sept., 1404.[4]

285
Copia procuratorii pro me Lydford pro fructibus archidiaconatus mei per dominum archiepiscopum interpositi

Letter of proxy granted by J.L. to Mr. R.O. LLB. to act for him before Archbishop Thomas Arundel in the matter of a sequestration of the fruits of his archdeaconry.

Pateat universis per presentes quod ego Johannes Lydford archidiaconus Totton' in ecclesia Exon' dilectum mihi in Christo magistrum R.O. in decretis bacallarium Exon' dioc' meum verum procuratorem negociorum

---

[1] *Ibid.*, c.xvi,q.1,c.lvi.   [2] *Ibid.*,c.vii,q.1,c.xxxiv.   [3] *Ibid.*,c.xvi,q.1,c.xlviii.
[4] John Deyman, chaplain, instituted to Horwood on presentation of John Paslewe, 24 Oct. 1401, *Reg.Staff.*,p.179. Deyman was one of the three chaplains who benefited under Lydford's will, *ibid.*,p.389.

M

gestorem excusatorem et nuncium specialem facio ordino et constituto (per presentes) dans et concedens eidem procuratori (meis) negociorum gestori excusatori et nuncio speciali potestatem generalem*[1] (uterque ipsorum ita quod non sit melior condicio occupantis sed quod unus ipsorum incepit alter ipsorum (blank) qui valeat et finire et mandatum speciale ad comparendum) et mandatum speciale pro me et nomine meo ac archidiaconatus mei predicti coram Reverendissimo in Christo patre ac domino domino Thoma dei gracia Cant' archiepiscopo tocius Anglie primate et apostolice sedis legato suisque commissariis auditoribus sive delegatis uno vel pluribus comparendi in meamque absenciam (apparicione personali) excusandi allegandi proponendi et probandi relacionum cuiuscunque sequestri in fructibus redditibus et proventibus dicti archidiaconatus mei per ipsum Reverendum patrem seu auctoritate eiusdem interpositi quovismodo necnon beneficium absolucionis a quibuscunque excommunicacionis suspensionis et interdicti sentenciis latis seu ferendis petendi exigendi et obtinendi caucionemque in hac parte si oporteat necnon quodcumque iuramentum de iure licitum nomine meo et dicti archidiaconatus mei prestandi et faciendi (ac de et super premissis et eorum occasione paciscendi componendi et transfigendi et concordandi) me ratum et gratum (perpetuo) habiturum quicquid (dictus) procurator (meus) negociorum excusator et nuncius specialis (aut ab eo substituendus) nomine meo et archidiaconatus mei predicti in hac parte dummodo faciendum. In cuius rei testimonium sigillum meum presentibus apposui in fidem et testimonium premissorum Dat' Exon'.

(p.231)

286

(No heading)

Introduction to the bishop (? by Lydford) of 'dominus Johannes', the bearer of the letter, 'capellanus meus et socius commensalis', who has been presented to the little church of H., which is worth eight marks sterling and who now seeks admission and institution to it, without the customary inquisition. See 284 supra.

287

Copia procuratorii pro me Lydeford in convocacione cleri

John Lydeford, archdeacon of Totnes, nominates Mr. Richard Tydesbur',[1] canon of Exeter, as his proctor, and the bearer of his excuses, for the convocation of Canterbury which has been summoned by Archbishop Thomas (Arundel) to meet at St. Paul's on the 24th day of this instant November. Exeter, 16 Nov. (1404).

---

[1] Richard Tyttesbury, B.C.L., canon of Exeter, 1404-09, Le Neve, *Exeter*, p.45.
*[1] Omission from the text at this point.

(p.232)   **288**
                            (No heading)

A personal letter to the archbishop to accompany 287, begging him to
accept Lydford's excuses of age and weakness, which make riding impossible.

(p.233)   **289**

Proclamacio quod creditores defuncti proponant acciones suas pro pecuniis

No entry

(p.234)   **290**

Alia proclamacio contra creditores magistri Ricardi Grenvyle nuper canonici Exon'

Mr. Richard Grenevyle, canon of Exeter 1419–21, *Le Neve, Exeter,*p.48.

(p.235)   **291**

*Alia episcopi Exon' contra familiares comitis Cornub' iniuriatores episcopi ut
denuncientur excommunicati*

Mandate of Bishop Walter to the dean and chapter of Exeter to denounce as
excommunicate Ric. de A., servant of the King of Germany, and G. de N.,
knights, John de J., J.H , M C., and R.C., who have made an armed attack
on the men of the church, 4 April, 1273.

(p.236)   **292**

Mandate of Bishop Walter to his official, to announce a sentence of excommunication against an adulterer, Richard de Whitchurch (de Albo Monasterio).[1]

(p.239)   **293**

*Instrumentum publicum ad probandum peticionem advocati et negacionem eiusdem
et quod iudex ipsum excommunicavit absque eo quod non respondebat hoc eciam
advocato non obtento*

Certificate of the serving of a libel in the consistory of Exeter, before R.P.,
the official of Exeter *pro tribunali sedente*, in a matrimonial case between

---

[1] *Reg.Bronescombe,*p.21, 24 Nov. 1277.
   M★

Joan T. and William T., on 10 Dec. 1381. William was ordered to appear and respond, and did not do so, and was therefore subsequently excommunicated. The certificate is signed by R. Page, president of the consistory of Exeter, Roger Payn, advocate there, William Comber, proctor there, and William de Neweton, n.p., registrar and scribe of the acts of the consistory.

(p.241)   294
Exordium sive prohemium

There is no entry under this heading.

(p.243)   295
Copia ordinacionis decanatus Exon'

Ordinance of the chapter of Exeter instituting the office of dean, prescribing the mode of election to the office, and setting forth the limits of his powers, 30 November 1225.[1]

Omnibus Christi fidelibus presens scriptum inspecturis Capitulum beati Petri Exon' eternam in domino salutem. Noverit universitas vestra quod cum Exoniensis ecclesia usque ad tempora nostra decano caruerit nos ad honorem dei et cultum in ecclesia Christi ampliandum ad imitacionem aliarum ecclesiarum ordinatarum de consensu venerabilis patris nostri W. Bruweri Exon' episcopi concessimus et providimus ut in Exon' ecclesia temporibus nostris et imperpetuum canonice a capitulo et de capitulo unus de canonicis eligatur decanus et solempniter instituatur.*[1] Decani autem officium in Exon' ecclesia hoc erit ut cum ipse omnibus canonicis vicariis et aliis clericis de choro et de capitulo in animarum regimine et morum correccione premineat causas omnes spirituales eorum ad capitulum spectantes audire et iudicio capituli teneatur terminare. Excessus canonicorum et aliorum de choro corrigere et delinquencium personas iuxta delicti quantitatem et personarum qualitatem in capitulo et iudicio capituli debita animaversione punire.*[2] Ad eundem eciam spectabit confessiones canonicorum et aliorum de choro audire et penitencias iniungere in propria persona vel ad eum cui ipse hoc officium de consensu capituli assignaverit nisi aliquis de choro petita licencia a decano vel ad hoc officium deputato alium confessorem pecierit (Induccio). Primo canonicam ab episcopo institucionem a decano vero possessionem prebendariam accipient. Decani est eciam canonicis iam institutis communiam ecclesiam conferre et eis stallum in choro et locum

---

[1-2] nota.
[1] For the foundation of the deanery of Exeter see Kathleen Edwards, *English Secular Cathedrals*, p.142 and note, citing *H.M.C.Var.Coll.*,iv,66, and *Devon and Cornwall Notes and Queries*, Jan. 1934,pp.16–20. This deed is published in *Mon.Ang.*,ii,534–5; there is a sealed exemplification of it in D & C Exeter 2214, dated the morrow of St. Lucy, 1331, but it seems likely that the present copy was not taken from this.

in capitulo assignare. Vicarias vacantes de consensu capituli ad presentaciones canonicorum presentancium idoneo clerico conferre. Absencium vero canonicorum vicarie per decanum et capitulum ordinentur prout viderint expedire. Ita tamen quod canonicus ad ecclesiam suam rediens possit pro voluntate sua vicarium admissum amoveri. Preterea nullus clericorum in superiori gradu vel in secunda forma in choro admittetur nisi de licencia decani. Item omni duplici festo absente episcopo et in prima dominica adventus et in dominica palmarum et in capite ieiunii et in tribus diebus ante pascha et in vigilia Penthecost' et in anniversariis episcoporum et decanorum ecclesie divinum tenetur exequi officium. Tenetur eciam in Exon' ecclesia residenciam facere secundum consuetudinem aliorum decanorum in ecclesiis ordinatorum in Cant' provincia'*¹ Dignitas autem decani est ut nullus vicariorum ecclesie sibi minuat vel a civitate recedat foris per unam noctem (p.244) moram faciens ex certa sciencia nisi licencia decani petita et optenta. Item decano chorum vel capitulum intranti vel transitum facienti clerici omnes tenentur assurgere. Erit autem decanus contentus unica communa simplex canonicus donec commune aliquid aliunde de novo conferatur. Ad hoc ut plenius et uberius possit et debeat ei in communa provideri. Et nullam habebit iurisdiccionem vel potestatem in ecclesia vel extra de communa vel re aliqua temporali ad eam spectantem aliam quam alius simplex canonicus. Hanc autem ordinacionem decani et eorum que ad eum pertinent et ad capitulum futuris temporibus firmiter observandam in Exon' ecclesia providimus et quominus in aliqua parte mutiletur nos pro posse nostro procuratos invocato dei omnipotentis nomine promisimus et si quid contra hoc fuerit impetratum quod nullus momenti censeatur set irritum et vacuum habeatur salvis dignitatibus consuetudinibus libertatibus archidiaconi Exon' archidiaconi Totton' precentoris thesaurarii in Exon' ecclesia quibus dignitatibus libertatibus et consuetudinibus ipsi vel eorum predecessores usi sunt racione dignitatum suarum ante creacionem decani Et ad hoc omnia fideliter observanda et procuranda pro posse suo ut observentur obligavit se capitulum iureiurando corporaliter prestito. Canonici scilicet qui hiis agendis interfuerunt videlicet Archidiaconus Exon' et cetera scilicet B. archidiaconus Totton' A Thesaurarius, A., Archidiaconus Taunton', magister Ha. de Warwik, magister Ysaac, Willelmus de Swyndon' R. Cola, E. de Lemesia, Eustacius Daniel de Longo Campo, Thomas Maur', G. de Brin', magister? de Didesham, W. de Berm' per G. fratrem suum procuratorem. Acta sunt hec anno ab incarnacione domini millesimo ccxxvᵗᵒ die sancti Andree apostoli pontificatus venerabilis patris W. Briwer, anno secundo in Exon' ecclesia. [1225.]

---

*¹ nota.

(p.245)   **296**

Convencio inter decanum Exon' et R. capellanum castri Thoriton

Agreement between the dean of Exeter and Martin de Lytilber' rector of the castle
chapel of Bishop's Tawton in the parish of Braunton, by which Martin and his
successors renounce the right to certain tithes and receive in return an annual payment
of 10s., 26 March 1249. This agreement is provisionally confirmed by the bishop and
the chapter, and by Walter de Bathonia, guardian of Walter de Merton, who brought
a case under the assize of darrein presentement against the dean. Memorandum and
notes as to the weight of the confirmations and the payment of the pension.

Anno gracie millesimo cc quadragesimo nono in crastino annunciacionis
beate marie virginis apud Exon' convenit inter Martinum de Lytilber'
rectorem capelle castri de Thoriton ex una parte et venerabilem virum
dominum Rogerum decanum ecclesie ex altera de decimis maioribus et
minoribus proventibus de dominico de Saunton in parochia ipsius decani de
Braunton et quas idem Martinus dicebat ab antiquo pertinere ad predictam
capellam et unde placitum fuit in curia domini regis inter Walterum de
Bathonia custodem Walteri de Merton patroni ipsius capelle et ipsum
dominum decanum de quadam assisa ultime presentacionis videlicet quod
idem Martinus pro se et successoribus suis rectoribus ipsius capelle renunciavit
peticioni quam instituerat contra predictum decanum super predictis decimis
inperpetuum. Et pro hac peticionis remissione idem decanus et successores
sui singulis annis inperpetuum solvent eidem Martino et successoribus suis
rectoribus ipsius capelle apud Exon' in maiori ecclesia Exon' die sancti
Michaelis decem solidos bonorum novorum et legalium sterlingorum. Ita
quod si idem decanus vel successores sui in solucione predicta termino statuto
defecerunt qualibet die infra quindenam sequentem quo nuncius dicti Martini
pro defectu solucionis ibidem expectaverit habet idem nuncius litteras predicti
Martini vel successorum suorum de dictis denariis recipiendis deferens sex
denarios pro expensis suis de predicto decano et successoribus suis una cum
debito principali. Et nichilominus si per quindenam defecerint liceat domino
episcopo vel eius officiali compellere de plano sine strepitu iudiciali decanum
qui pro tempore fuerit ad solucionem predictorum decem solidorum et
expensarum quas Rector dicte capelle vel eius nuncius racionabiliter fecerit.
Et si contingat epicopum vel eius officialem negligentem esse in compulsione
facienda ita quod oporteat dictum rectorem vel successores suos pro predictis
decem solidis recuperandis expensas facere maiores tenebitur dictus decanus
et successores sui expensas quas decet se racionabiliter fecisse una cum principali debito (p.246) resarcire. Hec autem convencio facta est huic inde
consenciente venerabili in Christo patre domino Ricardo dei gracia tunc
Exon' episcopo et capitulo Exon' necnon et predicto Waltero de Bathonia
qui omnes huic scripto in modum cyrographi confecto ut robur perpetuum
optineat alternatim signa sua apposuerunt sub hac forma. Quodsi Walterus
de Merton' cum ad etatem pervenerit vel heredes sui contra convencionem
istam in aliquo venire voluerit extunc erunt idem decanus et successores sui

quieti a prestacione predicta et erunt in eadem seysina et statu quo fuerunt die istius convencionis salvo eidem Martino et successoribus suis eodem iure quod habuerunt in predictis decimis occasione assise ultime presentacionis capte in curia domini Regis.

— — — — — —

Quis fuit iste qui loquitur in hac scriptura et cuius auctoritatis qui asserit episcopum et capitulum consensisse non constat. Patet quod non fuit episcopus qui in hac scriptura non loquitur nec capitulum apposuit sigillum huic scripture quod requiritur ad effectum quod det auctoritatem scripture nam sigillum per se sine auctoritate cuius est sigillum illud sigillum apponentis et dicentis se apposuisse nichil probat nec dat auctoritatem scripture quia deficit auctoritatem sigilli si ille cuius est sigillum non dicat se apposuisse sigillum suum. Item oportet quod inseratur causa ex qua apponitur sigillum cum ex pluribus causis diversis apponitur sigillum 'ut patet ista per Innoc. Host. et Jo. de Lig. exᵃ de fide instrumentorum[1] et in c.iii de probac'[2] per Jo. de Lig. et Ho.vⁱⁱⁱ nisi apponatur sigillum littere informate in personam sigillantis prout Jo. de Lig. in dicto tercio intelligit Innocencius in predicto c.ii de fide instru'[1] in vᵒ sigillum versus set sit in littera etc. que omnia hic deficiunt cum nichil in littera loquitur episcopus aut capitulum.' Preterea etsi episcopus loqueretur in hac composicione de consensu prefato per eum fuit appositum adhuc hec composicio non potest dici realis stringens (p.247) successores decani quia defuit auctoritas episcopi que requirebatur in hoc casu quia hic agebatur de iure ecclesie et re spirituali in quo casu non sufficit solus consensus episcopi set requiritur episcopi auctoritas ita quod episcopus sit auctor et principalis auctoritatem prestans statuendo ordinando vel appro-bando quia magna est divisio inter consensum et auctoritatem ut notatur per 'Innoc. Host' et Jo. in add. et Jo. de Lig. extᵃ de consuetudine[3] c. cum consuetudinis et per doctores in c. dudum de re. et non alie. lᵒ viᵗᵒ etsi[4] in tali causa littere inde sigillentur debent fermari littere in personam sigillantis ut bene notatur extᵃ de probac.[2] c. tercio' per Joh. de Lig.' Preterea non constat quod unquam solvebatur talis pensio xc ab aliquo decano vel alio aliquo eius nomine nam inspectis rotulis computorum procuratorum diversorum decanorum licet de aliis oneribus et pencionibus fiat mencio in eis de pensione tamen xs. debita ex vi istius composicionis in eis vel aliquo eorum non fit aliqua mencio et sic decanus per tempus cuius contrarii etc. fuit et est immunis a solucione istius pensionis xs. at 'c. pervenit extᵃ de cens.[5]' et per notata doctorum ibidem. Preterea secundum conceptum quorundam iuris peritorum munimenta istius composicionis sic sigillata nunquam fuerunt a

---

[1] Decretals,lib.ii,tit.xxii,c.2; Host. Summa lib.ii,ru.xxii,col.566, Johannes de Lignano fl. at Bologna c.1303.

[2] Decretals,lib.ii,tit.xix,c.15; Host. Summa, lib.ii,ru.xix,col.528.

[3] Decretals,lib.i,tit.iv,c.11; Host. Summa, lib.i,ru.iv,col.70.

[4] Sext,tit.iv,c.4.

[5] Decretals,lib.iii,tit.xxxix,c.27.

parte parti tradita quia nec decanus tradidit parti alteri illud quod ex con-
vencione primo inita deberet sibi tradi nec decanus recepit a parte altera
illud quod deberet sibi tradi et sic dissencientibus partibus vel una parte
dissenciente cassatum fuit a tradicione munimentorum et per conversum
nulla convencio sic contractus inefficax et a partibus non absolutus.

(p.248)   **297**
Composicio de Colyton

Hec composicio situatur in registro Johannis de Grandissone quondam Exon'
episcopi c⁰ lxvi⁰ folio.[1]
*sanctuarium nota non dicit unacum iure percipiendi decimas de sanctuario.
Unde etsi vicarius non consuevit solvere decimas si tamen locos sanctuarium
suum aliis laicis de eo debetur decima rectori iuxta notata in 'c.i de cens' per
Host.'[2] et alios quia ius decimandi non transit eciam cum universitate ut
patet per Innoc. et Host. 'extᵃ de iure patronatus[3] c. ex litteris' nam et episcopus de possessionibus suis dat decimas ut notatur per Host. et alios 'in c.
novum genus de decimis⁴' nec est sanctuarium tale universale cui accedit
decima quia decima debetur ecclesie et non sanctuario cum non transit decima
cum alia universitate nisi cum qua transit ecclesia ut patet per Host. 'in dicto
c. ex litteris in v non excepto et per Jo. de Lig.[5] ibidem et in c. nobis est titulo
per Jo. in add. in vᵗᵃ q. versus set numquid est idem in decimis iniunctis notis
in c.l. de cens. et per Henric. Bovhic.[6] in dicto capitulo ex litteris di. ii.'
gardinis videtur quod aliud est dicere gardinum et aliud curtilagium
nunc nota tempus
non expressatum ergo non habebit totum altilagium.

(p.249)   **298**
Coleton taxacio

Ordination of a vicarage for Colaton Ralegh.[7]

Die et loco est vicaria assignata ecclesie de Coleton vicario nomine totum
altilagium et sanctuarium quod estimatur ad vis. Item totam decimam
garbarum de Boystok' et totam decimam veterum curtilagiorum bescatorum
quodcunque genus grani plantetur vel seminetur in eisdem. anno xii, mense
augusti.

---

[1] This ordination of the vicarage of Colaton Ralegh is transcribed in full in *Reg.Grand.*,ii,1020–21.
   The marginalia (marked *) are in Lydford's hand.
[2] Host.Summa,lib.iii,r.xxxix.
[3] *Ibid.*,lib.iii,r.xxxviii.
[4] *Ibid.*,lib.iii,r.xxx.
[5] See 296, note 1.
[6] Henricus Bouhic of the diocese of Liége.
[7] *Reg.Bronescombe*,p.52, Colaton Ralegh, 28 Aug. 1269.

299

Braunton vicarie taxacio

Ordination of a vicarage for Braunton.[1] [1269]

Memorandum quod in registro Walteri primi episcopi cavetur quod idem Walterus episcopus a consecracione sua anno xii⁰ mense Augusti die Lune proxima post festum sancti Bartholomei taxavit vicarium ecclesie parochialis de Braunton' et verba in registro scripta sunt hec die et loco est vicaria ecclesie de B. assignata vicario nomine vicarie totum altilagium. Item pro pensione x marcarum debita decano ecclesie cathedralis Exon' de vicaria ecclesie de B. adnecte registrum Walteri Stapyldon ubi sic cavetur. Memorandum quod vicesimo die mensis decembris anno domini millesimo ccc^mo xi^mo dominus Andreas vicarius ecclesie de B. comparuit coram domino Waltero dei gracia Exon' episcopo (p.250) ibi in capella dicti episcopi de Tauton et fatebatur se teneri eidem domino pure sponte et absolute in quinque marcis argenti de arreragiis decem marcarum cuiusdam annue pensionis de tempore vacacionis decanatus de Exon' per mortem magistri Thome de Lecchelade quondam decani ibidem racione vicarii sui debite. Presentibus domino Petro de Houeton' presbitero Ricardo Iagel clerico et aliis. Et istud situatur in lxvi folio dicti Walteri Stapeldon.

(p.250)

300

Ordinacio quedam et concessio S. decani ecclesie Exon' de vicaria ecclesie de Tauton et de hiis que ad sustentacionem vicarii ibidem ab eo concessa sunt

Ordination of a vicarage in Bishop's Tawton by Serlo the dean, including a division of the glebe.[2]

Omnibus sancte matris ecclesie filiis ad quos presens scriptum pervenerit S. decanus Exon' salutem in domino. Noveritis nos de assensu et voluntate W. Exon' episcopi instituisse Willelmum de Hole capellanum perpetuum vicarium ecclesie de Tauton et ad sustentacionem eiusdem W. capellani eidem concessisse totum altilagium ecclesie de T. et decimas feni et piscarie et totam terram sanctuarie (que est in australi aque que currit de Landekey in Tau' cum decima eiusdem sanctuarie) una cum totali manso quondam Walteri de Tauton' usque ad cursum aque prius vicarie assignato in parte assignato in parte (sic) occidentali excepta curia nostra cum orto et terra forinseca quam dominus Willelmus tenuit preter terram de Estcumbe et terram Ricardi Cementarii. Idem vero capellanus suscepit in se curam animarum tam de Swynbrigge quam de Tauton ita tamen quod quicunque capellanus de Swynbrigge annualiter recturio sit in spiritualibus predicto Willelmo vicario

---

[1] *Reg.Bronescombe*,p.36, 26 Aug. 1269, *Reg.Stapledon*,pp.84–5.
[2] Tawton, Swimbridge and Landkey were all appropriated to the deanery of Exeter.

et successoribus suis quo ad correpcionem et correccionem subjectus et sacra-
mentaliter obligatus. Et percipient dictus vicarius et successores sui viginti
solidos annuatim ad quatuor terminos de capellano de Swynbrigge prout
pro tempore a nobis vel successoribus nostris ibidem fuerit constitutus. Et
ut hec nostra concessio rata et stabilis permaneat presenti scripto sigillum
nostrum una cum sigillo (p.251) dicti W. episcopi apposuimus. Hiis testibus
domino Thoma archidiacono Totton' magistro Johanne de Sancto Govano,
magistro Bald' de Boyton' magistro Johanne de Aysperton Johanne de
Sunston' domino Johanne de Rogburgh et multis aliis. Anno domini
m°cc°xxviii°.

(p.251)   **301**

Composicio inter decanum Exon' et abbatem de Dunkeswell'

Composition between the dean of Exeter, rector of Colaton Ralegh, and the abbot
and convent of Dunkeswell, declaring that the abbot etc. pays no tithe of hay for
the old demesne of Hawkerland (Hauerkerlondes), but will for the future pay it for
all assarts. 1261.

Hec est realis et perpetuo duratura composicio facta anno domini m°cc°lx°
primo die sancti Philiberti abbatis inter abbatem et conventum de Donkeswell
et decanum ecclesie Exon' rectorem ecclesie de Coleton videlicet quod dicti
abbas et conventus erunt immunes imposterum a prestacione decimarum
feni de pratis Johannis de Springham et veteris dominici sui de Haueker-
londes nunc apparentibus aliquo tempore provenire potencium. Dictus vero
decanus et eius successores percipient decimas omnium assartorum a dictis
abbate et conventu in dicta parochia factorum et faciendorum sive fiant ad
blada sive ad prata. Similiter et decimas prati quod dicitur Hugonis et pratum
quod vocatur pratum de la lak. Huic vero composicioni expressum pre-
buerunt assensum W. tunc Exon' episcopus et capitulum beati Petri Exon.'
Ad cuius quidem composicionis evidenciam et perpetuam memoriam dicte
partes sigilla sua apposuerunt.

(pp.252 to 258 are blank)

(p.259)   **302**

Letters of ordination, subdeacon, issued by J. bishop of Bath and Wells for
John atte Wylle, acolyte, to the title of Talaton. 20 Sept. 1371.

(p.260)   **303**

A list of names, with rents of hens and capons, anno xxv° primo die ianuarii.

(p.261) **304**

John bishop of Exeter declares in the course of his visitation of the archdeaconry of Exeter, that the pension payable out of the rectory of Whimple to the prior and convent of St. Andrew Cowick is fair and just. 31 Oct. 1342.

(p.262) **305**

Copia procuratorii pro permutacione facienda inter duos rectores si voluerint quod permutacio expediatur ipsis absentibus cum dominus fuerit

Henry Peke rector of Parkham dioc. Exeter, nominates John Idmus *clericus meus* as his proctor in an exchange which he is about to make with John Potel, vicar of Plymouth.

(p.263) **306**

Hic continentur articuli et cause quare non debeat fieri divisio unius ecclesie (in plures porciones) et si fieri debeat quot et qualia sunt in huius negocio accedenda. Contra Willelmum Cary pro ecclesia de Clovelley

A counsel's statement of reasons for and against the division of a church to create portions or prebends for a secular college, with notes as to procedure in such an operation and a recommendation that instead of a college the patron should found two chantries in the church.

In primis huius sexio (sic) sive divisio est de iure communi inhabita nisi fiat ex magnis causis racionabilibus et legitimis prius descriptis et per loci diocesanum iudicialiter approbatis.

In huius divisione quatuor requirunt primum consensum illorum omnium et singulorum ad quos spectat patronatus, episcopi et capituli ac aliorum qualitercunque interesse pretendencium quoruncunque. Secundum quod fundator intendat et faciat numerum ministrorum et huius facultates ecclesie augmentari. Tertium est quod subfuit iuste cause per episcopum approbande. Quartum quod huius ecclesia habundet in fructibus ex quibus plura beneficia vel porciones fieri valeant de eadem.

Item si unum deficiat de premissis divisio seu sexio non valebit.

Item nisi premissa concernant huius porciones minus canonice divise sunt postea per loci diocesanum reintegrande ubi divisio de iure fieri debeat sic est legitime procedendum.

In primis oportet quod fiat peticio sive supplicacio ex parte patroni super huius divisione fienda loci diocesano et dictus diocesanus recitet in mandato suo qualiter talis patronus ipsius ecclesie intendit cultum divinum inibi (? augmentare) ministros et servientes in dicta ecclesia in maiore numero ampliare quodque dicta ecclesia sic habundat in fructibus ex quibus tres rectores sive porcionarii in eadem honeste valeant sustentari ac quod dictus patronus dicto episcopo supplicavit quod dicta ecclesia in tres partes dividideretur ex causis premissis ac quod in eadem tres sint perpetui porcionarii secundum quod dicto episcopo videbitur expedire.

Item extunc dictus episcopus receptis supplicacionibus premissis mandet archidiacono loci vel persone autentice ad inquirendum super premissa in forma iuris et ipsum certificet in hac parte.

Item si episcopus invenerit per huius inquisicionem huius causas fore falsas non est in eodem negocio ulterius procedendum.

Item si invenerit illas fore veras ac quod esset utile et necessarium quod fieret divisio ut prefertur dictus episcopus super hoc pronunciabit et sentencialiter declarabit.

Item post hec procedat episcopus ad divisionem secundum quod sibi videbitur faciendum sequendo voluntatem dicti patroni quatinus de iure poterit in premissis.

Item oportet quod dictus episcopus presentacionem cuiuscunque porcionarii reservet patrono et heredibus suis et institucionem eorundem sibi et successoribus in perpetuum.

Item in divisione premissa utile est precavere qualiter isti porcionarii percipient suos fructus quia communiter non possunt percipere (. . .) non essent vera divisio set essent multa capita in uno corpore quasi monstrum ideo oportet quod divisim percipiant et quod parochia per certas limites dividatur et quod huius porciones unicunque assignentur inperpetuum et quod singulis annis committentur si episcopo et patrono placeat in hac parte.

Item quelibet porcio ut premittitur erit curata et penes eorum quemlibet cura solida remanebit.

Item ordinari potest quod quilibet dictorum porcionariorum continuam residenciam faciat inibi ac personalem.

Item ordinari potest in fundacione quod huius residencia sit iurata prout in residenciis vicariorum plenius observatur.

Item cavendum est de intencione fundatorum quia non videtur sua intencio commendanda cum nihil dat de proprio set de alieno largitur iuxta illud corrigias largas damus ex alieno multiplicat gentem non magnificat laticiam.

Item videndum est sequitur ex premissis quod dicti porcionarii teneantur ad hospitalitem ac alia onera innumerabilia quod esset grave cum hac eorum non suppetant facultates.

Item pretextu dicte divisionis erunt plures instituciones et inducciones quam fieri solebant ac pro tanta divisione huius erit dicte ecclesie dampnosa et nullatenus lucrosa.

Item attenta veritate rei ecclesia vix sufficit pro uno et competenti eius familia hiis diebus sicque iusta causa non subest pro divisione huius facienda et si fiat ex falsa causa debile fundamenti fallet opus huius ordinacio veraciter non durabit.

Item si fieri debeat oportet quod fiat cum magna canonica cognicione et solempni tractatu cum capitulo et ista extra diocesim propriam minime valeant expediri.

Consulo ergo quod premissis sic habentibus sileat divisio et ordinet patronus duas cantarias perpetuas in ecclesia prelibata de suo patrimonio cum onere admittendi ut huius cantarias optinentes interfuerint (p.264) horis canonicis cantent et legant prout sibi videbitur faciendum et pro hac non leditur ecclesia parochialis.

Motiva contra divisionem faciendum

Fundantis intencio retenciam de alieno largiciam

Divisio ecclesie non lucrosa set eidem pocius dampnosa

Nullaque est et invalida et de iure in omnibus reproba

Ex causis falsis sic fienda et ad statum pristinum imposterum redigenda.

Premissa fundantur*[1] 'extra. de prebend. c. vacante[1] et ibi per Host.[2] et Jo. An.[3] in Princi. xx^a q. sodam c. suus una et ibi Glo. Jo. Bn.[4] in const. Otho Cum sit ars[5] et ibi Jo. Aton[6] in verbo unicus et in personatus in const. Ottoban.[7]s. unitatem de presumpcionibus c.p° in verbo dividatur per Host.[8]'

307

Mandatum ut diffamantes et impositores criminis denuncientur excommunicati

Mandate of the official of Winchester to the rectors of the churches of St. George, St. Pancras, St. Rainald, and of St. Mary, Candle Street, in Winchester to cite before him the parishioners of St. George who have attacked the servants of Mr. Robert de Lymyngton,[9] rector of A. in the Isle of Wight.

(pp.265 to 285)   ### 308

Forms of documents, undated and using initials, relating to attacks on priests, breaches of sanctuary and similar matters, with notes of the statutes concerning sanctuary. The name James Carslegh appears on pages 273, 274, 276. Various hands later than those of the main text.

(p.287)   ### 309

No heading

Notes on the distinctive powers of archbishops in provincial councils.

Dico quod omnia statuta provincialia edita in conciliis provincialibus incipiendo a tempore domini Stephani Cant' archiepiscopi de statuto quod incipit Auctoritate dei patris[10] usque ad statutum domini Johannis Stratford

---

[1] Decretals,lib.iii,tit.v,c.38.   [2] See no.296 above.   [3] Johannes Andreas, canon lawyer, died at Bologna, 1348.   [4] Unidentified.   [5] *Provinciale*, Otto, p.33, with Aton's gloss.
[6] *Ibid.*,p.34, note g, and 36, note r.   [7] *Ibid.*,p.100.   [8] Hostiensis Summa Aurea ii,r.xxiii.
[9] For Lymington see no.1 above.   [10] *Councils and Synods*,i,106, Council of Oxford.
*[1] Lo.

quod incipit Sponsam Christi[1] Et sic deberet fieri de iure textus vi^{us} 'ex^a
acus.c.[2] sicut olim ibi in hoc generali concilio nota.'
Item si statuta et alia possent expedire in convocacione prelatorum et cleri
sive concilio tunc nunquam fieret concilium quod est contra iura quia simile
a . . . sunt celebranda per c. sicut olim etc.
Item differencia est magna inter concilium provinciale et talem vocacionem
prelatorum et cleri quia in concilio provinciali tamen vocabuntur episcopi
non clerus nec capitula cathedralium ecclesiarum nec abbates de Sub. nota
de prebendis 'c. grave in princ. In. et Host. de ma. et obe. c. super hiis.[3] In.
set in synodo episcopali est clerus vocandus ut supra per In. et Host. Set
hodie omittitur concilium propter graviores expensas fiendas et alias causas
assignatas Jo. Aton in prohemio Octoboni provincialium.[4]'
Item set in convocacione cleri statuta possent fieri quare ergo ponuntur
diversa nomina sicut est in testamento et codicillo c. de codicillo. l. si idem.
Item ad premissa probanda facit legatus a latere missus est maior archiepiscopus quia maius imperium habet post romanum pontificem in provincia
sibi commissa quia potest archiepiscoporum episcoporum et exemptorum
elecciones confirmare 'de elec. c. si abbatem in vi^{to} [5] et omnes undicunque
pro violenta manuum inieccione absolvere. de sen. ex c. ad eminenciam et alia
multa facere prout nota in prohemio Otonis v. sedis apostolice[6] et statuta
facere potest perpetua de off. le. c. nam verum'. Tamen hoc non potest facere
videlicet statuta condere nisi vocato concilio provinciali et in eodem et de
consilio et assensu suffraganeorum nota 'de off. leg. in penultima co^a versus
ii^d ergo hiis omnibus Host.[7] In summa conc' di. iii set porro per Arch.[8]
textus in prohemio Otonis.[9] In consensu etc. et in constant' concilii etc.
sicque in prohemio Octoboni[10] i. fac approbante concilio et eciam Otonis
clamore post priv. ben. sicque fuit statutum de observancia Pasceves et
concepcione beate Marie in concilio provinciali per Simonem Mepham etc.[11]'
Item dictus archiepiscopus potest facere statuta in parvis negociis non in
magnis nota 'in dicto porro Jo. et xviii di. in summa J. et in vi^o textus. Et
ideo statutum editum in concilio Exon' fuit revocatum in consilio provinciali
celebrato per dominum Simonem Mepham in c. zelari oportet in titulo de
appell.[12]'
Et approbacio requiratur secundum In. 'de treuga et pace[13] c. I sicut iiiid.

---

[1] London Council of 1342, Wilkins,ii,702.
[2] Sext,lib.v,c.1.
[3] Host.Summa,lib.1,ru.xxxiii,col.304, de maioritate et obediencia.
[4] *Provinciale*,Ottobono,p.79,note z.
[5] Sext,lib.1,tit.6,c.xxxvi.
[6] *Provinciale*,Otto,p.4,note 1.
[7] Host.*Summa*,lib.1,ru.xxxii,col.278.
[8] Archidiaconus, Guido de Baiso, fl.c.1300.
[9] *Provinciale*,Otto,p.5,note c.
[10] *Ibid*.,p.79,note c.
[11] *Provinciale*,lib.ii,tit.3,c.1 and 2.
[12] Mepham 1328, Wilkins,ii,552.
[13] Decretals,lib.1,tit.34,c.1.

legit et tria requirantur n⁰ iiiid. c. nec etsi legibus Arc. de etate et qualite
t. si v. in hac parte Paulus in cle. dicit quod preceptoria statim ligant simplicia
non nisi post admissionem sic. Host.[1] de treuga p⁰ circa mem. habet Paulus
ut supra ubi in hac parte in Q. Otonis quoniam de habitu[2] iii co^a c. clausis
capis (p.288). In fin Aton. facit textus in simplicibus de ma. et obe. c. statuimus facit in preceptor' de treuga. c. 1. ibi precipimus concernencia de religione et veneracione sanctorum c.1 nisi in concilio Mepham. Ad hec ibi
pertinenciorum pariendo etc. sicque est in statuto nostro quia tamen habet
verba simplicia etc. Dic eciam quod concilium est celebrandum cum palleo
de elec. c. quod sicut ibi convocare concilium ibi convocatum tenere solempniter per Host.[3] et Jo. n⁰ c. di. c. palleo videlicet tam ad missam ubi
celebretur in ecclesia sit lo⁰ omnis textus ut in c. palleum s⁰ i⁰ intra ecclesiam
ad sola missarum solempnia etc. et in c. contra morem ibi extra missarum
tempus s^a de usu palleo cum sis ibi in missarum celebracionibus etc. sic nota
ergo Jo. in c. palleum in fi. Item in vi^u q. in conc. per Host. inc. q. sicut ubi
convocare qui dicit quod ecclesie et altaria sine palleo consecrantur debet
missa debet fieri cum palleo. Et dic quod qui vult uti palleo ad quatuor est
astrictus scilicet ad presenciam propriam ad ecclesiam ad missarum solempnia
et ad certos dies solempnes sic nota bene in c. cum sis Host. et Jo. am. al si
in castro vel domo privata secus sic bene nota in dicto cum sis per Host.
Item palleum debet scribi per e et non per i videlicet palleum quia pallium
est vestis laici de homicidio c. suscepimus si in pu. sic notatur de usu pallei.
c. J. p. pu. Host. de officio custodis[4] si bone post Pi. ci. Host.'
Sicut enim episcopus vestibus episcopalibus indutus debet synodam et
sequencia exercere sic archiepiscopus archiepiscopalibus vestibus indutus hoc
facere debet textus vi^{us}[5] 'de privilegiis c. ut apostolice versus exempti et c. i.
Abbates uti mitris in conciliis et synodis quia forcius episcopi in conciliis et
synodis sic. H.s^a.'

(pp.289-333)   **310**

*Copia omnium munimentorum actorum habitorum in causa Peryn unacum tenoribus
commissionis certificatorii et libelli. Circa parochialis ecclesie de Lankinhorn
appropriacione*

Papers in a case brought against Richard Peryn, vicar of Linkinhorn, by the
inhabitants of the parish, for obstruction of the service of God.[6]

---

[1] Host.*Summa*,lib.1,ru.xxxiv,col.311.
[2] *Provinciale*,Otto,p.37,note e.
[3] Host.*Summa*,lib.1,tit.viii,col.134-5.
[4] *Ibid.*,lib.1,tit.xxvii,col.240.
[5] Sext,lib.v,tit.vii,c.vi.
[6] Complaint was made against Peryn in Jan.1410-11,*Reg.Staff.*,p.242.

(p.334)   **311**

Littera proclamacionis

The official of the peculiar jurisdiction of the dean and chapter of Exeter, mandate to the rector or chaplain of St. Mary Major, Exeter, to summon all creditors of Walter Barbor, once vicar of the cathedral, before the probate of his will.

(p.335)

Rough and incomplete table of contents of pp.7 to 251 (late sixteenth-century hand).

INDEX OF PERSONS AND PLACES

References are to entry numbers unless pages are indicated

N

court of,p.12; convent of St. Mary, Nunminster,p.13; 132; hospital of Saint Cross, 2a,251–2,265; Hyde abbey in,p.13; official of,1,9,28,40–1,90,92,104–5,124–5,132, 135,141,145a,166,276,307; rural dean of,216

Wing, alien priory, Bucks., O.S.B., prior of, *see* Fessines

Wodestoke Robert de, clerk,24

Wolveys, John, rector of Atheste at Herton, dioc. Winchester,249

Wonston, Hants., church,p.9

Woodhay, Hants.,251–4

Woodlock, Henry, bishop of Winchester,pp.12,14; 181

Wrackely, John, esq.,24

Wret, John, clerk,24

Wycheford, Robert, prebendary of Salisbury,83

Wyclif, John,pp.5,10

Wykeham, William, bishop of Winchester, pp.5,7; 3,5,6,8,14,19,26–8,46,59,108, 112–17,131,148,154,157,164–5,178–9,191–2,209,226–8,230,238,243,247,250–4,256–7, 262,275,277,282; chancellor of, *see* Losinga

Wykeslonde, Wykiltonde, Mr. Richard,2

Wyliet, Wiliot, chancellor of Exeter,236

Wylle, John atte,302

Wyn' Robert de, prior of Merton,262

Wynewick, Mr. Richard, canon of Lincoln,106

Wyvil, Robert, bishop of Salisbury,83

York, ecclesiastical courts of,p.3

INDEX OF SUBJECTS

References are to entry numbers

notary-public,132; *see also* instrument, public; creation of,13; declaration by,56
nun, detention of,230

obedience, breach of oath of,78
official, deputy of,1,21; inhibition of,167; visitation by,133
officiality, seal of,1
ordination, letters of,302; letters dimissory for,70
ordination of vicarage, *see* vicarage

papal, *see* appropriation; bull; *curia*; delegated cause; dispensation; grace; judge
    delegate provision
parishioners, duty of,240,243
Parliament, proxy for,23
peace, mandate for prayers for,277
penance, mandate of, performance of,182; for remission of,183; monastic,182–4
penitentiary, commission of,199; papal,27
pension,279–82,304; assignation after resignation,271; for perpetual lease of tithe,
    91; grant of,156; grant by religious house,82
permutation, *see* benefice
petition *or* libel,161; for appropriation,60
pilgrimage, protection of,71–2
pluralism, resignation for,143–4
Pope, confirmation of election by,54–5; petition to,220
preaching, by mendicants,218; heretical,206,209
prebend, lease of,244
presentation, deed of,237,284; wrongful,48–51
priest, attackers of,253
prior, *see* monastery
processions,277
proctors, instruction for,22,24
procurations, excessive,44,46; mandate for payment of,57
prohibition, writ of,125,127
proposicio,94; *see also supplicacio*
provision, papal,138; case about,67,266–7; execution of,19,25; grace for,19
provocacio,87,113,120,196–7,232–3
proxy, instrument of,154–5; letter of,23,50–52,55,171,207,259,285,287,305
purgation, intimation of,28,109–10

querela,58,118–9
quittance, letters of,85
religious, discipline of,142; institution to benefice,63,151
religious house, *see* canon, monastery, visitation
request, letters of, (*littera deprecatoria*),213–4
residence, mandate to compel,10–12,117,128–9,244;*see also* non-residence
resignation,223; 246; certificate of,52,99a; for plurality,143–4

sanctuary, breach of,241
scribe,132,135

Printed in England for Her Majesty's Stationery Office
by The Campfield Press, St. Albans, Herts.

Dd.503634 K08 12/74